指文图书®

莫斯科战役1941

二战"台风"行动与德军的首次大危机

"东线文库"总策划 王鼎杰

原著：【瑞典】尼克拉斯·泽特林 / 安德斯·弗兰克森

译者：王行健 审阅：张大卫

台海出版社

THE DRIVE ON MOSCOW, 1941: OPERATION TAIFUN AND GERMANY'S FIRST GREAT CRISIS
OF WORLD WAR II By NIKLAS ZETTERLING AND ANDERS FRANKSON
Copyright: © 2012 © NIKLAS ZETTERLING AND ANDERS FRANKSON
This edition arranged with INTERNATIONAL TRANSACTIONS
Through BIG APPLE AGENCY, INC., LABUAN, MALAYSIA.
Simplified Chinese edition copyright:
2018 ChongQing Zven Culture communication Co., Ltd
All rights reserved.

版权所有，侵权必究
版贸核渝字（2017）第 183 号

图书在版编目（CIP）数据

莫斯科战役1941："台风"行动与德军的首次
大危机 / (瑞典) 尼克拉斯·泽特林, (瑞典) 安德斯·弗兰
克森著；王行健译. —— 北京：台海出版社,2018.3

书名原文: The Drive On Moscow，1941Operation
Taifun And Germany's First Great Crisis Of World
War II

ISBN 978-7-5168-1770-4

Ⅰ. ①莫… Ⅱ. ①尼… ②安… ③王… Ⅲ. ①莫斯科
保卫战(1941–1942) – 史料 Ⅳ. ①E512.9

中国版本图书馆CIP数据核字(2018)第047460号

莫斯科战役 1941：二战"台风"行动与德军的首次大危机

著　　者：[瑞典] 尼克拉斯·泽特林 / 安德斯·弗兰克森　　译　者：王行健

责任编辑：俞滟荣　　　　　　　　　策划制作：指文文化
视觉设计：胡小琴　　　　　　　　　责任印制：蔡　旭

出版发行：台海出版社
地　　址：北京市东城区景山东街20号　　　邮政编码：100009
电　　话：010–64041652（发行，邮购）
传　　真：010–84045799（总编室）
网　　址：www.taimeng.org.cn/thcbs/default.htm
E – mail：thcbs@126.com

经　　销：全国各地新华书店
印　　刷：重庆大美印刷有限公司
本书如有破损、缺页、装订错误，请与本社联系调换

开　　本：787mm×1092mm　　　　　1/16
字　　数：325千　　　　　　　　　　印　　张：20.5
版　　次：2018年3月第1版　　　　　印　　次：2018年3月第1次印刷
书　　号：ISBN 978-7-5168-1770-4

定　　价：89.80元

"东线文库"总序

泛舟漫长的人类战争史长河，极目四望，迄今为止，尚未有哪场陆战能在规模上超过二战时期的苏德战争。这场战争挟装甲革命与重工业革命之双重风潮，以德、苏两大军事体系二十年军改成果为孤注，以二战东线战场名扬后世。强强相撞，伏尸千里；猛士名将，层出不穷。在核恐怖强行关闭大国全面战争之门七十年后的今天，回首望去，后人难免惊为绝唱。在面对那一串串数字和一页页档案时，甚至不免有传说时代巨灵互斫之苍茫。其与今人之距离，似有千年之遥，而非短短的七十春秋。

但是，如果我们记得，即便是在核武器称雄的时代，热战也并未绝迹，常规军事力量依然是大国达成政治诉求的重要手段；而苏德战争的胜利者苏联，又正是冷战的主角之一，直到今天，苏系武器和苏式战法的影响仍具有全球意义。我们就会发现，这场战争又距离我们是如此之近。

要知道这场战争究竟离我们有多近，恰恰要先能望远——通过对战争史和军事学说发展史的长程回顾，来看清苏德战争的重大意义。

正如俾斯麦所言："愚人执着于自己的体验，我则师法他者的经验。"任何一个人、一个组织的直接体验总是有限的，但如能将别人的间接经验转化为自己的直接体验，方是智者之所为。更高明的智者又不仅仅满足于经验的积累，而是能够突破经验主义的局限，通过学说创新形成理论体系，从而在经验和逻辑、事实与推理之间建立强互动，实现真正的以史为鉴和鉴往知来。

无怪乎杜普伊会说："军事历史之所以对军事科学的发展至关重要，是因为军事科学不像大多数其他学科那样，可在实验室里验证它们的理论和假说。军事试验的种种形式，如野战演习、对抗演习和实兵检验等，都永远不会再现战争的基本成分：致命环境下对死亡的恐惧感。此类种种试验无疑是非常有益的，但是，这种益处也只能是在一定程度上的。"[1]但这绝不等于说战争无法研究，只能在战争中学战争。突破的关键即在于如何发挥好战争史研究的作用。所以杜普伊接着强调："像天文学一样，军事科学也是一门观测科学。正如天文学家把天体作为实验室（研究对象），而军人的真正的实验室则永远是军事历史。"[2]

从这个角度上讲，苏德战争无疑是一个巨型实验室，而且是一个直接当下，具有重大特殊意义的实验室。

回顾战争史册，不难发现，受技术手段的局限，战场的范围长期局限在指挥官的目力范围之内。故而，在这个时期，战争行为大致可以简化为两个层级，一为战略（strategy），一为战术（tactic）。

战术是赢得战斗的方法，战略则是赢得战争的方法。战之术可以直接构成战之略的实施手段。一般而言，战争规模越有限，战争结局越由战斗决定，战略与战术的边界便越模糊。甚至可以出现"一战定乾坤"的戏剧性结局。这又进一步引发出战局和会战两个概念。

所谓战局，就是英语中的Campaign，俄语的кампания，德语的Feldzug。Campaign的词源是campus，也就是营地。因为在罗马时代，受当时的技术条件限制，军队每年会有一个固定的季节性休战期，是为宿营时期。这样就可以很清晰地划分出以年度为单位的"战局"。相对不同的是德语 Feldzug 的词根有拖、拉、移动的意思，对弈中指移动棋子。已隐约可见机动战的独特传统。但三方对战局的理解、使用并无本质不同。

而会战（英语中的Battle，俄语的Битва，德语的Schlacht）则是战斗的放大。换言之，在早期西方军事学说体系中，战略对应战局，战术对应战斗，而"会战"则是战略与战术的交汇地带，战局与战斗的中间产物。在早期冷兵器战争时代，会战较为简单，很多时候就是一个放大的战术行动和缩小的战略行动。但是，随着技术的变革，社会结构、动员体系、战争规模的巨变，会战组织越来越复杂，越来越专业，逐渐成为一个独立于战略和战术之外的层级。拿破仑的战争艺术，归根结底其实就是会战的艺术。

但是，拿破仑并未发展出一套会战学说，也没有形成与之相表里的军事制度和军事教育体系，反而过于依赖自己的个人天赋，从而最终走向不归路。得风气之先的是普鲁士军队的改革派三杰（沙恩霍斯特、格奈瑟瑙、克劳塞维茨），收功者则是促成德意志统一的老毛奇。普德军事体系的发展壮大，正是研究透彻了拿破仑又超越了拿破仑，在战略和战术之间增加了一个新层级——Operation，从根本上改变了军事指挥和军事学术研究范式。所谓"Operation"，本有操作、经营、（外科）手术等多层含义，其实就是战略实施中的落实性操作。是因为战术已经无法直接构成战略的实施手段而增加的新环节。换言之，在德军军事体系中，Operation是一个独立的、高度专业化的军事行动层级。

与之相表里，普德军事系统又形成了现代参谋制度，重新定义了参谋，并形成了以参谋军官为核心的现代军官团，和以参谋教育为核心的现代军校体系。总参谋部其实是一个集研究、教育、指挥为一体的复合结构。参谋总长管理陆军大学，而陆军大学的核心课程即为战争史研究，同时负责将相关研究兵棋化、实战化、条令化。这种新式参谋主要解决的就是Operation Level的问题，这与高级统帅思考战略问题，基层军官、士官思考战术问题正相等同。

普法战争后，普鲁士式总参谋部制度迅速在全球范围内扩散，举凡英法俄美意日等列强俱乐部成员国，无不效法。但是，这个制度的深层驱动力——Operation Level的形成和相应学说创新，则长期为德军秘而不宣，即便是其亲传弟子，如保加利亚，如土耳其，如日本，均未得其门径窍奥，其敌手如法，如英，如俄，如美，亦均茫然不知其所以然。

最早领悟到德军作战层级独创性和重要性的军队，正是一战后涅槃重生的苏联红军。

苏军对德语的Operation进行了音译，是为Операция，也就是日后中苏合作时期经苏联顾问之手传给我军的"战役"概念。换言之，所谓战役学，其实就是苏军版的Operation学说。而美军要到冷战期间才明白这一点，并正式修改其军事学说，在Strategy和Tactic之间增设Operation这个新层级。

与此同时，英美体系虽然在战役学层次反应迟钝，却看到了德、苏没有看到的另一个层次的变化——战争的巨变不仅发生在传统的战略、战术之间，更发生在战略之上。

随着战争本身的专业性日趋强化，军人集团在战争中的发言权无形中也被强化，而文官和文人战略家对战争的介入和管控力逐渐弱化。但正如克劳塞维茨强调指出的那样，战争是政治的延续[3]。因而，战争只是手段，不是目的。无论军事技术如何变化，这一个根本点不会变化。但现代战争的发展却导致了手段高于目的的客观现实，终于在一战中造成了莫大的灾难。战争的胜利不等于政治的胜利这一基本事实，迫使战争的胜利者开始反思固有战争理论的局限性，逐渐形成了"大战略"（Grand Strategy）的观念，这就在英美体系中形成了大战略（又称国家战略、总体战略、高级战略）、分类战略（包括军事战略、经济战略、外交战略、文化战略等）、战术的三级划分。大战略不再像传统战略那样执着于打赢战争，而是追求战争背后的终极目标——政治目的。因为此种战略在国家最高决策层面运作，所以美国学界又将大战略称为国家战略。用美国国防部的定义来说明，即："国家战略是平时和战时在使用武装力量的同时，发展和运用国家的政治、经济和心理力量，以实现国家目标的艺术和科学。"

冷战初期，美国以中央情报局、国家安全委员会、民营战略智库（如兰德公司）、常青藤联盟高校人才库相呼应的制度创新，其实就是建立在大战略学说领先基础上的国家安全体系创新[4]。而德军和苏军受传统"战略—战局"概念的束缚，均未看清这一层变化，故而在宏观战略指导上屡屡失误，只能仰赖希特勒、斯大林这样的战略怪才，以杰出个体的天赋弥补学说和制度的不足，等于又回到了拿破仑困境之中。

从这个角度上看二战，苏德战争可以说是两个走在战役学说创新前列的军事体系之间的超级碰撞。同为一战失败者的德、苏，都面对一战式的堑壕难题，且都嗅到了新时代的空气。德国的闪电战与苏军的大纵深战役，其实是两国改革派精英在同一场技术革命面前，对同一个问题所做出的不同解答。正是这种军事学说的得风气之先，令两国陆军在军改道路上走在列强前列。二战期间两国彗星撞地球般的碰撞，更进一步强化了胜利者的兼容并蓄。冷战期间，苏军的陆战体系建设，始终以这个伟大胜利为基石，不断深化。

在这个基础上再看冷战，就会发现，其对抗实质是美式三级体系（大战略、战略、战术）与苏式三级体系（战略、战役、战术）的对抗。胜负关键在于谁能先吸取对方之所长，弥补己方之所短。结果，苏联未能实现大战略的突破，建立独立自主的大战略学说、制度、教育体系。美国却在学科化的战略学、国际政治学和战争史研究的基础上，建立了自己的Operation Level，并借力新一轮技术变革，对苏军进行创造性的再反制。这个连环反制竞争链条，一直延续到今天。虽然俄军已暂时被清扫出局，但这种反制的殷鉴得失却不会消失，值得所有国家的军人和战史研究者注目。而美国借助遏制、接触战略，最终兵不血刃地从内部搞垮苏联，亦非偶然。

正是这种独特的历史地位，决定了东线史的独特重要性，东线研究本身也因而成为另一部波澜壮阔的历史。

可以说，苏军对苏德战争最具切肤之痛，在战争期间就不断总结经验教训。二战后，这个传统被继承下来，形成了独特的苏军式研究。与此同时，美国在二战刚刚结束之际就开始利用其掌握的资料和德军将领，进行针对苏军的研究。众多德军名将被要求撰写关于东线作战的报告[5]。但是，无论是苏军的研究还是美军的研究，都是内部进行的闭门式研究。这些成果，要到很久之后，才能公之于世。而世人能够看到的苏德战争著述，则是另一个景象。

二战结束后的最初15年，是宣传品与回忆录互争雄长的15年。作为胜利者的苏联，以君临天下的优越感，刊行了一大批带有鲜明宣传色彩的出版物[6]。与之相对应，以古德里安、曼施坦因等亲身参与东线鏖战的德国军人为代表的另一个群体，则以回忆录的形式展开反击[7]。这些书籍因为是失败者痛定思痛的作品，著述者本人的军事素养和文笔俱佳，故而产生了远胜过苏联宣传史书的影响力，以至于很多世人竟将之视为信史。直到德国档案资料的不断披露，后人才逐渐意识到，这些名将回忆录因成书年代的特殊性，几乎只能依赖回忆者的主观记忆，而无法与精密的战史资料互相印证。同时，受大环境的影响，这些身为楚囚的德军将领大多谋求：一，尽量撇清自己的战争责任；二，推卸战败责任（最常用的手法就是将所有重大军事行动的败因统统归纳为希特勒的瞎指挥）；三，宣传自身价值（难免因之贬低苏联和苏军）。而这几个私心又迎合了美国的需求：一，尽快将西德纳入美国领导的反苏防务体系之中，故而必须让希特勒充分地去当替罪羊，以尽快假释相关军事人才；二，要尽量抹黑苏联和苏军，以治疗当时弥漫在北约体系内的苏联陆军恐惧症；三，通过揭批纳粹政体的危害性，间接突显美国制度的优越性。

此后朱可夫等苏军将领在后斯大林时代刊行的回忆录，一方面固然是苏联内部政治生态变化的产物，但另一方面也未尝不可说是对前述德系著述的回击。然而，德系回忆录的问题同样存在于苏系回忆录之中。两相对比，虽有互相校正之效，但分歧、疑问更多，几乎可以说是此亦一是非、彼亦一是非，俨然是在讲两场时空悬隔的战争。

结果就是，苏德战争的早期成果，因其严重的时代局限性，而未能形成真正的学术性突破，反而为后人的研究设置了大量障碍。

进入六十年代后，虽然各国关于东线的研究越来越多，出版物汗牛充栋，但摘取桂冠的仍然是当年的当事人一方。幸存的纳粹党要员保罗·卡尔·施密特（Paul Karl Schmidt）化名保罗·卡雷尔（Paul Carell），在已有研究的基础上，大量使用德方资料，并对苏联出版物进行了尽量全面的搜集使用，更对德国方面的幸存当事人进行了广泛的口述历史采访，在1964年、1970年相继刊行了德军视角下的重量级东线战史力作——《东进：苏德战争1941—1943》和《焦土：苏德战争1943—1944》[8]。

进入七十年代后，研究趋势开始发生分化。北约方面可以获得的德方档案资料越来越多，苏方亦可通过若干渠道获得相关资料。但是，苏联在公布己方史料时却依然如故，仅对内进行有限度的档案资料公布。换言之，苏联的研究者较之于北约各国的研究者，掌握的史料更为全面。但是，苏联方面却没有产生重量级的作品，已经开始出现军事学说的滞后与体制限制的短板。

结果，在这个十年内，最优秀的苏德战争著作之名被英国军人学者西顿（Albert Seaton）的《苏德战争》摘取[9]。此时西方阵营的二战研究、希特勒研究和德军研究均取得重大突破，在这个整体水涨的背景下，苏德战争研究自然随之船高。而西顿作为英军中公认的苏军及德军研究权威，本身即带有知己知彼的学术优势，同时又大力挖掘了德国方面的档案史料，从而得以对整个苏德战争进行全新的考订与解读。

继之而起者则有英国学者约翰·埃里克森（John Ericsson）与美国学者厄尔·齐姆克（Earl F. Ziemke）。

和西顿一样，埃里克森（1929年4月17日—2002年2月10日）也曾在英军中服役。不同之处则在于：

其一，埃里克森的研究主要是在退役后完成。他先是进入剑桥大学圣约翰学院深造，1956年苏伊士运河危机爆发后作为苏格兰边民团的一名预备军官被重新征召入役。危机结束后，埃里克森重启研究工作，1958年进入圣安德鲁大学担任讲师，开始研究苏联武装力量。1962年，埃里克森首部著作《苏联最高指挥机构：1918—1941年》出版，同年在曼彻斯特大学出任高级讲师。1967年进入爱丁堡大学高级防务研究所任职，1969年成为教授，研究重心逐渐转向苏德战争。

其二，埃里克森得益于两大阵营关系的缓和，能够初步接触苏军资料，并借助和苏联同行的交流，校正之前过度依赖德方档案导致的缺失。而苏联方面的战史研究也取得了较大的进展，足以为这种校正提供参照系，而不像五六十年代时那样只能提供半宣传品性质的承旨之作。同时，埃里克森对轴心国阵营的史料挖掘也更全面、细致，远远超过了之前的同行。关于这一点，只要看一看其著述后面所附录的史料列目，即可看出苏德战争研究的史料学演进轨迹。

埃里克森为研究苏德战争，还曾专程前往波兰，拜会了苏军元帅罗科索夫斯基。这个非同凡响的努力成果，就是名动天下的"两条路"。

所谓"两条路"，就是1975年刊行的《通往斯大林格勒之路》与1982年刊行的《通往柏林之路》[10]。正是靠了这两部力作，以及大量苏军研究专著[11]，埃里克森在1988—1996年间成为爱丁堡大学防务研究中心主任。

厄尔·齐姆克（1922年12月16日—2007年10月15日）则兼有西顿和埃里克森的身影。出生于威斯康星州的齐姆克虽然在二战中参加的是对日作战，受的也是日语训练，却在冷战期间华丽转型，成为响当当的德军和苏军研究权威。曾在硫磺岛作战中因伤获得紫心勋章的齐姆克，战后先是在天津驻扎，随后复员回国，通过军人权利法案接受高等教育，1951年在威斯康星大学获得学位。1951—1955年，他在哥伦比亚的应用社会研究所工作，1955—1967年进入美国陆军军史局成为一名官方历史学家，1967—1977年在佐治亚大学担任全职教授。其所著《柏林战役》《苏维埃压路机》《从斯大林格勒到柏林：德国在东线的失败》《从莫斯科到斯大林格勒：东线的抉择》《德军东线北方战区作战报告，1940—1945年》《红军，1918—1941年：从世界革命的先锋到美国的盟友》等书[12]，对苏德战争、德军研究和苏军研究均做出了里程碑般的贡献，与埃里克森堪称双峰并峙、二水分流。

当《通往柏林之路》刊行之时，全球苏德战争研究界人士无人敢想，仅仅数年之后，苏联和华约集团便不复存在。苏联档案开始爆炸性公布，苏德战争研究也开始进入一个前人无法想象的加速发展时代，甚至可以说是一个在剧烈地震、风暴中震荡前行的时代。在海量苏联史料的冲击下，传统研究纷纷土崩瓦解，军事界和史学界的诸多铁案、定论也纷纷根基动摇。埃里克森与齐姆克的著作虽然经受住了新史料的检验，但却未能再进一步形成新方法的再突破。更多的学者则汲汲于立足新史料，急求转型。连保罗·卡雷尔也奋余勇，在去世三年前的1993年刊行了《斯大林格勒：第6集团军的覆灭》。奈何宝刀已老，时过境迁，难以再掀起新的时代波澜了。

事实证明，机遇永远只向有准备、有行动力的人微笑，一如胜利天平总是倾斜于能率先看到明天的一方。风起云涌之间，新的王者在震荡中登顶，这位王者就是美国著名苏军研究权威——戴维·格兰茨（David Glantz）。

作为一名参加过越战的美军基层军官，格兰茨堪称兼具实战经验和学术积淀。1965年，格兰茨以少尉军衔进入美国陆军野战炮兵服役，并被部署到越南平隆省的美国陆军第2军的"火力支援与协调单元"（Fire Support Coordination Element，FSCE，相当于军属野战炮兵的指挥机构）。1969年，格兰茨返回美国，在陆军军事学院教授战争史课程。1973年7月1日，美军在陆军训练与条令司令部下开设陆军战斗研究中心（Combat Studies Institute，CSI），格兰茨开始参与该中心的苏军研究项目。1977—1979年他出任美国驻欧陆军司令部情报参谋办公室主任。1979年成为美国陆军战斗研究所首席研究员。1983年接掌美国陆军战争学院（United States Army War College）陆战中心苏联陆军作战研究处（Office of Soviet Army Operations at the Center for Land Warfare）。1986年，格兰茨返回利文沃思堡，组建并领导外国军事研究办公室（Foreign Military Studies Office，FMSO）。在这漫长的研究过程中，格兰茨不仅与美军的苏军研究同步前进，而且组织翻译了大量苏军史料和苏方战役研究成果[13]。

1993年，年过半百的格兰茨以上校军衔退役。两年后，格兰茨刊行了里程碑著作《巨人的碰撞》[14]。这部苏德战争新史，系格兰茨与另一位美国军人学者乔纳森·M. 豪斯（Jonathan M. House）合著，以美军的苏军研究为基石，兼顾苏方新史料，气势恢宏地重构了苏德战争的宏观景象。就在很多人将这本书看作格兰茨一生事功的收山之作的时候，格兰茨却老当益壮，让全球同行惊讶地发现，这本书根本不是终点线，而是格兰茨真正开始斩将搴旗、攻城略地的起跑线：

1998年刊行《泥足巨人：大战前夜的苏联军队》[15]、《哈尔科夫：1942年东线军事灾难的剖析》[16]。

1999年刊行《朱可夫的最大失败：1942年火星作战的灾难》[17]、《库尔斯克会战》[18]。

2001年刊行《巴巴罗萨：1941年希特勒入侵俄罗斯》[19]、《列宁格勒之围1941—1944，900天的恐怖》[20]。

2002年刊行《列宁格勒会战1941—1944》[21]。

2003年刊行《斯大林格勒会战之前：巴巴罗萨，希特勒对俄罗斯的入侵》[22]、《八月风暴：苏军在满洲的战略攻势》[23]、《八月风暴：苏联在满洲的作战与战术行动》[24]。

2004年与马克·里克曼斯波尔（Marc J. Rikmenspoel）刊行《屠戮之屋：东线战场手册》[25]。

2005年刊行《巨人重生：大战中的苏联军队1941—1943》[26]。

2006年刊行《席卷巴尔干的红色风暴：1944年春苏军对罗马尼亚的攻势》[27]。

2009年开始刊行《斯大林格勒三部曲第一部：兵临城下（1942.4—1942.8）》[28]和《斯大林格勒三部曲第二部：决战（1942.9—1942.11）》[29]。

2010年刊行《巴巴罗萨脱轨：斯摩棱斯克会战·第一卷·1941年7月10日—9月10日》[30]。

2011年刊行《斯大林格勒之后：红军的冬季攻势》[31]。

2012年刊行《巴巴罗萨脱轨：斯摩棱斯克会战·第二卷·1941年7月10日—9月10日》[32]。

2014年刊行《巴巴罗萨脱轨：斯摩棱斯克会战·第三卷·1941年7月10日—9月10日》[33]、《斯大林格勒三部曲第三部：最后的较量（1942.12—

1943.2 ）》[34]。

2015年刊行《巴巴罗萨脱轨：斯摩棱斯克会战·第四卷·地图集》[35]。

2016年刊行《白俄罗斯会战：红军被遗忘的战役1943年10月—1944年4月》[36]。

这一连串著述列表，不仅数量惊人，质量亦惊人。盖格兰茨之苏德战史研究，除前述立足美军对苏研究成果、充分吸收新史料及前人研究成果这两大优势之外[37]，还有第三个重要优势，即立足战役层级，竭力从德军和苏军双方的军事学说视角，双管齐下，珠联璧合地对苏德战争中的重大战役进行深度还原。

其中，《泥足巨人》与《巨人重生》二书尤其值得国人注目。因为这两部著作不仅正本清源地再现了苏联红军的发展历程，而且将这个历程放在学说构造、国家建设、军事转型的大框架内进行了深入检讨，对我国今日的军事改革和军事转型研究均具有无可替代的重大意义。

严谨的史学研究和实战导向的军事研究在这里实现了完美结合。观其书，不仅可以重新认识那段历史，而且可以对美军专家眼中的苏军和东线战史背后的美军学术思想进行双向感悟。而格兰茨旋风业已在多个国家掀起重重波澜。闻风而起者越来越多，整个苏德战争研究正在进入新一轮的水涨阶段。

如道格拉斯·纳什（Douglas Nash）的《地狱之门：切卡瑟口袋之战》（2002）[38]，小乔治·尼普（George Nipe Jr.）的《在乌克兰的抉择：1943年夏季东线德国装甲作战》（1996）[39]、《最后的胜利》（2000）[40]以及《鲜血·钢铁·神话：党卫军第2装甲军与通往普罗霍罗夫卡之路》（2013）[41]均深得作战研究之精髓，且能兼顾史学研究之严谨，从而将老话题写出新境界。

此外，旅居柏林多年的新西兰青年学者戴维·斯塔勒（David Stahel）于2009年刊行的《"巴巴罗萨"与德国在东线的失败》[42]，以及美国杜普伊研究所所长、阿登战役与库尔斯克战役模拟数据库的项目负责人克里斯托弗·劳伦斯（Christopher A. Lawrence）2015年刊行的《库尔斯克：普罗霍罗夫卡之战》[43]，均堪称卓尔不群，又开新径。前者在格兰茨等人研究的基础上，重新回到德国视角，探讨了巴巴罗萨作战的复杂决策过程。整书约40%的内容是围绕决策与部署写作的，揭示了德国最高统帅部与参谋本部等各部门的战略、作战观念差异，以及战前一系列战术、技术、后勤条件对实战的影响，对"巴巴罗萨"作战——这一人类历史上最宏大的地面作战行动进行了精密的手术解剖。后者则将杜普伊父子的定量分析战史法这一独门秘籍发扬到极致，以1662页的篇幅和大量清晰、独特的态势图，深入厘清了普罗霍罗夫卡之战的地理、兵力、技战术和战役部署，堪称兼顾宏观、中观、微观的全景式经典研究。曾在英军中服役的高级军医普里特·巴塔（Prit Buttar）同样以半百之年作老当益壮之后发先至，近年来异军突起，先后刊行了《普鲁士之战：苏德战争1944—1945》（2010）、《巨人之间：第二次世界大战中的波罗的海战事》（2013）、《帝国的碰撞：1914年东线战争》（2014）、《日耳曼优先：1915年东线战场》（2015）、《俄罗斯的残息：1916—1917年的东线战场》（2016）[44]。这一系列著作兼顾了战争的中观与微观层面，既有战役层级的专业剖析，又能兼顾具体人、事、物的栩栩如生。且从二战东线研究追溯到一战东线研究，溯本追源，深入浅出，是近年来不可多得的佳作。

行文及此，不得不再特别指明一点：现代学术著述，重在"详人之所略，略人之所详"。绝不可因为看了后出杰作，就将之前的里程碑著作束之高阁。尤其对中国这样的后发国家而言，更不能限在"第六个包子"的思维误区中。所谓后发优势，无外乎是能更好地以史为鉴，以别人的筚路蓝缕为我们的经验教训。故而，发展是可以超越性布局的，研究却不能偷懒。最多是随着研究的深入，实现阅读、写作的加速度，这是可取的。但怀着投机取巧的心态，误以为后出者为胜，从而满足于只吃最后一个包子，结果必然是欲速不达，求新而不得新。

反观我国的苏德战史研究，恰处于此种状态。不仅新方法使用不多，新史料译介有限，即便是经典著述，亦乏人问津。更值得忧虑之处在于，基础学科不被重视，军事学说研究和严肃的战争史研究长期得不到非军事院校的重视，以致连很多基本概念都没有弄清。

以前述战局、战役、会战为例：

汉语	战局	战役	会战
英语	Campaign	Operation	Battle
俄语	кампания	Операция	Битва
德语	Feldzug	Operation	Schlacht

比如科贝特的经典著作*The Campaign of Trafalgar*[45]，就用了"Campaign"而非"Battle"，原因就在于这本书包含了战略层级的博弈，而且占据了相当重要的篇幅。这其实也正是科贝特极其自负的一点，即真正超越了具体海战的束缚，居高临下又细致入微地再现了特拉法尔加之战的前因后果，波澜壮阔。故而，严格来说，这本书应该译作"特拉法尔加战局"。

我国军事学术界自晚清以来就不甚重视严肃的战争史研究和精准的学说体系建立。国民党军队及其后身——今日的台军，长期只有一个"会战"概念，后来虽然引入了Operation层级，但真正能领悟其实质者甚少[46]，而且翻译为"作战"，过于具象，又易于引发误解。相反，大陆方面的军事学术界用"战役"来翻译苏军的Операция，胜于台军用"作战"翻译Operation。因为战役的"役"也正如战略、战术之"略"与"术"，带有抽象性，不会造成过于具象的刻板误解，而且战略、战役、战术的表述也更贯通流畅。但是，在对"战役"进行定义时，却长期没有立足战争史演变的实践，甚至形成如下翻译：

汉语	作战、行动	战役	会战
英语	Operation	Campaign Operation Battle	Battle Operation
俄语	—	Операция кампания	Битва
德语	Operation	Feldzug Operation	Schlacht Operation

但是，所谓"会战"是一个仅存在于国-台军的正规军语中的概念。在我军的严格军事学术用语中，并无此一概念。所以才会有"淮海战

役"与"徐蚌会战"的不同表述。实质是长期以来用"战役"一词涵盖了Campaign、Operation和Battle三个概念,又没有认清苏俄军事体系中的Операция和英德军语中的Operation实为同一概念。其中虽有小异,实具大同。而且,这个概念虽然包含具体行动,却并非局限于此,而是一个抽象军事学说体系中的层级概念。而这个问题的校正、解决又绝非一个语言问题、翻译问题,而是一个思维问题、学说体系建设问题。

正因为国内对苏德战争的理解长期满足于宣传品、回忆录层级的此亦一是非、彼亦一是非,各种对苏军(其实也包括了对德军)的盲目崇拜和无知攻击才会同时并进、甚嚣尘上。

因此之故,近数年来,我多次向多个出版大社建议,出版一套"东线文库",遴选经典,集中推出,以助力于中国战史研究发展和军事学术范式转型。其意义当不限于苏德战史研究和二战史研究范畴。然应之者众,行之者寡。直到今年六月中旬,因缘巧合认识了指文公司的罗应中,始知指文公司继推出卡雷尔的《东进:苏德战争1941—1943》《焦土:苏德战争1943—1944》,巴塔的《普鲁士之战:苏德战争1944—1945》和劳斯、霍特的回忆录《装甲司令:艾哈德·劳斯大将东线回忆录》《装甲作战:赫尔曼·霍特大将战争回忆录》之后,在其组织下,小小冰人等国内二战史资深翻译名家们,已经开始紧锣密鼓地翻译埃里克森的"两条路",并以众筹方式推进格兰茨《斯大林格勒》三部曲之翻译。经过一番沟通,罗先生对"东线文库"提案深以为然,乃断然调整部署,决定启动这一经典战史译介计划,并与我方团队强强联合,以鄙人为总策划,共促盛举,以飨华语读者。罗先生并嘱我撰一总序,以为这一系列的译介工作开宗明义。对此,本人自责无旁贷,且深感与有荣焉。

是为序。

*王鼎杰,知名战略、战史学者,主张从世界史的角度看中国,从大战略的视野看历史。著有《复盘甲午:重走近代中日对抗十五局》《李鸿章时代》《当天朝遭遇帝国:大战略视野下的鸦片战争》。现居北京,从事智库工作,致力于战略思维传播和战争史研究范式革新。

1. ［美］T. N. 杜普伊，《把握战争——军事历史与作战理论》，北京：军事科学出版社，2001年，第2页。

2. 同上。

3. ［德］克劳塞维茨，《战争论》，第1册，北京：商务印书馆，1995年，第43—44页。

4. 这就是为什么很多优秀制度被一些后发国家移植后往往不见成效，甚至有反作用的根源。其原因并非文化的水土不服，而是忽视了制度背后的学说创新。

5. 战争结束后美国陆军战史部（Historical Division of the U.S.Army）即成立德国作战史分部［Operational History（German）Section］，监督被俘德军将领，包括蔡茨勒、劳斯、霍特等人，撰写东线作战的回忆录，劳斯与霍特将军均以"装甲作战"（Panzer Operation）为主标题的回忆录即诞生于这一时期。可参见：［奥］艾哈德·劳斯著，［美］史蒂文·H.牛顿编译，邓敏译、赵国星审校，《装甲司令：艾哈德·劳斯大将东线回忆录》，北京：中国长安出版社，2015年11月第一版。［德］赫尔曼·霍特著，赵国星译，《装甲作战：赫尔曼·霍特大将战争回忆录》，北京：中国长安出版社，2016年3月第一版。

6. 如国内在二十世纪五六十年代译介的《苏联伟大卫国战争史》《苏联伟大卫国战争简史》《斯大林的军事科学与苏联伟大卫国战争》《苏军在伟大卫国战争中的辉煌胜利》等。

7. 此类著作包括古德里安的自传《闪击英雄》、曼施坦因的自传《失去的胜利》、梅林津所写的《坦克战》、蒂佩尔斯基的《第二次世界大战史》等。

8. Paul Carell, *Hitler Moves East, 1941—1943*, New York: Little, Brown; First Edition edition, 1964; Paul Carell, *Scorched Earth*, London: Harrap; First Edition edition, 1970.

9. Albert Seaton, *The Russo-German War 1941—1945*, Praeger Publishers; First Edition edition, 1971.

10. John Ericsson, *The Road to Stalingrad: Stalin's War with Germany* (Harper&Row, 1975); John Ericsson, *The Road to Berlin: Continuing the History of Stalin's War With Germany* (Westview, 1983).

11. John Ericsson, *The Soviet High Command 1918—1941: A Military-Political History* (Macmillan, 1962); *Panslavism* (Historical Association, 1964); *The Military-Technical Revolution* (Pall Mall, 1966); *Soviet Military Power* (Royal United Services Institute, 1976); *Soviet Military Power and Performance* (Archon, 1979); *The Soviet Ground Forces: An Operational Assessment* (Westview Pr, 1986); *Barbarossa: The Axis and the Allies* (Edinburgh, 1994); *The Eastern Front in Photographs: From Barbarossa to Stalingrad and Berlin* (Carlton, 2001).

12. Earl F. Ziemke, *Battle for Berlin: End of the Third Reich* (Ballantine Books, 1972); *The Soviet Juggernaut* (Time Life, 1980); *Stalingrad to Berlin: The German Defeat in the East* (Military Bookshop, 1986); *Moscow to Stalingrad: Decision in the East* (Hippocrene, 1989); *German Northern Theatre Of Operations 1940—1945* (Naval&Military, 2003); *The Red Army, 1918—1941: From Vanguard of World Revolution to US Ally* (Frank Cass, 2004).

13. 这些翻译成果包括：*Soviet Documents on the Use of War Experience*, Ⅰ, Ⅱ, Ⅲ (Routledge,1997); *The Battle for Kursk 1943: The Soviet General Staff Study* (Frank Cass,1999); *Belorussia 1944: The Soviet General Staff Study* (Routledge, 2004); *The Battle for L'vov: The Soviet General Staff Study* (Routledge,2007); *Battle for the Ukraine: The Korsun'-Shevchenkovskii Operation* (Routledge, 2007).

14. David M. Glantz&Jonathan M. House, *When Titans Clashed: How the Red Army Stopped Hitler*, University Press of Kansas; First Edition edition, 1995.

15. David M. Glantz, *Stumbling Colossus: The Red Army on the Eve of World War* (Kansas, 1998).

16. David M. Glantz, *Kharkov 1942: Anatomy of a Military Disaster* (Sarpedon, 1998).

17. David M. Glantz, *Zhukov's Greatest Defeat: The Red Army's Epic Disaster in Operation Mars* (Kansas, 1999).

18. David M. Glantz&Jonathan M House, *The Battle of Kursk* (Kansas, 1999).

19. David M. Glantz, *Barbarossa: Hitler's Invasion of Russia 1941* (Stroud, 2001).

20. David M. Glantz, *The Siege of Leningrad, 1941—1944: 900 Days of Terror* (Brown, 2001).

21. David M. Glantz, *The Battle for Leningrad, 1941—1944* (Kansas, 2002).

22. David M. Glantz, *Before Stalingrad: Barbarossa, Hitler's Invasion of Russia 1941* (Tempus, 2003).

23. David M. Glantz, *The Soviet Strategic Offensive in Manchuria, 1945: August Storm* (Routledge, 2003).

24. David M. Glantz, *The Soviet Operational and Tactical Combat in Manchuria, 1945: August Storm* (Routledge, 2003).

25. David M. Glantz&Marc J. Rikmenspoel, *Slaughterhouse: The Handbook of the Eastern Front* (Aberjona, 2004).

26. David M. Glantz, *Colossus Reborn: The Red Army at War, 1941—1943* (Kansas, 2005).

27. David M. Glantz, *Red Storm Over the Balkans: The Failed Soviet Invasion of Romania, Spring 1944* (Kansas, 2006).

28. David M. Glantz&Jonathan M. House, *To the Gates of Stalingrad: Soviet–German Combat Operations, April—August 1942* (Kansas, 2009).

29. David M. Glantz&Jonathan M. House, *Armageddon in Stalingrad: September—November 1942* (Kansas, 2009).

30. David M. Glantz, *Barbarossa Derailed: The Battle for Smolensk, Volume 1, 10 July—10 September 1941* (Helion&Company, 2010).

31. David M. Glantz, *After Stalingrad: The Red Army's Winter Offensive 1942—1943* (Helion&Company, 2011).

32. David M. Glantz, *Barbarossa Derailed: The Battle for Smolensk, Volume 2, 10 July—10 September 1941* (Helion&Company, 2012).

33. David M. Glantz, *Barbarossa Derailed: The Battle for Smolensk, Volume 3, 10 July—10 September 1941* (Helion&Company, 2014).

34. David M. Glantz&Jonathan M. House, *Endgame at Stalingrad: December 1942—February 1943* (Kansas, 2014).

35. David M. Glantz, *Barbarossa Derailed: The Battle for Smolensk, Volume 4, Atlas* (Helion&Company, 2015).

36. David M. Glantz&Mary Elizabeth Glantz, *The Battle for Belorussia: The Red Army's Forgotten Campaign of October 1943—April 1944* (Kansas, 2016).

37. 格兰茨的研究基石中，很重要的一块就是马尔科姆·马金托什（Malcolm Mackintosh）的研究成果。之所以正文中未将之与西顿等人并列，是因为马金托什主要研究苏军和苏联政策、外交，而没有进行专门的苏德战争研究。但其学术地位及对格兰茨的影响是不容忽视的。

38. Douglas Nash, *Hell's Gate: The Battle of the Cherkassy Pocket, January—February 1944* (RZM, 2002).

39. George Nipe Jr., *Decision in the Ukraine: German Panzer Operations on the Eastern Front, Summer 1943* (Stackpole, 1996).

40. George Nipe Jr. , *Last Victory in Russia: The SS-Panzerkorps and Manstein's Kharkov Counteroffensive, February—March 1943* (Schiffer, 2000).

41. George Nipe Jr. , *Blood, Steel, and Myth: The* Ⅱ*. SS-Panzer-Korps and the Road to Prochorowka* (RZM, 2013).

42. David Stahel, *Operation Barbarossa and Germany's Defeat in the East* (Cambridge, 2009).

43. Christopher A. Lawrence, *Kursk: The Battle of Prokhorovka* (Aberdeen, 2015).

44. 普里特·巴塔先生的主要作品包括：Prit Buttar, *Battleground Prussia: The Assault on Germany's Eastern Front 1944—1945* (Ospery, 2010); *Between Giants: The Battle of the Baltics in World War* Ⅱ (Ospery, 2013); *Collision of Empires: The War on the Eastern Front in 1914* (Ospery, 2014); *Germany Ascendant: The Eastern Front 1915* (Ospery, 2015); Russia's Last Gasp, *The Eastern Front, 1916—1917* (Ospery, 2016).

45. Julian Stafford Corbett, *The Campaign of Trafalgar* (Ulan Press, 2012).

46. 参阅：滕昕云，《闪击战——迷思与真相》，台北：老战友工作室/军事文粹部，2003年。该书算是华语著作中第一部从德军视角强调"作战层级"重要性的著作。

前言

————————————

很多场战役都被描述为二战之中的转折点，尤以斯大林格勒战役和阿拉曼战役为甚。然而和二战期间的诸多战役相比，阿拉曼只能算小事一桩，它的决定性作用值得商榷，更何况，它毕竟发生在一个战略地位上较为次要的地方。1942年秋季在中东地区的军事行动于英国的决策者而言非常重要，但却只牵制了德国武装力量的一小部分，而且并没有美苏军队参与其中。

相对而言，斯大林格勒战役似乎更像是转折点，在1942年9月到1943年2月的一段时间内，双方投入了更多的军事力量，约瑟夫·斯大林和希特勒都非常关注在这座伏尔加河畔的城市中发生的战斗。有人指出苏军在这次战役之前很少能在战场上取得主动权，在这之后苏军则很少给德军留下夺回主动权的机会。但抛开这些有力的理由，以及连篇累牍关于这一众所周知的、代价高昂的战役的文献资料来看，斯大林格勒战役的重要性似乎被夸大了。我们认为早在斯大林格勒的战斗开始之前，德国就已经输掉了战争。诚然，早在1942年6月的时候，希特勒曾在乌克兰东部发动了声势浩大的夏季战役，但它的规模还没有大到足以打败苏联的地步。因此，真正的转折点应该发生得更早一些。

1941年6月开始的"巴巴罗萨"（Barbarossa）行动是希特勒的一场豪赌，他想在半年之内征服苏联。包括长期的经济计划在内的战争规划都是基于这一目标会顺利达成的假设所制定的，然而希特勒严重低估了苏联进行战争的能力，因此直到1941年9月时，东线的德军仍然在和苏军交战。德国人认为应该在冬天来临之前结束这场战役，最好以攻占莫斯科这一决定性胜利收场。

9月末10月初的时候，德国人投下了最后的赌注，发动了"台风"（Taifun）行动，也就是他们期盼已久的，针对莫斯科的进攻行动。行动在一开始取得了巨大的胜利，但是仅过了一个多星期之后，他们就陷入了泥淖之中，看似已经到手的奖赏就这么溜走了。

这是希特勒的第一次大败。1940年德国空军没能让英国屈服，但当英格兰南部天空中的空战还在如火如荼进行之时，希特勒就已经努力将他手头的大多数资源集中在策划对苏进攻上面了。入侵苏联是希特勒的重头戏，莫斯科城下的败仗说明他的计划已经不可救药地遭受了挫败。

　　德国没能力击败苏联的说法似乎有道理，不过希特勒和他的同僚不这么看，苏联之外的许多人也不这么看。德国在莫斯科的失败让很多观察家清楚地认识到，德国可能没有办法从正在东方奋起反击的巨人那里取得胜利。

　　莫斯科战役的规模极其宏大，参战双方都投入了超过百万的兵力；苏联红军损失了将近一百万名士兵，但是他们成功地挡住了德军。从此可以看出苏德两位领导人在这场战役上投入了多少资源，以及这场战役对于他们是多么重要。在此，我们针对这一历史上的重要篇章进行了详尽的描述和分析，希望读者朋友们喜欢。

CONTENTS 目录

引言

　　1941年9月26日傍晚时分，德国军医赫尔曼·图尔克（Hermann Türk）发现这一天很不寻常。这一天他没有听到一声枪响，或是一枚炮弹和炸弹爆炸的声音——当然，他在战前经历过无数个这样的日子，但自从6月22日他所在的第3装甲师跨越了苏德边境之后就几乎再也没有过。[1]

　　作为一名军医，图尔克不需要参加前线战斗，但他被分配到了第3装甲师下属的四个步兵营之一，这意味着他很少远离前线，还经常要在前线帮助后送伤员。在过去3个月的时间里，该师有4375人伤亡，其中四分之三为负伤。绝大多数的伤亡都出现在那四个步兵营，图尔克要对很多伤员进行救治，好让他们可以被转送到西面的战地医院去。

　　第3装甲师是海因茨·古德里安（Heinz Guderian）大将麾下第2装甲集群的前锋部队之一。图尔克已经在苏联的道路上走了很远，在跨越了布列斯特—立陶夫斯克（Brest–Litovsk）以南的国境线之后，该师一路向东杀去。到6月28日攻占博布鲁伊斯克（Bobruisk）之时，第3装甲师已经前进了400公里。德国的进攻继续顺风顺水地进行着，第3装甲师在经历了恶战之后跨过了第聂伯河（Dnepr），后来，图尔克和他的战友们参加了基辅（Kiev）附近的大规模包围行动，这一次他们在北翼负责担当先锋。

　　9月的基辅战役导致了大量的苏联部队遭到包围，最终有60万之众被德国人关进战俘营。随着时间流逝，秋天的脚步近了。在包围圈勉强完成封闭的时候，第3装甲师开始在偏东北的方向休整。9月25日，图尔克到达他的部队将要进行休整和重组的地方，他在一个村子里分配到了营房，但就在几个小时之后，德军发现这里有游击队活动，又不得不撤离。在夜幕的掩护下，图尔克的部队转移到了另一个村子。整个9月26日，他们都在进行维修工作，令很多德军官兵喜出望外的是，从德国本土寄来的邮包终于到了，来自父母、未婚妻和其他亲人的信件成了他们的欢乐之源。

在大家期盼着放长假的同时，有关一场大规模攻势已经迫在眉睫的传言也在悄悄蔓延。此时的图尔克注意到他们的车辆已经严重损耗，新补充来的士兵也不如他们的前辈那样训练充分，而且缺乏实战经验。这支疲惫之师非常需要一段时间用来休息、维护装备和进行训练。至今为止，没有接到任何一条指示发动进攻的命令，图尔克听见的只有流言。[3]

9月26日，图尔克终于得到正式命令，这回真的要发动一场进攻行动了。有关这次行动的具体信息很少，但他认为这次行动将在10月1日开始，目标是图拉（Tula）方向。他也不知道图拉究竟有多远，但他希望行动可以在两周之内结束。此时已经出现了不祥之兆，9月26日—27日夜间的气温跌到零下3摄氏度，虽然如此，一切准备工作还是在按计划进行。图尔克觉得德军目前已经取得了辉煌的胜利，所以再一次的胜利应该也是顺理成章。[4]

9月28日一整天，图尔克的单位都驻扎在原地没有调动，随军牧师赶在第二天开拔之前举行了宗教仪式。开始下雨之后，机动车辆的行动变得困难。在俄国的道路上行进了三个月之后，图尔克已非常清楚，一场雨可以在多么短的时间之内让他们无路可走，但这已是入冬之前最后的一次机会，德国人不能再耽误了，他们要么现在发动进攻，要么让之前的努力付之东流。[5]

* * *

在1941年9月下旬，德国在苏联的部队主力还是从6月22日"巴巴罗萨"行动开始时就一直在前线作战的老兵们。与之形成鲜明对比的是，苏联红军在西部各军区的士兵们要么已经死了，要么就进了战俘营。但这并不意味着苏联

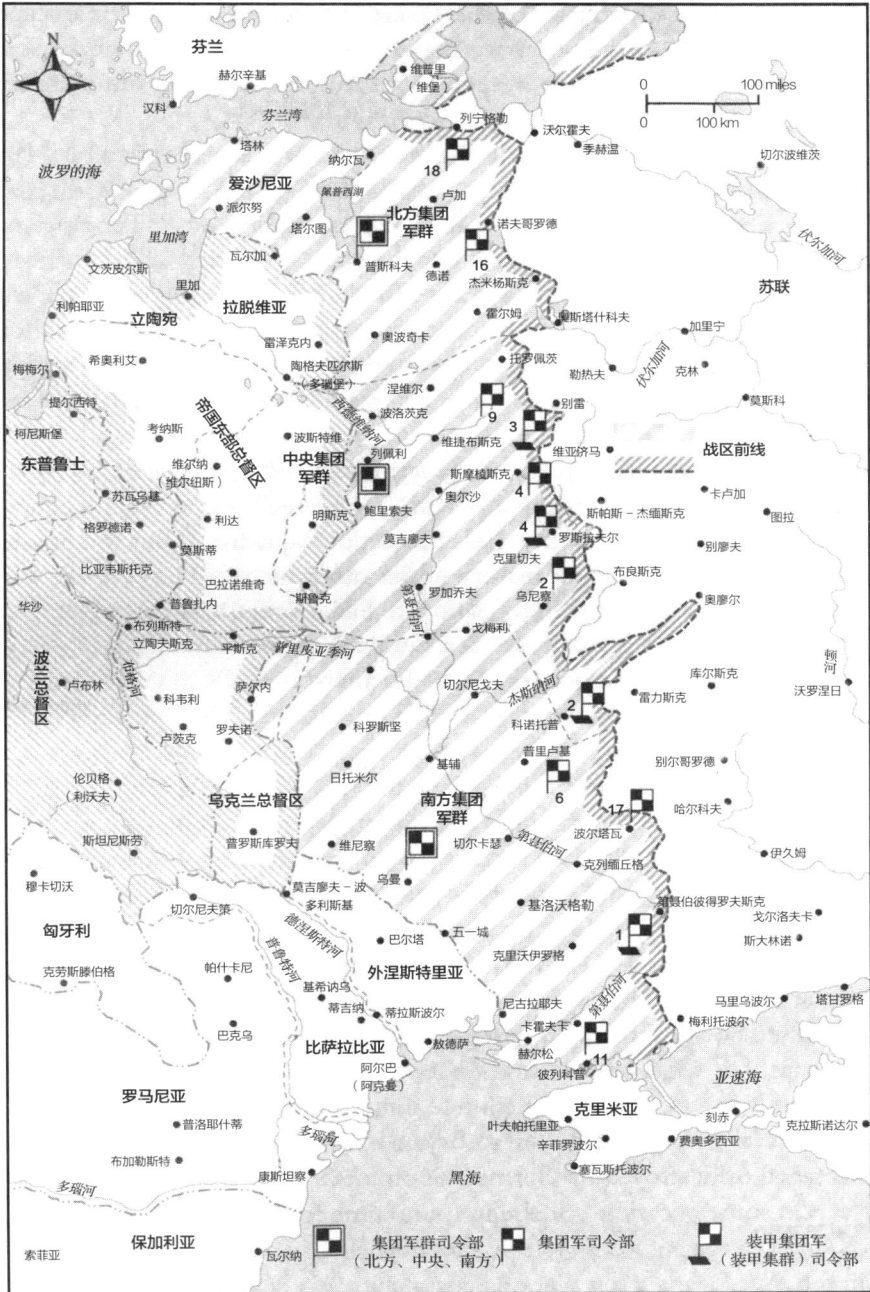

芬兰
赫尔辛基
汉科
波罗的海
爱沙尼亚
派尔努
塔林
纳尔瓦
佩普西湖
芬兰湾
维普里
维堡
列宁格勒
沃尔霍夫
季赫温
切尔波维茨
伏尔加河
苏联
北方集团军群
18
诺夫哥罗德
里加湾
文茨皮尔斯
里加
拉脱维亚
瓦尔加
普斯科夫
德诺
杰米杨斯克
16
霍尔姆
奥斯塔什科夫
塞利格尔湖
加里宁
克林
莫斯科
利帕耶
立陶宛
雷泽克内
奥波奇卡
陶格夫匹尔斯
（多瑙堡）
涅维尔
托罗佩茨
热德夫
梅梅尔
希奥利艾
西德维纳河
别雷
提尔西特
考纳斯
涅曼河
波洛茨克
9
维捷布斯克
维亚济马
战区前线
柯尼斯堡
维尔纳
（维尔纽斯）
列佩利
中央集团军群
斯摩棱斯克
4
卡卢加
东普鲁士
苏瓦基
利达
明斯克
鲍里索夫
奥尔沙
斯帕斯-杰缅斯克
图拉
格罗德诺
莫洛杰奇诺
普拉诺维奇
莫吉廖夫
克里切夫
罗斯拉夫尔
别廖夫
比亚韦斯托克
普鲁扎内
斯卢克
罗加乔夫
4
乌尼察
布良斯克
奥廖尔
华沙
布列斯特-立陶夫斯克
戈梅利
2
雷力斯克
库尔斯克
顿河
沃罗涅日
波兰总督区
卢布林
平斯克
萨尔内
普里皮亚季河
杰斯纳河
切尔尼戈夫
科诺托普
2
奥廖尔
别尔哥罗德
卢茨克
科韦利
罗夫诺
科罗斯坚
基辅
普里卢基
6
17
哈尔科夫
伦贝格
（利沃夫）
乌克兰总督区
普罗斯库罗夫
日托米尔
南方集团军群
切尔卡瑟
波尔塔瓦
克列缅丘格
伊久姆
斯坦尼斯劳
维尼察
乌曼
五一城
基洛沃格勒
第聂伯河
第聂伯彼得罗夫斯克
戈尔洛夫卡
斯大林诺
穆卡切沃
匈牙利
切尔尼夫策
莫吉廖夫-波
多利斯基
巴尔塔
克里沃伊罗格
德涅斯特河
普鲁特河
1
马里乌波尔
塔甘罗格
帕什卡尼
基希讷乌
外涅斯特里亚
尼古拉耶夫
梅利托波尔
卡霍夫卡
亚速海
巴克乌
蒂吉纳
蒂拉斯波尔
赫尔松
11
罗马尼亚
比萨拉比亚
阿尔巴
（阿克曼）
敖德萨
彼列科普
克里米亚
刻赤
克拉斯诺达尔
普洛耶什蒂
多瑙河
叶夫帕托里亚
辛菲罗波尔
塞瓦斯托波尔
赛奥多西亚
布加勒斯特
康斯坦察
黑海
索菲亚
保加利亚
瓦尔纳
帝国东部总督区

集团军群司令部
（北方、中央、南方）

集团军司令部

装甲集团军
（装甲集群）司令部

N
0 ——— 100 miles
0 ——— 100 km

东线 1941 年 10 月 2 日

指挥官手下缺兵少将——数量庞大的后备军在夏秋两季被调往前线，填补那些被歼灭的部队留下的空缺。[6]

不止普通士兵死伤惨重，很多红军高级将领也损失掉了。匆匆建立的新部队需要指挥人员，而指挥官们又需要称职的参谋和专家来辅助他们。8月21日，来自内务人民委员部（NKVD）的一位年轻军官沙布林（Shabulin）少校赶赴莫斯科，在那里他被指派到新成立的第50集团军任职。他接到委任后立即出发进行准备工作，但却因为汽车所需的燃油和备用轮胎没有送到而出现了耽误。直到25日傍晚汽车加完油并更换轮胎后他才终于可以出发前往图拉。[7]

从某些方面看来，斯大林的内务人民委员部和希特勒的党卫队非常类似，但苏联的这一组织存在时间更长，在之前曾有过别的名字。它的领导人是拉夫连季·贝利亚（Lavrenti Beria），他和斯大林一样发迹于格鲁吉亚。内务人民委员部负责安保工作，但贝利亚的管辖范围还包括武装部队，例如内务人民委员部边防军。此外，每支苏联部队中都有来自内务人民委员部的军官。内务人民委员部还负责运营古拉格（Gulag），也就是苏联的强制劳改营系统。

这一天晚上沙布林只能在汽车里过夜，从此以后不知道有多少个夜晚，他都不能以舒服的姿势安然入睡。即使是在到了维什克维特西（Vyshkovitshi）之后也不行。这是一个在布良斯克（Bryansk）附近的村庄，第50集团军在未来的几周内都要在此驻守。沙布林的职位不需要直接参加作战，但战场离他只是咫尺之遥。[8]

1941年9月，德国空军霸占着苏联军队头顶的天空。就在他到第50集团军报到的几天之后，沙布林在28日看到苏联防空部队对着德国战斗机开火，这是未来一系列激战的开端。沙布林的职务需要他频繁地乘车奔赴第50集团军下辖的各部队防区，有时也要到布良斯克去，这座城市的一些街区已经被德国人空袭摧毁了。[9]

沙布林有时候也需要腾出时间来休息。在9月5日视察前线的时候，他找到机会跳进杰斯纳河（Desna River）去洗澡，结果这难得的片刻宁静被远方一架对目标发动攻击的德国飞机所打断，紧随其后的是一场猛烈的空袭，德国空军持续攻击了苏联前线阵地长达两个多小时，沙布林只能眼睁睁看着所有的德国飞机在丢下它们致命的货物之后安然离开。[10]

第50集团军在整个9月份都在忙着守住它自己的阵地，沙布林在此期间频繁地下部队了解情况，最终对当前形势和官兵的心态有了直观了解。9月30日，他在自己的日记本中写下了一篇篇幅不小的总结，这篇总结是根据他前一天在第50集团军司令米哈伊尔·彼得罗夫将军（Mikhail Petrov）的司令部向将军所做的报告写出来的。沙布林注意到人力资源短缺的问题已经十分严峻，第50集团军大部分士兵的家乡都已经被德国人占领了，沙布林认为他们相对于作战而言，更想做的事情是回家。前线的僵持形势和蹲在散兵坑里面时产生的无聊感觉都在消耗着士气，有时士兵会在执行侦察任务时逃跑，甚至在军官之中也出现了若干次醉酒现象。[11]

在从司令部回来的路上，沙布林路过一个集体农庄（kolkhoz），他注意到大量的庄稼和饲草仍然长在田地里，没人留下来收割它们，其中的绝大部分就只能烂掉了。但有些士兵在用饲草喂马，或者四处搜寻土豆和柴火。沙布林已经知道军中出现了严重的物资短缺，所以他对这些在田地和农庄里四处觅食的士兵并不感到奇怪，很多士兵本来就是农民出身，他们知道哪里能找到吃的。[12]

*　*　*

9月的最后一天，沙布林的日记中弥漫着一种压抑的情绪。和图尔克一样，他知道的信息要比一般的德国或者苏联士兵多一些。然而沙布林所在的第50集团军只是拱卫首都的15个集团军级部队之一，他也只能从别的部队那里听到一些传闻而已。

只有两国的最高军事指挥官们才能对战局有比较全面的认识，作为最高长官的斯大林和希特勒尽管位高权重，但东线战役规模宏大，参战部队数量众多，使得他们无法在微观层面操纵军事行动——尽管他们都很想这么做。战争在某种程度上是按照其自有的逻辑进行的，而不是按照独裁者的意愿进行。战火已经肆虐三月有余，给苏军造成了巨大伤亡，经历过数次溃败，斯大林希望在彻底挫败德军的进攻之后立即进行一次反攻。德国国防军的伤亡也非常惨重，但相较于苏军而言程度要轻得多。虽然德国取得了一连串胜利后，苏联并没有像预想之中那样发生崩溃，但在回顾过去三个月的战事时，希特勒应该比斯大林要满意得多。

战争是两种对立意志的斗争，这也是导致战争进程不可预知的原因之一，双方都试图预测并打压对方的行动。冲突的规模巨大也是一个因素，它意味着仅凭一个人无法掌控全局，尤其是在瞬息万变的军事行动中。所以，希特勒和斯大林虽然非常不情愿，但也只得依赖一套复杂的指挥体系来进行部署。

东线的德国和苏联指挥体系存在一处明显不同。两位领导者都直接和他们的参谋部沟通，斯大林有大本营（STAVKA），希特勒则有国防军最高统帅部（OKW）。但苏联的方面军——这一军团编制和西方国家的集团军群类似——是直接归大本营领导的，而德国的集团军群和国防军最高统帅部之间还存在国防军陆军总司令部（OKH），这是陆军部队的最高指挥机构，这样的指挥体系是在1938年第三帝国将国防部并入国防军最高统帅部的时候形成的，当时的国防部部长维尔纳·冯·勃洛姆堡元帅（Werner von Blomberg）被迫辞职，而希特勒本人则开始出任新设立的武装部队最高统帅一职，国防军最高统帅部则由威廉·凯特尔将军（Wilhelm Keitel）负责领导。事后看来，凯特尔的影响力与他崇高的地位并不相符。国防军陆军总司令部早在一战期间就已经在负责指挥筹划军事行动，并在1941—1945年间继续负责管理东线作战。[13]

陆军总司令部有两名关键人物，其一是瓦尔特·勃劳希契元帅（Walther Brauchitsch），他总体负责陆军的指挥工作；其二是弗朗茨·哈尔德上将（Franz Halder），他是陆军总司令部的参谋长。希特勒和以上两人的关系比较紧张，尤其是和他亲自委任的勃劳希契。勃劳希契在和元首进行讨论时从来不起立，元首在场的时候也常常默不作声。在勃劳希契必须要开口时，他会用希特勒厌恶的一种粗鲁无礼的腔调参与讨论。[14]

早在"巴巴罗萨"行动筹划之初，勃劳希契和哈尔德就都十分支持将莫斯科作为主攻方向，其后也一直没有改变立场。然而莫斯科的地理位置并不是他们最关心的事情，他们更倾向于认为进攻莫斯科会将苏联红军的主力从其他真正的目标上吸引过来，消灭苏联红军之后，战争会有一个圆满的结局。希特勒的想法则不同，他对具有经济价值的目标更感兴趣，想靠控制这样的目标来截断苏军的资源补给，并让资源为自己所用。这两种不同的观点早在1940年夏季策划入侵苏联的时候就已经发生过冲突，直到1941年夏末都没有得到调解。[15]

9月时德军在基辅地区完成了非常成功的包围战，由此开辟了通向乌克兰东部的通道，陆军总司令部终于可以腾出手来，开始发动他们鼓吹已久的针对莫斯科的攻势了。这次行动的代号被定为"台风"，由费多尔·冯·博克元帅（Fedor von Bock）率领的中央集团军群负责进攻，之前被调到临近的北方、南方两个集团军群的一些装甲单位在这时又被调了回来，博克的部队还得到了从德国本土赶来的援军加强。

斯大林和大本营，包括他的总参谋长鲍里斯·沙波什尼科夫（Boris Sha-poshnikov）和副总参谋长亚历山大·华西列夫斯基（Aleksandr Vasilevsky）都认为莫斯科会是德军的首要目标。所以，他们觉得德军的进攻方向在某些时候显得非常难以理解，他们还不知道希特勒和德军高层之间存在间隙。当然，苏军统帅们也会有意见分歧，但这种情况主要集中在大本营和方面军司令之间，而不会影响到全面战略。[16]

沙波什尼科夫和华西列夫斯基都毕业于莫斯科附近列福尔托沃（Lefor-tovo）的军事学校，时年58岁的沙波什尼科夫曾是沙皇陆军中的一名上校。华西列夫斯基比他小13岁，在1917年离开旧军队的时候已经获得了上尉军衔。斯大林对这两位经验丰富的军官抱有相当大的信心，他们也是斯大林最信任的幕僚。

像他们这一阶层的高级军官在整个指挥体系中负责总体决策。他们订立目标，调拨增援力量、后备力量以及新型装备，并决定调配战争资源的优先权，例如如何向前线部队分配弹药、燃料和其他重要战争物资。他们同时还可以得到有关上月的军事行动细节的详细报告。

苏军指挥官满心焦虑，他们的焦虑是有充分理由的——6月22日德国发动突袭之时，他们的飞机被直接击毁在机场上，一个个陆军师也被向东边滚滚而来的德国装甲部队打得四分五裂，多数的前线部队都遭到了歼灭。快速推进的德国部队很快就和苏军的第二梯队交上了手，结果苏军还是没能在第聂伯河沿岸阻挡住德军进攻。7月中旬斯摩棱斯克（Smolensk）落入敌手，这意味着在不到一个月的时间内，德军已经走完了从国境线到莫斯科距离的三分之二，形势对于斯大林和苏军高层来讲已经糟得没法再糟了。

出人意料的是，德军的中央集团军群在7月下旬突然止步，因此接下来的

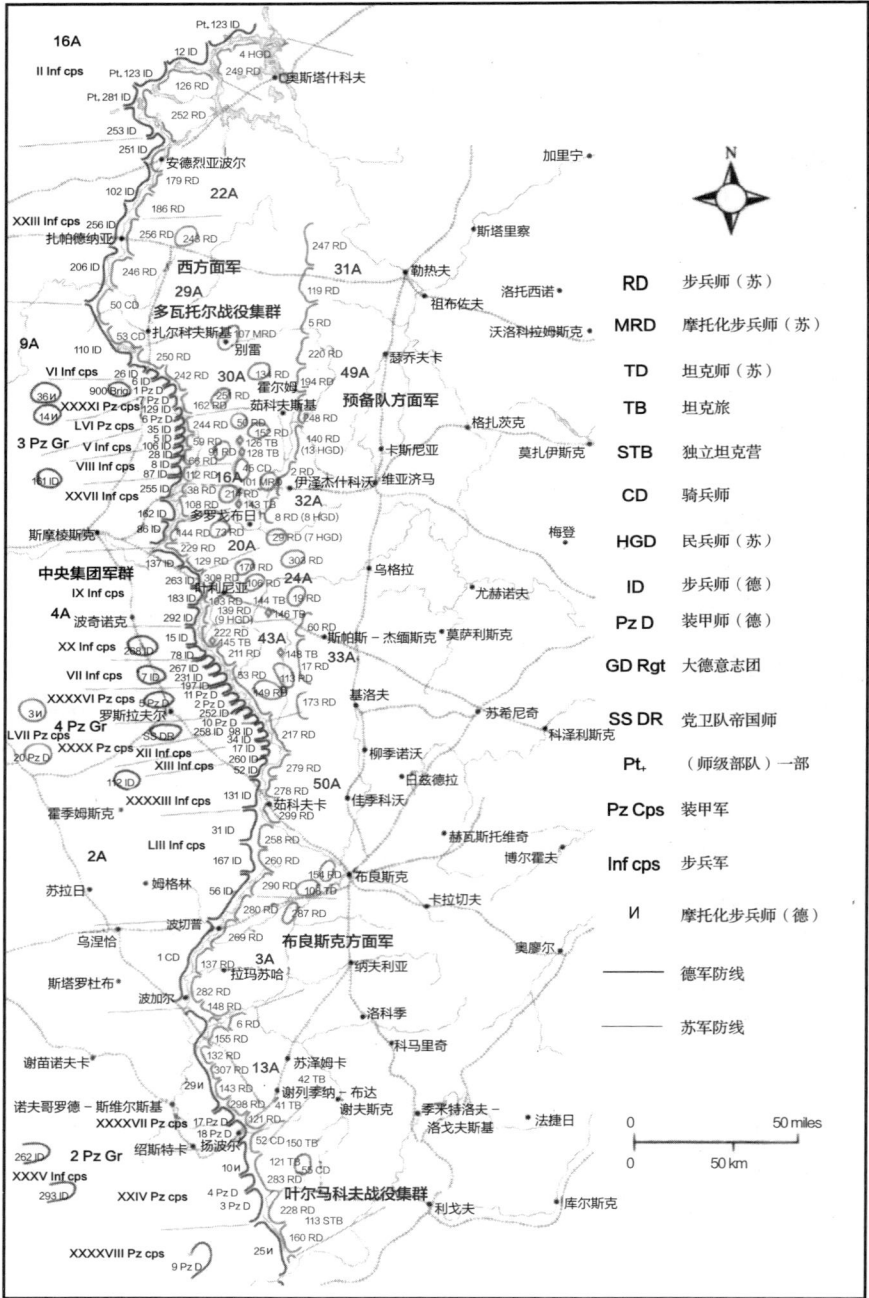

1941年9月29日苏德两军部队部署情况

两个月内，莫斯科方面面临的威胁没有继续增加。德军的注意力转移到了主战场的北方和南方，他们向苏联第二大城市列宁格勒（Leningrad）的推进也进展神速，到了7月中旬，德军已在卢加河（Luga）北岸建立了前沿阵地，离这座建立在涅瓦河（Neva）两岸的伟大城市只有130公里。列宁格勒看似唾手可得，然而德国的进攻却因为补给线拉得过长而被迫停止。在这样的状况下，德军还是在9月时包围了列宁格勒，企图以饥饿迫使这座城市投降。在这之前，斯大林和苏军高层并不知道德国会对列宁格勒作此计划。

在南方，德军在乌克兰境内往东推进。由米哈伊尔·基尔波诺斯（Mikhail Kirponos）指挥的西南方面军组织了比在北方的苏联部队更有效的反抗，即便如此，基尔波诺斯能做的也只是拖慢德军的进攻，虽然损失没有高于中部地区的部队，但也说得上是相当惨重。7月中旬，德军离基辅已经不远了，基尔波诺斯的部队在竭尽全力避免遭到包围。然而到了8月，在乌曼（Uman）还是形成了包围圈，10万苏军沦为俘虏。与中部的一些包围战相比，乌曼的包围战规模还算不上非常大，但到了8月末，德军第2装甲集群被从中央集团军群调到了南方集团军群，它从北边南下攻进了乌克兰，并在接下来的战斗中与北上的第1装甲集群会师，制造了当时在东线规模最大的包围圈，60多万名苏军被俘虏，基尔波诺斯也在此战死。

*　　*　　*

两个领导人的决定共同造就了基辅的那场大灾难——希特勒给他的指挥官施加压力，迫使他们叫停中央集团军群的进攻，并将装甲部队调到侧翼的两个集团军群去。斯大林则是无视严峻的形势，一味地要求守住基辅，想撤离的时候却为时已晚。当时的总参谋长格奥尔吉·朱可夫（Georgiy Zhukov）想要放弃基辅，但他没能争取到机会，自己也被调任预备队方面军司令，由沙波什尼科夫重新出任总参谋长。斯大林的决策给基辅的守军判了死刑，相比之前的大型包围战，当时德军的前进速度已经大大减缓，然而他们还是包住了数量众多的苏军，而这有可能只是因为苏军部队没能及时得到撤退的命令。[17]

基辅的军事行动在9月下旬结束，在这之前，德国就需要决定下一个目标是哪里。在9月末的时候，德军的战线从拉多加湖（Lake Ladoga）南端到黑海南面彼列科普地峡（Perekop isthmus）以东克里米亚半岛和大陆的连接处之间几乎拉成一条直线。下一个目标有好几种可能，只有一点毫无疑问，德国又要发动下一次进攻了。

注释

1. 赫尔曼·图尔克的日记，BA-MA MSg 2/5354。

2. 同上，第2装甲集群指挥部作战处的人员损失报告，BA-MA RH 2-21/757。

3. 赫尔曼·图尔克的日记，BA-MA MSg 2/5354。

4. 同上。

5. 同上。

6. 关于苏军部队和预备队更深入的讨论请见《斯拉夫军事研究》1992年第5卷第3期，戴维. M. 格兰茨的文章《苏联在战争与和平期间的动员研究1924—1942》，第323—362页；以及詹姆斯·M. 高夫，《1941—1945年苏军结构的变迁：过程与影响》，《斯拉夫军事研究》1992年第5卷第3期，第363—404页。

7. 沙布林的日记，BA-MA RH 37/901。

8. 同上。

9. 同上。

10. 同上。

11. 同上。

12. 同上。

13. 瓦尔特·戈尔利茨（编），《凯特尔元帅：战犯还是军官？》，第271页。

14. 巴里·A. 里奇，《德国对俄战略1939—1941》，第32—33页。格奥尔格·迈尔（编），《威廉·利特·冯·勒布元帅：二战期间日记及态势分析》，第195页。

15. 卡尔·瓦格纳，《莫斯科1941——向俄国首都的攻势》，第34、189页。贝尔纳德·冯·罗斯伯格，《在国防军统帅部》，第130页。瓦尔特·戈尔利茨，《凯特尔元帅：战犯还是军官？》，第272—274页。

16. 阿尔伯特·西顿，《莫斯科会战1941—1942》，第87页。

17. G. K. 朱可夫，《回忆与思考》第二卷，第107—111页。书中声称基辅地区的苏军官兵数量要少于德军所宣布的俘虏数量，所以后者可能存在夸大的情况。不过，德军的作战行动涵盖的地域要广阔得多，它所面对的苏军部队还包括一些离基辅较远的集团军和后方单位，例如在攻势初起之时即遭突破的第21集团军，它甚至都不属于负责保卫基辅的西南方面军。

各章节注释由王行健与张大卫合译。

德国向东进攻莫斯科的"台风"行动取得了一个良好的开局，但有三个因素拖慢了他们前进的步伐：天气、补给问题，当然还有苏联红军的顽强抵抗。在发动"台风"行动的时候，德国人就已经知道他们需要和时间赛跑，但他们不清楚留给自己的时间还有多少

第一章
苏联防守情况

基辅会战的灾难性结局清楚地显示了德国已经攫取了战场主动权，苏联的指挥官们必须把注意力放在防守上面来。丢掉基辅造成的巨大损失使得他们没什么办法把德国人挡在乌克兰境内——至少现在已经不可能了。列宁格勒一带的德军似乎已经驻足不前，严峻形势比之前稍有缓解，但前景还是不明朗。

苏联在莫斯科西边部署了强大的防守力量，约有125万人、1050辆坦克、1万门火炮与迫击炮分布在北至奥斯塔什科夫（Ostashkov），南至沃罗日巴（Vorosba）的战线上，分别属于3个方面军下面的15个集团军级单位。[1]

负责保卫莫斯科的三个方面军从南到北分别是布良斯克方面军、预备队方面军和西方面军。布良斯克方面军的指挥官是时年48岁的安德烈·叶廖缅科大将（Andrei Eremenko），德国发起进攻之初他还身在远东地区，很快就被召回欧洲地区，并在6月底被派往德军正以惊人的速度推进的战线中部。叶廖缅科曾三次短时间代替谢苗·铁木辛哥元帅（Semen Timoshenko）指挥西方面军，8月时，叶廖缅科被召回同斯大林一起开会，8月16日他被委任以最近新组建的布良斯克方面军司令一职。9月末，叶廖缅科手下有三个集团军和一个方面军直属的战役集群（operational group），除了留在布良斯克附近作预备队的三个师之外，他手下的各师被沿着方面军防区均匀地部署开来。叶廖缅科计划在必要时将预备队投入西北或者西南方向的反击之中，很显然预备队就是按照德军可能向布良斯克发动进攻的大致方向进行部署的。[2]

　　叶廖缅科还有一支预备队，它就是部署在苏泽姆卡（Suzemka）以南的坦克第42旅，它将会向扬波尔（Yampol）和格卢霍夫（Gluchov）方向进攻。叶廖缅科手里其他的三个坦克旅也在附近，即便如此，这里还是叶廖缅科的防线中最薄弱的环节，他将很难阻止德军从西南发动的一次猛攻。除了在布良斯克有预备队之外，他的防线也没什么纵深可言。而且从前线到预备队所在地有150多公里，这意味着将预备队调往前线抵御德军进攻需要花费不少时间。[3]

　　在部署于莫斯科附近的三个方面军中，叶廖缅科的方面军实力最弱。他只有1700多门火炮和迫击炮，以及259辆坦克。他的防区非常宽阔，不到25万人要负责长达300公里的防线。不过布良斯克方面军的防线离首都的距离要比另外两个方面军远得多。[4]

＊　　＊　　＊

　　在叶廖缅科的布良斯克方面军北边是预备队方面军，其下所辖各集团军的部署方式颇为奇怪。预备队方面军由谢苗·布琼尼元帅（Semen Budjonny）负责指挥，他将手下实力最强的两个集团军部署在基洛夫（Kirov）和叶利尼亚（Yelnya）之间，其余的大部分部队则部署在西方面军后面的带状防线上，西方面军负责防守叶利尼亚—奥斯塔什科夫一带，而奥斯塔什科夫前线则由预备队方面军下辖的两个师负责防御，再往北则是西北方面军的部队负责的防区。布琼尼放在基洛夫和叶利尼亚之间的两个集团军共有大概20万人，他还在这两个集团军后面安置了另一个集团军当作预备队，这使得该地区的兵力达到26万人。因此，虽然叶廖缅科的防线比布琼尼的要长，但是布琼尼手上可以用来守住前线阵地的人力比叶廖缅科要多。[5]

　　58岁的布琼尼是苏联红军的一名真正的老战士，他在内战时期和斯大林在同一部队①，和斯大林的老交情，应该是他得以成为仅有的两位逃过1937—

---

① 译注：此处有误，内战时期斯大林是布琼尼的领导之一。

1938年大清洗的苏联元帅之一的重要因素。他后来在1939—1940年进攻芬兰的"冬季战争"中负责指挥一个集团军，但没有取得任何成就。虽然如此，他还是在1941年7月时被委以全权负责指挥苏军在乌克兰的军事行动的重任，这意味着他需要协同指挥西南和南部两个方面军，结果他再一次失败了，斯大林在9月份用铁木辛哥把他换了下来。斯大林没有让这位上了年纪的老帅无所事事，而是让布琼尼接手预备队方面军，这个方面军原先的指挥官朱可夫被调往列宁格勒组织防御，那里的情况更加岌岌可危。[6]

＊　＊　＊

第三个，同时也是中部地区的最后一个方面军是西方面军，由伊万·科涅夫上将（Ivan Konev）负责指挥。他本是一名政治军官，但在1941年6月22日时，他负责指挥第19集团军，后来卷入了维捷布斯克（Vitebsk）—斯摩棱斯克一带的激战之中。9月12日，科涅夫接替铁木辛哥元帅出任西方面军司令，由此保卫首都的重担大部分都落在了他的肩上，为此他手下握有六个集团军用来完成这一重任。[7]

科涅夫的部队从叶利尼亚向北部署，因为在他后面就是预备队方面军的大部，所以他把所有的集团军全都放在前线，没有留下预备队。他决定把手下实力最强的部队放在从斯摩棱斯克通向莫斯科的公路两侧。一共有3个集团军被部署在这一地区，还不到他所负责的防线总长的三分之一。[8]

在科涅夫和他的参谋部在1941年9月20日所做的防御计划中，他们论述了6个德军可能发动进攻的方向。按照9月28日的一份报告所说，其中两个方向最有可能，其一是公路主干道方向，科涅夫已经把他的防御力量中很大的一部分部署于此；其二则为更往北的勒热夫（Rzhev）方向。报告中也提到了反制措施，但可以总结为已经把两支预备队置于两个威胁最大的方向，其中之一就在多罗戈布日（Dorogobush）北边的公路附近，另一支则在别雷（Belyy）地区。第一支预备队包括4个师和4个旅，第二支则由4个师组成，其中两个还是骑兵师，科涅夫手下486辆坦克中的大部分也在预备队之中。[9]

方面军下辖的各个集团军也各自制定了防御计划，并提交大本营审批。

第16集团军的司令康斯坦丁·罗科索夫斯基少将（Konstantin Rokossovsky）在他的回忆录中提到，9月后半月时他的参谋部一直忙于制定详细的防御计划，包括在敌人达成突破的情况下，应当如何实施后撤和迟滞行动的内容。他认为敌军在机动方面具有优势，并拥有战场主动权，这会使得后撤和迟滞行动的实施变得困难。然而方面军司令科涅夫直接将这一部分的内容从第16集团军的防御计划上删掉了。[10]

三个方面军的防线上存在众多薄弱环节，在奥廖尔（Orel）、勒热夫和维亚济马（Vyazma）这样的重要节点上都没有实力很强的守军。西方面军和预备队方面军的责任划分不清，也会在必须要投入预备队的时候造成延误。地面部队和空军的协调也是一个弱项，虽然在后来的作战中，将航空单位配属给方面军是一种常态，但这时的苏军在将航空单位配属给方面军之前，并没有进行过任何形式的空地协同演练。举例来讲，预备队方面军的全部空军单位分别配属给了两个集团军，而叶廖缅科的空军部队则大多集中配属给第13集团军，西方面军则选择了让所有空中力量集中听候司令部调遣。除了配属给三个方面军的空中力量之外，远程轰炸航空兵和驻莫斯科的防空部队还拥有大量的空军部队，可以投入莫斯科以西的战斗的军用飞机约有60%是属于这两个部门的，但空军还是没有独立的指挥管控系统。[11]

1941年8月时，苏军曾对方面军级和集团军级的后勤指挥体制进行改革，这套新的系统此时还没有磨合到能够顺利运作的水平。很多指挥官和军官也是最近才任命的，例如第49集团军司令部的后勤主任尼古拉·安季片科（Nicolai Antipenko）就是这样。

在8月份进行改革之前，苏军的后勤工作要么由参谋部负责作战指挥的部门来管，要么由某些临时委派的保证物资可以送到前线部队手中的人员来负责。在战前很少有人认为这样的体制有什么问题，因为在演练中后勤保障一切正常。但战争期间后勤的负担一天重似一天，而且经常因为缺乏协调沟通节外生枝。

德国入侵之后不久，安季片科被从南边激战正酣的利沃夫（Lwow）召回莫斯科，他新得到的任务是保证新建立的第49集团军后勤工作有序进行。7月中旬离开莫斯科的时候，他得到了一张标注着集团军司令部所在地的地图，但当他到达别雷地区时，却没有在地图标注出来的位置找到司令部。他继续沿着公路往下走，直到遇见一群向他的方向跑过来的士兵，他停下汽车，问这些士兵是否知道司令部在哪儿，结果其中之一喘着粗气答道："司令部在哪儿我不知道，可法西斯就在这小山包后面呐！" 安季片科一点儿都没犹豫，马上把车掉头开走了。

* * *

因为安季片科在后勤工作上富有经验，早在后勤主任的职位出现之前，第13集团军的军事委员会就曾经让安季片科来接管该部队的后勤工作事宜。但是在安季片科前去方面军司令部报告的路上，他碰上了瓦西里·维诺格拉多夫少将（Vasiley Vinogradov），这位少将正前往第30集团军掌管后勤工作，于是安季片科又被召回莫斯科，之后他又接到了前往高加索地区的第比利斯出任此地边防军参谋长的命令，但他并不想远离前线，于是设法得到了第49集团军后勤主任的职位。第49集团军是预备队方面军下辖的集团军之一，就部署在西方面军第30集团军的后面。[12]

准备一次防御行动要比准备一次进攻行动更富有挑战性，因为常常是进攻一方主导事态的发展，并且占尽优势（因为先发制人而产生的优势）。对于防守一方来讲，预测敌人的行动是一件非常困难的事情，除此之外还要面对很多不利因素。在9月末的时候，苏维埃的保卫者们虽然在数量上并不处于劣势，但还在其他很多方面处于弱势，最根本的一个问题就是苏军单位战斗力相对德军较为低下，这是落后的战术、不充分的训练和基层军官素质不佳等因素共同造成的。[13]

此时的苏军战斗单位情况也各不相同，有的部队齐装满员，却严重缺乏训练；其他一些部队的实力则在伤亡惨重的战争中被严重削弱——花点时间了解一下某些部队的状况，就知道苏联红军当时面临的是多么严重、多么复杂的问题。

步兵师（Rifle Divisions）构成了苏联红军的骨干，整个苏军中相当大的一部分人力都被编入了步兵师。步兵师的数量很多，在战争之初，它们的兵员数量总和非常可观。步兵第242师6月27日在加里宁地区（Kalinin）开始组建，此时离德国发起入侵之日还不到一个星期。仅仅在两周之后，步兵第242师就被配属给第30集团军作为预备队，这显示了当时的情形已经危急到了什么样的程度。苏联红军弥补数量惊人的人员损失的措施之一，就是把来自内务人民委员部边防部队的人员编到步兵师里面，在德国入侵之后不久，约有1500名来自内务部队的官兵被编入了15个步兵师。[14]

就在德国向莫斯科发动攻击之前不久，达维德·德拉贡斯基（David Dragunsky）上尉被任命为步兵第242师的参谋长。战争爆发时他还是一名坦克部队军官，正在莫斯科的伏龙芝军校（Frunze Academy）进修。6月22日当天，德拉贡斯基正在白俄罗斯比亚韦斯托克（Bialystok）附近进行野战演练。上级命令德拉贡斯基和他的同学们以最快的速度返回莫斯科，他们把战火中的比亚韦斯托克抛在身后，途经明斯克和斯摩棱斯克返回莫斯科。[15]

包括德拉贡斯基在内的很多军校生都盼望着上前线，但他们还得等等。现在他们只能在伏龙芝军校空旷的大厅内研究反映前线形势的地图，红旗代表苏军，蓝旗代表各股敌对势力。这些旗子的位置每天都在变，敌军的推进速度令人担忧，德拉贡斯基只得强迫自己集中注意力好好听课，他不想让前线蔓延的坏消息干扰自己。[16]

德拉贡斯基不可避免地注意到自己正在接受的培训还在强调进攻战术，这是按照红军的训练手册进行的。但他也开始发现防御所占的内容变得越来越多。[17]

德拉贡斯基终于被列进了派往前线的人员名单，他和其他三个装甲部队军官奉命前往勒热夫，去加入正在组建的坦克第110师。但离开学校并不像他们所想的那么简单，都到这时候了，各级官僚还是死抓着图章不放手——德拉贡斯基等人签了二十多次字才最终见到校长，在这之后，他们开始收拾行李准备上路。[18]

这四个军官到了勒热夫之后，在坦克第110师参谋部所在的一片松树林里找了个地方休息。师长切尔诺夫（Chernov）上校在迎接他们时，告诉他们师里正在组织一个独立坦克营来支援前线作战。德拉贡斯基的同学格里戈里耶夫少校（Grigoriev）之前分配到了团长的职务，师长要求他推荐新成立的独立坦克营营长的人选，格里戈里耶夫推荐了德拉贡斯基中尉，德拉贡斯基已经有了一些战斗经验，他之前曾指挥T-26轻型坦克在远东作战过。

德拉贡斯基将要指挥的那个营装备着型号杂乱的战车，其中有老旧的T-26和BT-5，还有一些崭新的KV和T-34。坦克营得到命令前往别雷，再从那里前去步兵第242师的防区。他们一到步兵第242师的地盘上，就受到了师长科瓦连科少将（Kovalenko）的热烈欢迎，他十分乐意得到坦克部队的支援。德拉贡斯基也大喜过望地发现，这里的参谋长维克多·格列波夫中校（Viktor Glebov）是他在伏龙芝军校的熟人。

德拉贡斯基没时间休息了，他的营马上就和一个步兵营一起投入了进攻行动。因为无线电设备不足，只能靠传令官把进攻命令送过来。全营人马各就各位等待进攻命令，时间仿佛格外漫长。在等待传令官现身的时候，来自战线两边的炮声和爆炸声一直不绝于耳。在1812年抵抗拿破仑入侵那会儿，俄国军官是骑在马上的，现在除了不再需要骑马，别的一切依然照旧，这充分揭示了战争早期苏联军事通信系统存在的问题。在收到开始进攻的命令之后，德拉贡斯基的坦克营出发，去接受战火洗礼。战斗的结果是令人失望的，全营有十辆坦克被击毁，20多名官兵死伤。[19]

8月，德拉贡斯基的坦克营一直接受步兵第242师的领导，参加了斯摩棱斯克一带的战斗，直到全营的坦克损失殆尽。一些坦克兵在失去战车之后作为步兵投入作战，直到9月上旬该营的残部被调到乌拉尔为止。步兵第242师也蒙受了巨大损失，连科瓦连科师长都身负重伤，格列波夫中校成了新的师长。[20]

在坦克营调走之前，德拉贡斯基被通知升任为上尉，并担任第242师参谋长一职。他和他的部下们对此感到意外和失落，他这样描述了当时的情境：

格列波夫走到我这里，压低声音说道："我也没办法抗拒上级的命令。但不是只有坦克兵才光荣，在我看来，步兵、飞行员和炮兵也是一样光荣，他们也在英勇地打击敌人啊。"[21]

德拉贡斯基无奈地接下新的任务，第242师也开始准备保卫莫斯科。格列波夫还不失幽默地提醒德拉贡斯基，他其实是一个天才的步兵，但德拉贡斯基回答说他迟早还是要回到装甲部队里面去。

接受新任务，意味着德拉贡斯基必须要从头了解步兵师。步兵师的字面意思是"步枪师"，这种称谓起源于沙俄时期，那时只有除了皇家卫队之外最好的步兵部队才能冠以"步枪"的头衔。1918年10月开始，所有的红军步兵师都被改称为"步枪师"。在战争刚开始的时候，按照组织装备表（TO&E）规定，一个齐装满员的步兵师应该有14500名官兵、78门火炮、66门迫击炮（不含轻型迫击炮）、12门高射炮和54门反坦克炮。然而步兵第242师是按照1941年7月29日发布的新编组织装备表来整编的，按照新规定，每师应有10800名官兵、36门火炮、24门迫击炮、10门高射炮和18门反坦克炮[22]。步兵第242师编制下有一个完整的反坦克营，这使得它的实力比规定中还要强一点。[23]

德国战前的步兵师在齐装满员的情况下，有大约17000名官兵、74门火炮、54门迫击炮、75门反坦克炮，没有高射炮。[24] 一个德国步兵团3000人出头，所以3个步兵团拥有全师53%的人力，但这一比例明显要比苏联步兵师低，苏联步兵师下辖的各个步兵团人数占全师人数的比例大概有75%。[25]

总的来讲，苏联步兵师所装备的炮兵武器不如他们的德国对手多，苏联步兵师的炮兵武器包括76.2毫米团属榴弹炮、76.2毫米加农炮和122毫米榴弹炮，而德国步兵师则有7.5厘米和10.5厘米步兵炮，以及10.5厘米和15厘米的榴弹炮①。苏联使用口径较小的火炮，很大程度上是苏联境内道路情况不佳这一因素决定的。较轻的火炮意味着较小的对地压强，而且可以使用较轻型的车辆或更少的马匹进行拖曳。一门苏联122毫米榴弹炮大约重2.5吨，要比5.4吨的德国15厘米榴弹炮轻多了，而两者的射程差不多。[26]

德拉贡斯基的师要驻守一条延伸了20公里之长的防线，这防线比第16集团军下属其他师级部队的防线都要长，相比之下，别的师的防线只有13公里左右。德拉贡斯基提出要是这样的话，第242师将无力准备第二梯队，所有的资源都会花费在防守前线上。作为一名装甲兵出身的军官，他还强调了好几次缺乏坦克的情况。[27]

斯摩棱斯克以东平静的局势给予了第242师喘息之机，官兵们趁机把战壕

---

① 译注：德国身管武器常见的口径单位为厘米。

又挖得深了些，他们不分昼夜地忙着加固前线阵地。现在还不知道，在冬季来临之前，这里的阵地究竟能不能经受住战火的考验。[28]

"台风"行动之前的苏军实力，1941年10月1日[29]			
	官兵数量（概数）	火炮与迫击炮	坦克	步兵师数量
布良斯克方面军	240,000	1,743	259	24
预备队方面军	470,000	4,752	301	28
西方面军	540,000	4,029	486	30
总计	1,250,000	10,524	1,046	82

交战双方的差异并不只存在于部队的组织架构方面，在苏联红军和德军之间还存在着很多有趣的不同点。1941年9月两军在莫斯科一带集结之时，斯大林已经62岁了，希特勒比他小十岁。虽然苏联的领袖比德国元首要老上许多，但他们的高级指挥官的年龄构成却是反了过来。时年59岁的谢苗·布琼尼元帅，内战时期的英雄，已经是红军里的老大哥了，而当时苏联方面军和集团军司令的平均年龄是44岁，只有他这一个特例。在布琼尼之后年龄排行第二的瓦西里·多尔马托夫少将（Vasily Dolmatov）当时52岁，是第31集团军的指挥官。33集团军的旅政委德米特里·奥努普里安科（Dmitry Onuprienko）是最年轻的一位高级军官，只有34岁。与之对应的是，科涅夫和叶廖缅科两个大将的岁数分别是43和48岁。[30]实际上所有的苏联集团军司令都要比斯大林年轻，只有斯大林在内战时期的老战友——伏罗希洛夫（Voroshilov）、布琼尼与他年龄相仿。还有一位马克斯·赖特尔（Maks Reiter）中将，他比斯大林小8岁。其他的方面军司令都比斯大林要小起码10岁，看起来这种情况应该归咎于1937—1938年的大清洗，但我们应该再从别处找找原因——在大清洗中丧生的优秀军官都比斯大林年轻10岁有余，红军高级将领普遍年轻一事，实际上是因为苏联红军本身成军时间就比较短。

在沙俄时代末期，军队被以很快的速度解散了，布尔什维克政权只能招募包括大量前沙俄军队官兵在内的兵员，组建一支全新的军队。结果很多红军军官的年龄相对于他的军衔来说都显得太过年轻了。

年龄小也就意味着这些高级军官在他们的职业生涯中晋升得相当快。9月末在莫斯科附近的15个集团军司令中，只有3个在开战时就已经在指挥这个级别的部队，有6个在8月才被任命为集团军指挥官，其中的大部分在德国发动战争之时指挥的只是一个师或者一个军。还有5名是夏天时从内务部队转到陆军指挥集团军担任指挥官的军官。[31]战争初期苏军的溃不成军使得斯大林更加倚赖内务部队，他从内务部队抽调人员到正规军中去，以此保证部队秩序和稳定军心，但结果却事与愿违。

未来的朱可夫元帅在8月份接替布琼尼指挥预备队方面军的时候，见到了从内务部队调来的将军之一——康斯坦丁·拉库津少将（Konstantin Rakutin），拉库津当时负责指挥预备队方面军下属的第24集团军。朱可夫这样写道：

> 我之前不认识拉库津，他的战场形势报告令我印象深刻，但看得出来他在战术和作战方面接受的训练不足。这样的问题普遍存在于从内务部队转来的将军和军官们之间，他们没有机会去拓展自己在战役法方面的知识。[32]

当然可以说，朱可夫的观察结论乃是根据孤立个案而来，但是他的这种说法一点儿都不令人意外。归根结底，拉库津这样的人既没有担任正规军集团军级部队指挥官的经验，也没有接受过相关的培训。在面对可能是有史以来最富经验、训练水平最高的敌人之时，经验和训练对于莫斯科的保卫者而言，无疑是极其重要的。

63岁的赫尔曼·梅茨（Hermann Metz）是1941年在莫斯科以西的前线上最老的一位德国将军，最年轻的德国将军则是50岁的瓦尔特·莫德尔（Walther Model）。中央集团军群指挥官费多尔·冯·博克元帅（Fedor von Bock）时年60岁。他手下的一位集团军指挥官，担任第9集团军司令的阿道夫·施特劳斯（Adolf Strauss）实际上比他还要大两岁。所有这些德国高级指挥官们的年龄证明了他们都是曾在一战时期指挥过部队的低级军官。东线的德国集团军级指挥官平均年龄为58岁，22名军级指挥官的平均年龄则为55岁，因此他们中的大多数都比时年52岁的希特勒年长。形成对比的是，斯大林比他的指挥官们都要资深、年长、更富经验。[33]

莫斯科地区最年轻的德国将军莫德尔在一战开始时是一名中尉。德国指挥官们都对战争时的混乱，以及这种混乱给命令传递和指挥效率带来的影响有过切身体会，德国的任务导向型的战术是一种可以对抗混乱、疑惑和含混不清之类情况的方法。德国军官们知道夺取主动权的价值所在，而且他们已经在近年的两次战役中取得了巨大的成功——一次是1939年的波兰战役，还有一次是1940年的西欧战役。一些军官还参加了1941年春季的巴尔干战役，他们信心十足，对手下的官兵寄予高度信任。[34]

红军在与芬兰进行的"冬季战争"（1939年11月30日—1940年3月13日）期间已经暴露了严重的问题，被世人看作泥足巨人，但很少有人知道斯大林手里的资源究竟有多丰富。正是因为苏军的妄自尊大，以及苏军指挥官简单粗暴地低估了芬兰军队的决心和作战水平，才让芬兰得以捡回一条命。

夏末，德国的将军们开始意识到东线战役进展并不如预期。不光是前线才有战火肆虐，后方也不得消停，游击队在那里一刻不停地活动着。而且，苏联红军虽然遭受了严重的人员和装备损伤，但并没有被击溃，新的苏军部队还是在源源不断地派上前线。在1940年的西欧战役时，德军仅在6个星期内就打垮了观察家们所认为的全欧洲最强军队。而现在德军已经连续奋战三月未得停歇，战斗日复一日，没时间休养生息，三个月以来的人员损失和装备损耗也得不到全面补充。

中央集团军群的部分单位北上南下，被调去支援列宁格勒和乌克兰军事行动的事情给了莫斯科大门口的苏军喘息的机会，但在9月末的时候，这些任务都已经完成。自此往后，德国的注意力将全都放在莫斯科方向。

地图也是武器

在苏德战争的每一场战役中，交战双方都在努力保证可以供应数量足够且内容翔实的地图。有时候地图会缺乏细节，还有时候则会和实际出入较大。鉴于很多作战计划都要根据地图上面的信息来进行，内容准确与否的影响很大。翔实准确的地图，其重要性是不言而喻的。

德军推进的距离太远是苏联红军所面临的很多问题的根源。6月22日当天，总参谋部下发了彼得罗扎沃茨克（Petrozavodsk）一维捷布斯克一基辅一敖德萨防线以西的地图，他们预计敌军将不会推进到比这条线更远的地方。然而，这条防线在7月10日时被德军打破了，苏军手里没有目前交战区域的地图，因此大量新的地图被匆匆地赶制出来。据苏联总参谋部的谢尔盖·什捷缅科（Sergei Shtemenko）所说，在1941年下半年，他们必须要制作150多万平方公里范围内的多种比例尺的地图。[35]

德国也面临着很严峻的问题，他们手中的信息是过时的，很多的地图的年代可以追溯到第一次世界大战期间，甚至要更早。戈特哈德·海因里奇将军（Gotthard Heinrich 注：原文有误）在他10月18日的日记中写道：

我们的地图质量不佳实在是一件烦人的事情，所谓的苏联地图早就彻底过时了，一点用都没有。地图上显示是树林的地方现在是一马平川，上面标出的道路也往往在别处，有半数的村子也根本就没标出来。有时候我们会用缴获的地图，它们比德国的1:100000地图精确得多，内容直观、明且更加现代。然而我们手头现在一张这样的地图都没有，我们只能像半瞎子一样呆坐在这里。[36]

制图单位的工作面临着很多困难。举个例子来讲，第3装甲集群的制图单位向陆军总司令部申请提供地图印刷设备，但陆军总司令部不为所动。在多次催促之后，一些设备才在6月7日送达，此时离"巴巴罗萨"行动开始还剩不到两周的时间了，然而集团军还得自己解决这些设备的运输车辆问题。6月22日之前一共有53200张地图下发到第3装甲集群各单位，后来第3装甲集群又在维尔纽斯（Vilnius）、斯摩棱斯克和杰米多夫（Demidov）建立了制图站，这样就不用跑到柯尼斯堡（Königsberg）和因斯特堡（Insterburg）的制图中心取地图了。第3装甲集群总共制作了690版地图，印刷模板加在一起有30多吨。德国人很快意识到苏联的1：100000地图比自己画得要更好，便把注意力转移到仿制苏联地图上面来，部队官兵也很快学会了如何阅读西里尔字母版本的地图。[37]

偶尔会有苏军老兵说德国的地图其实更好，但这可能是就印刷质量而言，而不是指内容的准确性。苏军的制图中心将10700万多份地图分发给方面军和集团军，这些地图的印刷质量和纸张都很粗糙，很快就会磨坏，因为工期紧迫，这些地图常常以单色印制。[38]

注释

1. 《文件与资料：数字中的莫斯科会战》，《军事历史杂志》1967 年第 3 期，第 69—79 页。列夫·卢普霍夫斯基，《维亚济马大灾难 1941》，第 93—94 页。

2. 这三个集团军分别为第 3、第 13 和第 50 集团军，叶廖缅科手下还有所谓的叶尔马科夫战役集群。三个被用作预备队的是步兵第 154 和 287 师，以及坦克第 108 师。后两个师准备用来发动反攻，见《俄罗斯档案，伟大卫国战争，第 15 册（4—1）：莫斯科战役档案集》，第 75 页。

3. 坦克第 141 旅被配属给第 13 集团军，而坦克第 121、第 150 旅则被配属给叶尔马科夫，见 A. M. 萨姆索诺夫，《莫斯科 1941：从失败的悲剧到最终胜利》，第 236 页；以及《俄罗斯档案，伟大卫国战争，第 15 册（4—1）：莫斯科战役档案集》，第 75 页。

4. 不可否认的是在叶廖缅科的方面军，可用部队和防线长度的比值要更低一些，但怎么都算不上非常之低。《文件与资料：数字中的莫斯科会战》；马克西姆·科洛米耶茨，《莫斯科战役：1941 年 9 月 30 日—12 月 5 日》，第 6—8 页；卢普霍夫斯基，《维亚济马大灾难 1941》，第 93—94 页；萨姆索诺夫，《莫斯科 1941：从失败的悲剧到最终胜利》，第 235—236 页。

5. 第 24 集团军和第 43 集团军都部署在前线，而第 33 集团军则位于这两者的后面，它由 5 个师组成，见卢普霍夫斯基，《维亚济马大灾难 1941》，第 94 页；萨姆索诺夫，《莫斯科 1941：从失败的悲剧到最终胜利》，及《苏联红军战斗序列，1941 年 9 月》，俄罗斯国防部中央档案馆，fond219，oP679，delo 6，list 134—140，159。

6. 另外一个在大清洗中幸存的苏联元帅是克莱门特·伏罗希洛夫，他和布琼尼一样，都是内战时期斯大林的战友。

7. M. M. 加利耶夫，V. F. 西蒙诺夫，《1941—1945 年的胜利将帅》，第 114—117 页。

8. 萨姆索诺夫，《莫斯科 1941：从失败的悲剧到最终胜利》，第 235 页。

9. 在多罗戈布日的预备队包括步兵第 134、152 师，摩托化步兵第 101 师，骑兵第 45 师，以及坦克第 126、128、143 和 147 旅。别雷的预备队包括摩托化第 107 师，步兵第 251 师，骑兵第 50 和 53 师。见 M. I. 哈米托夫的《莫斯科战役》，第 32 页，和《伟大卫国战争军事历史资料集，第 7 册》地图 2，以及萨姆索诺夫的《莫斯科 1941：从失败的悲剧到最终胜利》，第 235—236 页。坦克数目见科洛米耶茨，《莫斯科战役：1941 年 9 月 30 日—12 月 5 日》第 6 页，和《文件与资料：数字中的莫斯科会战》；卢普霍夫斯基，《维亚济马大灾难 1941》，第 93—94 页。

10. K. K. 罗科索夫斯基，《军人的天职》，第 47—48 页。

11. A. G. 费多罗夫，《莫斯科战役中的航空兵》，第 59、98 页；《文件与资料：数字中的莫斯科会战》。

12. 安季片科，《在主攻方向上》，第 63—66 页。

13. 这一差异一直持续到战争结束的时候，我们已在之前的书中讨论过此事，例如泽特林和弗兰克森合著的《库尔斯克 1943——统计分析》。

14. 查尔斯·C. 夏普，《二战苏军作战序列，第 9 册：红潮》，第 2 页。

15. 德拉贡斯基，《坦克里的岁月》，第 4 页。

16. 同上，第 6—7 页。

17. 同上，第7页。关于苏联红军强调进攻战的内容，请见N. E. 叶利谢耶娃的《战争前夜工农红军的发展计划》，《斯拉夫军事研究》1995年6月，第8期第2册，第356—365页。

18. 德拉贡斯基，《坦克里的岁月》，第7页。坦克第110师是从第23机械化军下面的坦克第51师改编而成的。见叶夫·根尼德里格，《红军机械化作战部队》，第543、645页。

19. 德拉贡斯基，《坦克里的岁月》，第26页。

20. 按照苏联一方的资料，斯摩棱斯克战役从1941年7月10日持续到9月10日。G. F. 克里沃舍夫（编），《揭秘：苏联武装力量在战争、作战行动和军事冲突中的损失》，第168—169页。很多有关于莫斯科战役的资料中都认为科瓦连科是该师师长，但实际上格列波夫负责指挥该师直到解散为止。

21. 德拉贡斯基，《坦克里的岁月》，第51页。

22. 查尔斯·C. 夏普，《二战苏军作战序列，第8册：红色军团》，第104—105页。

23. 如果一个师装备了54门反坦克炮，那将配属如下：每个步兵营两门（每师9个步兵营），步兵团团部6门（每个师3个团），还有一个装备了18门炮的反坦克炮营。如果一个师只有18门反坦克炮，那就没有反坦克炮营，步兵营也不装备反坦克炮。

24. 亚利克斯·布赫纳，《德军步兵手册1939—1945》，第9页。

25. S. 扎洛加与L. S. 内斯合著，《苏联红军手册1939—1945》，第13页。

26. 此处使用苏军M-30 1938年式 122毫米榴弹炮和德国的10.5厘米leFH 18以及15厘米 FH 18进行对比。

27. 关于前线上的这种情况，请见德拉贡斯基《坦克里的岁月》，第56页。关于第16集团军的情况，见哈米托夫，《莫斯科战役》，第36页。

28. 德拉贡斯基，《坦克里的岁月》，第56页。

29. 《文件与资料：数字中的莫斯科会战》；科洛米耶茨，《莫斯科战役：1941年9月30日—12月5日》，第6—8页；卢普霍夫斯基，《维亚济马大灾难1941》，第93—94页；萨姆索诺夫，《莫斯科1941：从失败的悲剧到最终胜利》，第235—236页。

30. 加利耶夫 和西蒙诺夫，《1941—1945年的胜利将帅》，第255，351—355页。

31. 他们是V. N. 多马托夫（第31集团军），V. A. 霍缅科（第30集团军），I. I. 马斯连尼科夫（第29集团军），D. P. 奥努普里安科（第33集团军）以及K. I. 拉库津（第24集团军）。

32. 朱可夫，《回忆与思考》第二卷，第111页。

33. 梅茨负责指挥第34军，该军在1941年9月末10月初的时候曾临时配属于古德里安的部队。莫德尔指挥第41装甲军，该部在"台风"行动开始时是第3装甲集群的一部分。

34. 更多关于任务导向的指挥和控制体系的内容请见本书作者泽特林的《闪电战1939—1941》。

35. S. M. 什捷缅科，《战争年代的总参谋部》，第190页。

36. 约翰内斯·胡特尔，《一名德军将军在东线：戈特哈德·海因里奇1941—1942年书信、日记集》，第95页。

37. 第3装甲集群作战处绘营战争日志，1941年10月20日，NARA T313，R231，F7496656f。安德斯·弗兰克森，《1941年夏》，《斯拉夫军事研究》，2000年9月第3期，总第13卷，第138页。

38. 关于地形学对部队行动的支持，请见《关于使用战争经验的苏联文件，第二卷》，第202—206页。

第二章

德国的计划——"台风"行动

　　1941年9月6日，希特勒发布了第35号元首令。当这条指示还在起草的时候，德军正在全力推进在列宁格勒和乌克兰的作战行动。德国高级指挥官们对目前的战事进展非常满意，把注意力都放在了目前的战事结束之后的下一阶段行动

苏联境内的公路网比起西欧的要稀疏很多。因此可供选择路线更少，需要走的路程也更长。按一位德军参谋军官所讲，如果苏联的道路情况好一些，那莫斯科就丧失了抵御一次现代化征服的最好的屏障。糟糕的路况经常被讨论，逐渐成为一个显著的问题

上。因此，希特勒的命令并不会干扰既有的战事进程，只关乎未来。在包围并歼灭乌克兰的苏军部队之后，德军将要把莫斯科以西的苏联军队全部击溃。[1]

希特勒的新命令无甚新奇，北方集团军群将要和芬兰军队合作，在列宁格勒四周建立坚固的包围圈，在不迟于9月15日时派出部分空军单位和机械化集团军南下，用于加强中央集团军群实力，而中央集团军群将要攻击并摧毁莫斯科以西的苏联阵地。希特勒预计在9月末时可以发动这一行动。[2]

根据这条元首令所讲，摧毁苏军部队将是行动初期阶段的主要目标，一旦苏联诸集团军均被消灭，德军将开始向苏联的首都进军。从很多方面来看，按照这种顺序来安排行动是没有问题的，但秋天很快就要到了，留给这两个阶段行动的时间已然不多。发起第二阶段行动——向莫斯科进军的时间应该如何决定，到时将会变得令人为难，想要赶上好时机，就必须经过深思熟虑再定夺。换个角度看，德军此时也是别无选择，因为他们在数量上不占优势，所以在他们消灭掉前面的苏军之前，是没有办法进军莫斯科的。

在看到针对莫斯科的攻势即将重新开始之后，德国陆军的军官们都松了一口气——对于他们来讲，这是最关键的战略要地，因为他们认为苏军将会将其大部分的部队都用于保卫首都。向莫斯科发动进攻将会提供给德军一个消灭苏军主力的机会，为完全占领苏联这个广袤的国家扫清障碍。

* * *

希特勒的命令意味着军官们觊觎了很久的进攻方向终于提上了优先日程，然而，在发动攻势之前，还有很多准备工作要完成。给中央集团军群的增援力量还要从别的集团军里调来，燃料、弹药和其他物资的供给也需要安排。9月11日，陆军总司令部的参谋长弗朗茨·哈尔德上将见到了军需总监爱德华·瓦格纳（Eduard Wagner），瓦格纳向他介绍了东线德军后勤的概况。[3]

铁路是德军后勤系统的支柱，从德国本土到苏联纵深之处前线阵地的距离非常遥远，其他形式的运输方式都不适用（铁路运输至少可以深入到离战斗单位仅有几公里的地方）。7月中旬时，中央集团军群已经很难继续向东推进，他们必须等待对铁路的维修和改换轨距的工作赶上来。在9月1日—9日，每日平均有29列列车可以抵达中央集团军群控制区内，已经足够部队日常消耗以及为攻势积攒物资所需。然而这种发车频率已经没有办法再施展出更多的运力。运力虽说是足够的，但也只是刚刚够用而已。[4]

德军的集结也不是一帆风顺的。一些摩托化单位必须要行驶很远的距离，这意味着将会消耗掉大量的汽油和柴油。在攻势开始之后，消耗量还会增加。燃油供给问题重重，这不仅是因为将足量的燃油运输到前线是非常困难的，而且德国的汽油和其他石油制品也比较短缺。哈尔德和瓦格纳决定说服希特勒削减民用部门的燃油配额，如果不这样做的话，他们担心在攻势发动之后，攻击部队会面临缺油的窘境。[5]

* * *

德军军事指挥体系内的不同层级都在对这样规模的一场大型攻势所需的准备工作、决策和计划做出反应。哈尔德和瓦格纳的讨论结果是最高层的决策之一，他们必须要负责把援军的分配和资源补给整合起来，这是对于这场攻势至关重要的两个因素。

作为中央集团军群的司令，费多尔·冯·博克元帅需要对作战计划负责。他必须为他的部队要从哪个方向发动攻击、初始阶段的目标，还有一些相关事宜做出决定。然而博克元帅面临的形势非常复杂，一方面德国的军事传统给前线指挥官很大的自由决策的余地，另一方面"台风"行动又是迄今为止最为重要的一次军事行动，这意味着身处于权力结构上方的人将会不可避免地被吸引过来，并对之前讨论中形成的决策，尤其是作战方面的决策加以干涉，但冯·博克还是设法给他的部下多留出一些自由空间。

还有另一个情况会使得计划和准备工作变得复杂——大型的军事行动需要在相对平静的态势下进行，这意味着要把整体局势的变化在计划实施期间控制在最低限度。冯·博克元帅却没有这么幸运。尽管他自己的前线地带倒是很平静，然而在他的集团军群北边和南边却不是这样，他的大部分援军都要从那两边抽调而来，这意味着援军到达的准确时间仍然悬而未决，而且援军到达时是一种什么状况也无从得知。

最为严重的是，多数的装甲部队还在别处战斗。古德里安的装甲集群还在忙于执行在乌克兰的包围行动无法脱身，这一支重要的力量要到乌克兰的行动结束之后才能使用，到时也将人困马乏。赫尔曼·霍特大将（Hermann Hoth）的第3装甲集群也被从中央集团军抽调出去了，一部分被送到列宁格勒地区，还有一部分则在托罗佩茨（Toropets）一带，这两个装甲集群是一定要在未来针对莫斯科的攻势中扮演重要角色的。除此之外还有埃里希·霍普纳大将（Erich Hoepner）的第4装甲集群将会从北方集团军群调来，这一部队在"巴巴罗萨"行动之初就一直在北方集团军群的序列之中作战。

实际情况要更加复杂，因为目前配属给这些装甲集群的师级部队并不一定会在"台风"行动中继续跟随原来的集团军作战，对于第3和第4装甲集群来讲尤其如此。霍特的第3装甲集群曾经有4个装甲师，到那时它会留下一个，与此同时，他会接收从第4装甲集群调来的两个装甲师。而第4装甲集群原有的3个装甲师全都派给了其他单位，作为补充它会接收5个其他的师。

中央集团军群在向莫斯科进攻之前得到了一个装甲集群指挥部和五个装甲师的加强，第11装甲师就是那五个装甲师之一

　　各装甲集群将分配到原本并不属于自己的装甲师的事情还不是特别令人担忧，更糟糕的是这些师的到达时间、准备完毕的时间全都不能确定。因为冯·博克面临的时间安排已特别紧张。在博克9月15日的日记中，他写道冬季很快就要来临，攻势必须要在天气恶化前取得决定性胜利。任何的延误，包括等待更多的战斗单位而造成的延误，都可能造成灾难性的后果。[6]

＊　　＊　　＊

　　从一开始，德国人就认为面对中央集团军群的苏军部队必将被彻底击溃。为了快速完成这一目标，应将大多数的敌军包围并缴械。此时的德军已经积累了很多相关经验，德军高层一致支持应当对苏联重兵集团施以包围战的想法，但在如何实施上存在分歧，两翼的部队究竟应该前进多远再合围是最主要的争论点。陆军总司令部支持将维亚济马作为第3和第4装甲集群前锋部队的会师地点，但博克元帅不这么认为，他更倾向于让两个装甲集群在维亚济马往东的格扎茨克（Gzhatsk，今加加林市）完成合围。鉴于陆军总司令部没人回应自己的建议，博克在9月13日给哈尔德打了电话，他们最终决定让内侧的包围圈在维亚济马合拢，而外侧的包围圈则按照博克的愿望在更往东的地方合拢。类似的问题在高级指挥官之间来回扯皮，为即将到来的行动所准备的计划逐渐定了下来。9月19日，这次行动被命名为"台风"。[7]

　　维亚济马这座城市虽然在这时候经常出现于德军高层的讨论之中，但其实它本身的地位并不是非常重要。维亚济马始建于11世纪，人口差不多有3万人，多数从事和农业相关的工作，例如鞣制皮革和亚麻加工。因此，如果不是正好位于通向莫斯科的其中一条进攻路线上的话，维亚济马是没有什么军事价值的。在德国的将军们浏览他们手里的地图时，会发现这里是交通线的交汇之处，两翼的合围部队可以在这里会师。[8]

　　德国的"台风"行动计划看起来似乎流于表面文章，德军高层并没有发布更详细的命令。这不仅仅是因为时间紧迫，还因为德军部队已经对类似的行动得心应手，指挥系统里面的军官和参谋们都已经对接下来的任务经受过了充分历练。这意味着高层可以把心思放在行动的目标上面来，他们手下的指挥官和作战人员会负责具体执行。

　　三个集团军和三个装甲集群将会参加行动，其中的多数从7月开始就一直在中央集团军群序列内作战。第4装甲集群是个例外，它从6月起被配属给北方集团军群，现在则要向南调动几百公里。霍普纳大将和他的参谋们将会接手好几个比较陌生的师级部队。其中，第4装甲集群要承担一项重要任务。

　　从北边到来的第4装甲集群将会被置于中央集团军群中部的一块防区之内，这个地方曾经由第4集团军负责，在行动初期，第4集团军的几个步兵师也将配属给第4装甲集群。不过在这之前，霍普纳大将要先熟悉自己手下的几个新来的装甲师。原来的三个装甲师是第1、第6和第8装甲师，前两个已经调到第3装甲集群去了，第8装甲师则留在了北方集团军群。霍普纳接收了五个新的装甲师来作为替代。第10装甲师以前是第2装甲集群的部队之一，第2和第5装甲师则刚刚完成整编，被专门调到东线参加"台风"行动，第11装甲师从在乌克兰的第1装甲集团军调来，最后还有一个第20装甲师，它是从第3装甲集群调过来的。在集团军群预备队的第19装甲师也需要考虑到，它可能以后也会听从霍普纳调遣。[9]

　　霍普纳将要和古德里安一起，完成"台风"行动开始之前最为棘手的部署工作。9月12日，列宁格勒前线战况正酣，约阿希姆·冯·舍恩–安格雷尔中将（Joachim von Schön–Angerer）和他在第4装甲集群指挥部的一些战友一起搭乘飞机飞去鲍里索夫（Borisov）研讨即将到来的新任务；第二天，他们又参加了旨在介绍即将配属于第4装甲集群的部队的会议；第三天，他们见到了来自第40装甲军的一些军官，他们将在进攻中承担重要任务。15日，第4装甲集群的参谋们见到了来自中央集团军群指挥部的同行们，16日他们飞回指挥部，向霍普纳做报告。[10]

　　冯·舍恩–安格雷尔在与霍普纳讨论了自己得知的信息，并征求了霍普纳的意见之后，在17日返回中央集团军群。他去见了冯·博克，介绍了霍普纳的看法。安格雷尔此前与第40装甲军的代表们讨论的议题之一就是计划中维亚济马包围圈的规模问题，如我们前文所见，这个问题对于冯·博克来讲至关重要。就在见到安格雷尔那天，冯·博克给哈尔德写了封信，要求扩大包围圈的规模。[11]

　　与此同时，列宁格勒的战斗逐渐趋于平静，霍普纳因此得空在9月18日飞往中央集团军群去见冯·博克。从此他开始接手筹备第4装甲集群在"台风"行动中扮演的角色。19日，霍普纳针对他的士兵们即将开展行动的地区，进行了地形地貌勘测，并分析了部署计划。霍普纳还去见了第40装甲军的军长格奥尔格·施图姆上将（Georg Stumme），并一同讨论了进攻事宜。施图姆已经对进攻考虑良多，并在会面时将他的见解和盘托出。这天傍晚时分，一个初步的计划已经成型，霍普纳在第二天将这份初步计划呈递给中央集团军群。[12]

　　离发动进攻只剩下两周的时间了，但进攻计划还没有最后定稿，不光因为部署被推迟了，也有增援部队未能如期到达的因素。不过这并不能促使冯·博克推迟行动时间。他宁可使用一部分部队发动进攻，也不愿意拖延。德国的陆军总司令瓦尔特·冯·勃劳希契元帅也持有同样的看法。[13]

　　将步兵部队调入预备集结区的工作也面临着困难，第52步兵师的师长洛塔尔·伦杜利克少将（Lothar Rendulic）表示，他的师在行军的时候，行军队列的长度能拉出35公里多，如果只有一个渡口可资利用的话，那仅是渡过一条河流就得耗时一整天。差不多规模的摩托化纵队要占用更多的路面空间，但行进速度要快很多，过桥的时间也不像步兵师那么长。并且，很多桥梁都不能承受15厘米榴弹炮的重量，而每个炮兵团中都有一个营装备了这种榴弹炮。结果很多时候这些重型榴弹炮只能绕路而行，除非附近有铁路桥，它们可以承载重炮过桥。[14]

　　虽然计划的主要内容已经可以确定下来，但后续发生的一些事情使得霍普纳不得不对细节继续进行调整。一开始，第40和第57装甲军分配到了在开始阶段实施攻击的任务，第46装甲军则担任预备队。然而在9月21日时发生了变化，第57和第46装甲军的角色互换。同时，一些装甲师的情况不容乐观，尤其是即将配属于第57装甲军的第19和第20装甲师，它们几乎从6月22日[15]战役开始就在不停作战。尽管所有德军单位的装备都在战役进程中出现了磨损和损失，但都没有到战斗力下降得如此严重的程度。很多时候机动车辆的情况最令人忧心忡忡，拿第20装甲师举例，他们主要装备缴获或者征用而来的法国车辆，据估计该师需要至少8天的时间来对车辆进行维修保养。第19装甲师的情况也与之类似。[16]

除了那些装备状况不佳的单位需要加以特别注意之外，那些没有如期赶到集结区域的部队也令人无可奈何。在离攻势开始不到五天时，霍普纳手下的部队才刚刚集结了不到半数。路况糟糕的道路基本毫无用途，最后霍普纳只得让第19装甲师先不要进入第4装甲集群部队的集结区域，在行动开始之后再通过罗斯拉夫尔（Roslavl）和斯摩棱斯克之间的公路赶赴前线。[17]

进攻部队的集结自然是最重要的准备工作，但除此之外还有很多事情需要妥善安排，例如建立稳定的通讯线路。在德国作战部队中，电台已经相对普及，但无线电通信还不能满足预期的需求。此外，在必须实施无线电静默时，就需要保密性更强的通信方式。如果敌方监听了无线电通信，那就连密码都要谨慎使用，即便在不能破译加密的情况下，敌方还是可以在无线电通讯中收集到有价值的信息。电话线也可能会被窃听，但总体来讲风险要大大低于无线电。如果要依赖电话来进行通信的话，就必须要铺设电话线。为了给第4装甲集群的行动做准备，第4集团军的通讯团奉命为集团军指挥部搭建了一整套通信网络，这意味着霍普纳的指挥部将可以和空军部队进行联系。[18]

空地协同需要一些准备工作，来自第4装甲集群和第2航空队的代表们进行了磋商，第2航空队当时负责指挥中央集团军群控制地区内的空军单位。这个季节天亮的时间已经太晚，使得空军不能在行动开始的时候为地面部队提供近距离空中支援。负责指挥第2航空队的阿尔贝特·凯塞林空军元帅（Albert Kesselring）提出了"在视线不佳的情况下应该继续进行空袭"的观点，认为完全可以通过引导空军单位袭击与前线保持安全距离的目标，既削弱苏军的士气，又提高德军斗志，还避免了误击友军的情况发生。[19]

虽然空军不能对初始阶段的地面进攻起到什么实质性的帮助，但他们还是可以承担许多重要任务。德国的情报显示在斯帕斯—杰梅斯科耶（Spas-Demenskoye）一带有苏联的预备队，空军将对其进行攻击，以防其对第4装甲集群发动反击。同样，德军认为在维亚济马也有苏联预备队，这里也是空军的攻击目标。此外德军还假设苏联将从莫斯科地区向前派出预备队，第2航空队将对此处进行空袭。[20]

和陆军一样，参与"台风"行动的空军单位也没什么时间进行准备工作了。第8航空军是其中的主力部队之一，它的指挥官是沃尔弗拉姆·冯·里希特霍芬将军（Wolfram von Richthofen），这位将军是一战时期著名空军王牌"红男爵"的堂弟。第8航空军已经成长为德国空军专业的对地支援部队之一。此时此刻，该航空军麾下的很多部队都迫切需要进行维修保养工作，这使得它无法在"台风"行动中施展全力。[21]

第8航空军曾在北方集团军群执行支援任务，他们只能利用那边的任务结束后到"台风"行动开始前的一段短暂的休息时间制定作战计划和进行准备工作。9月24日这天让冯·博克感到时间紧迫，他的司令部一大早上就遭到苏军空袭。稍后冯·勃劳希契到访，来与他讨论即将开始的进攻。其中的议题之一就是第8航空军，冯·博克认为北方集团军群拖延了将其调到中央集团军群的时间。他坚决主张第9军的进攻行动需要空中支援，强调第8航空军很有必要尽快赶到。在傍晚时分，博克又接到了希特勒让第36摩托化步兵师延迟调动的消息。[22]

*　*　*

第4装甲集群和负责支援任务的空军部队所面临的问题可能要比别的德军部队要严重一些，但并没有严重太多。参加过基辅包围战的第2装甲集群必须得匆匆北上，为"台风"行动准备就绪。第3装甲集群的3个步兵军已经部署在中央集团军群的前出阵地上，但这些部队不是饱经风霜就是刚从别的地方调过来，他们的现状还远远谈不上理想。

德军所经历的困难自然应和他们的对手所经历的困难相比，苏联红军显然也有自己的问题。夏天的战事让德国有充分理由期待下一个胜利，他们信心十足地认为，将苏联的首都设立为目标，意味着这将是一连串胜利之后的又一个胜利。

中央集团军群总共有大约120万人[23]，德国的进攻部队没有数量优势，但德军已经习惯了这种情况。在1939年的波兰战役和1941年的巴尔干战役期间，德军充其量也就是在他们选择的主攻方向上占有数量优势而已。在"台风"行动期间，中央集团军群当然也要在某些特定的地域集中兵力，对装甲集群将要进攻的区域更是给予了很高的优先权。在计划中的维亚济马包围战中，第3装甲集群将形成钳形攻势的左翼，第4装甲集群在右翼，第2装甲集群则被放在中央集团军群的最南端——基辅行动结束后它就一直在那个方向。古德里安的部队离莫斯科最远，这也就代表着第2装甲集群要比其他部队早两天开始行动。

　　一整支装甲集群要提前两天进攻的事情很有可能惊动苏军，但德国人并不觉得风险很大。因为第2装甲集群是从南边较远的地方开始进攻的，出发阵地差不多都要到格卢霍夫了，在初期的行动中不会暴露出他们其实是要冲着莫斯科去的，更有可能被理解成是向乌克兰东部发动的进攻。德国人认为苏军高层在古德里安开始进攻时，将会无法理解德方的意图。实际上古德里安的部队必须要行动500多公里才能接近莫斯科，而在他们向东北方向进军的时候，迟早会暴露意图的。

　　古德里安的第一个目标是占领奥廖尔，并包围布良斯克一带的苏军，但在这里进行包围战的条件并不像维亚济马那样理想。第2装甲集群将担任右翼，可是德国却只有三个装甲集群，无法在左翼也布置同样强大的部队。如果敌人从东北方向溜走，那古德里安他们就白费劲了，这是一个潜在的漏洞。由马克西米利安·冯·魏克斯上将（Maximilian von Weichs）指挥的第2集团军没有装甲部队和摩托化单位，将负责从布良斯克以西和西北方向进攻，他们希望可以利用霍普纳的部队达成的突破来完成任务，这样他们就不用往前推进很远了。

＊　　＊　　＊

　　"台风"行动的计划是非常典型的德国战术思想的产物，在战术方面没什么新鲜的。但是换个角度讲，能筹划出这样一场没有任何兵力优势的，雄心勃勃的作战计划也的确令人印象深刻。德国人还希望自己的部队可以用非常快的速度行动，但秋雨会把道路变成难以逾越的、充满泥巴的沟壑，除了履带车辆之外谁都没法在上面走。虽然如此，德国人还是保持着高度乐观的心态。

英美与苏联的合作

英国和美国在"巴巴罗萨"行动开始之后不久便决定援助苏联。7月12日时，英国和苏联结为同盟，约定在对德作战中互相帮助。16天之后，美国罗斯福总统的特使哈里·霍普金斯（Harry Hopkins）也来到莫斯科，8月2日时苏联和美国之间的贸易协定又续期了一年。[24]

苏联的报纸使用很大篇幅来报道哈里·霍普金斯的到访，而苏联和美国的协定也被大量用于对德宣传。在一战期间，美国的参战使得天平倾斜，确保了德国能够被彻底击败。苏联宣传工作者认为这段往事对德国士兵来说记忆犹新。苏联投向德军阵地的宣传小册子有这样的语句："从此，美国也加入了东线针对希特勒主义德国的斗争之中。"[25]

美苏关系的缓和要追溯到战前，富兰克林·罗斯福总统对苏联表示出了友好的态度，并推进了美国和斯大林政权之间的建交。1933年11月6日[26]，罗斯福和苏联外长马克西姆·李维诺夫（Maksim Litvinov）签署了两国建交的协议书。罗斯福还解冻了"冬季战争"之后被冻结的苏联在美国银行中的资产。1941年6月24日，苏联动用部分在美资金购置50架战斗机，其中包括一部分寇蒂斯（Curtis）P-40"战斧（Tomahawk）"战斗机。苏联还试图购买波音公司的B-17重型轰炸机，没有成功，但他们还是购买了五架B-25"米歇尔（Mitchell）"中型轰炸机。[27]

9月29日—10月1日间，一次重要的会议在莫斯科举行，英国代表比弗布鲁克勋爵（Lord Beaverbrook）和美国代表埃夫里尔·哈里曼（Averell Harriman）出席，苏方的代表则是斯大林本人。经过磋商，苏联和英国、美国订立了《租借法案》，按照法案，英美将为苏联提供对抗德国所需的武器、装备和物资。[28]

《租借法案》很快就取得了实效，1941年，英国共向苏联提供了361辆坦克及330辆轻型装甲车辆，美国的作战车辆则从1942年1月开始交付，而那时美国已以参战国的身份加入了战争。[29]

美国造的战斗机交付得要早些，苏联第126歼击航空兵团的飞行员们从10月12日开始，就驾着寇蒂斯P-40战斗机参加了莫斯科城外的战斗。1941年结束之前，有230架P-40"战斧"、15架P-40"小鹰"（Kittyhawk）、1架P-39"空中眼镜蛇"（Airacobra）以及5架B-25"米歇尔"轰炸机送达苏联的战斗部队。英国则在1941年提供了484架霍克"飓风"（Hawker

Hurricane）战斗机。[30]

　　一开始，《租借法案》可以使用的运输航线只有经北冰洋抵达阿尔汉格尔斯克（Archangelsk）和摩尔曼斯克（Murmansk）的北冰洋航线这一条路可以走，1942年开始，西方的援助又开始通过经伊朗到达苏联南部的波斯走廊交付。1942年9月，又开辟了第三条运输航线，即从阿拉斯加出发到达东西伯利亚的太平洋航线。

　　西方和苏联的合作并不是亲密无间的，最大的一块绊脚石便是苏联未来的欧洲边界问题，斯大林想要维持1941年时的国境线，但他西方的新盟友则倾向于只让苏联收复1939年时的国境线范围。[31]

注释

1. 休·R.特雷弗-罗珀（编），《希特勒的战争指令1939—1945》，第152页。

2. 同上。

3. 哈尔德的战争日志，1941年9月11日。

4. 同上。

5. 同上；霍斯特·博格、荣根·福斯特尔、约阿希姆·霍夫曼、恩斯特·克林克、鲁尔夫-迪特尔·穆勒、盖尔德·乌尔贝萨尔，《德意志帝国和第二次世界大战，第四卷》，第572页。

6. 费多尔·冯·博克，《战争日记1939—1945》，第313页。

7. 同上；博格等著，《德意志帝国和第二次世界大战，第四卷》，第572页。

8. 同上；西顿，《莫斯科会战1941—1942》，第101页。

9. 第4装甲集群作战处战争日志，1941年9月25日，NARA T313，R340，F8622651f；第4集团军指挥部（AOK 4）作战纲要，1941年10月2日Nr. 3434/41 g. Kdos，NARA T313，R340，F8622976。

10. 第4装甲集群作战处战争日志，1941年9月13日—16日，NARA T313，R340，F8622640ff。

11. 第4装甲集群作战处战争日志，1941年9月17日，NARA T313，R340，F8622642；冯·博克，《战争日记1939—1945》，第314页。

12. 第4装甲集群作战处战争日志，1941年9月17日—20日，NARA T313，R340，F8622642ff。

13. 第4装甲集群作战处战争日志，1941年9月20日—30日，NARA T313，R340，F8622644ff；冯·博克，《战争日记1939—1945》，第315页。

14. 洛塔尔·伦杜利克，《帝国倾覆时的战士》，第250页。

15. 第4装甲集群作战处战争日志，1941年9月19日—22日，NARA T313，R340，F8622643ff。

16. 第4装甲集群作战处战争日志，1941年9月22日，NARA T313，R340，F8622645；第4装甲集群作战处战争日志附件，NARA T313，R340，F8623220ff。

17. 国防军最高统帅部将这些军级和集团军级直属部队标示为"Heerestruppen"，也就是独立部队的意思，一般为营级规模，按照实际需求不同隶属于军或者集团军，它们可以是炮兵、工兵或突击炮等形式不同的单位，详见第4装甲集群作战处战争日志附件，《1941年9月27日下午情况总览》，NARA T313，R340，F8623216。霍普纳的提议请见第4装甲集群的相关档案，NARA T313，R340，F8623217。

18. 第4军级指挥部作战处附录4相关档案，《针对集团军指挥部在攻势第一阶段和后勤补给方面通讯的命令》，NARA T313，R340，F8622944ff。

19. 见第4装甲集群作战处战争日志附件，NARA T313，R340，F8623571-3。

20. 同上。德军在斯帕斯—杰梅斯科耶发现的苏军预备队是第33集团军，其中包括5个民兵师，而在维亚济马发现的苏军预备队实为科涅夫的预备队主力。见哈米托夫，《莫斯科战役》第32页，和《伟大卫国战争军事历史资料集，第7册》，以及 A.M.萨姆索诺夫的《莫斯科1941：从失败的悲剧到最终胜利》，第235—236页。

21. 第8航空军，俄国战役，中部战线第2部分，1941年9月28日前后，BA-MA RL 8/49。

22. 冯·博克，《战争日记1939—1945》，第317页。

23. 常有资料引用莱因哈特的说法，宣称中央集团军群共有1929406人，但这一数字包括了很多不相关的人员，详见附录4。

24. 《战争中的莫斯科1941—1945》，第19页。

25. 此为苏联资料记载，见凯西·波特与马克·琼斯合著的《二战中的莫斯科》。苏联宣传册子的样本请见威利·库比克，《一名装甲步兵的回忆1941—1945》，第160—163页。

26. 安德鲁·纳古尔斯基，《最伟大的战斗》，第140页。

27. 卡尔-弗雷德里克·戈伊斯特与根纳季·彼得罗夫合著的《红星第4卷：租借法案飞机在俄国》，第179页。

28. 《战争中的莫斯科1941—1945》，第19页；《最伟大的战争》，第162—163页；《二战中的莫斯科》，第100—101页。

29. 马克西姆·科洛米耶茨，I.莫斯昌斯基，《租借法案坦克1941—1945》，第12、39页。

30. 《红星第4卷：租借法案飞机在俄国》，第37、182、193页。

31. 《二战中的莫斯科》，第132、141页。

第三章
古德里安的进攻

德军的二号轻型坦克，装有一门2厘米机炮，当时仍在德军装甲部队大批服役。唯一一种比它数量还多的坦克是三号坦克

9月29日下了雨，道路变得松软，古德里安的士兵们费了番力气就位准备发动进攻，他们不能再耽误了，然而则古德里安装甲集群中以第48装甲军为主的一部分还在战斗中未能脱身。但是，古德里安的部队还是克服了困难，按时准备就绪。虽然古德里安本人、古德里安的参谋和高级军官们都已经对这次任务的目标心知肚明，但直到9月30日早上，对莫斯科发动的总攻还是没有正式打响。[1]

第3装甲师第3步兵营下属第11连的保罗-海因茨·弗莱明（Paul-Heinz Flemming）下士还记得他在9月29日的一段摩托上的寒冷旅程，那天晚上他们到达了一个村庄。他的住处在一所学校，当他问清去那儿的路时，天下起雨来。弗莱明是幸运的，他来得正是时候，很多士兵在路上被雨水和泥泞的道路所阻，那些步行的人靴子都湿透了。然而弗莱明的好运气也就到此为止了，他在屋里美美睡上一觉的愿望落空了，只能在一段铺着干草的壕沟中凑合一宿。[2]

晚上非常冷，弗莱明很早就被冻醒了。他的团在4：45时发动进攻，他看着德国士兵冒着苏联轻型火炮的轰鸣声向前行进。苏联的火箭炮这时也开火了，但弗莱明没看见有人因此伤亡。德国军队冒着炮火取得了良好进展，很快第一批战俘就被送到了后方。[3]

作为一名下士，弗莱明只知道自己附近这一块地方发生了什么，但他这一天的经历在由里奥·盖耶·冯·施韦彭堡将军（Leo Geyr von Schweppenburg）指挥的第24装甲军的官兵中很有代表性。由于云层太低，使得飞机无法攻击苏军的地面部队，在缺乏近距离空中支援的情况下，德国军队还是完成了快速机动。而第二航空队转而引导飞机攻击远在战线之后的、正在公路上行动的苏军。[4]

在古德里安的部队中，第4装甲师是一个关键角色，虽然没有得到空中支援，它还是在一大早就突破了苏军战线。就像从前一样，第4装甲师的埃贝巴赫战斗群（Kampfgruppe Eberbach）再次一马当先。这种结构充分显示了德国的"战斗群"这种单位是多么富有灵活性。在9月29日，海因里希·埃贝巴赫上校（Heinrich Eberbach）指挥着几个不同的单位，既有来自第4装甲师的，也有临时借调的单位。他的战斗群以第4装甲师的装甲团为核心，辅以高射炮兵、反坦克炮兵、侦察兵、炮兵、工兵和步兵单位。埃贝巴赫从而拥有了一支多用途的部队，这也是德国陆军常用的一种作战方式。[5]

北方集团军群

16A

杰米扬斯克

霍尔姆

托罗佩茨

XXIII

3 Pz Gr

9A

维捷布斯克

中央集团军群

斯摩棱斯克

4A

4 Pz Gr

罗斯拉夫尔

2A

戈梅利

2 Pz Gr

格卢霍夫

科诺托普

6A

西北方面军

34

27

奥斯塔什科夫

22

31

勒热夫

29

别雷

30

49

格扎茨克

19

16

32

维亚济马

20

33

24

43

50

3

13

加里宁

克林

季米特洛夫

苏联大本营

莫斯科

预备队方面军

莫扎伊斯克

博罗夫斯克

谢尔普霍夫

西方面军

尤赫诺夫

乌格拉河

卡卢加

图拉

乌帕河

姆岑斯克

奥廖尔

布良斯克

布良斯克方面军

库尔斯克

40

第聂伯河

杰斯纳河

莫斯科河

德维纳河

0 | 100 miles
0 | 100 km

图例：
- 包围圈
- 德军阵地
- 第一道及第二道防线
- 德军进攻方向
- 2A　集团军
- Pz Gr　装甲集群

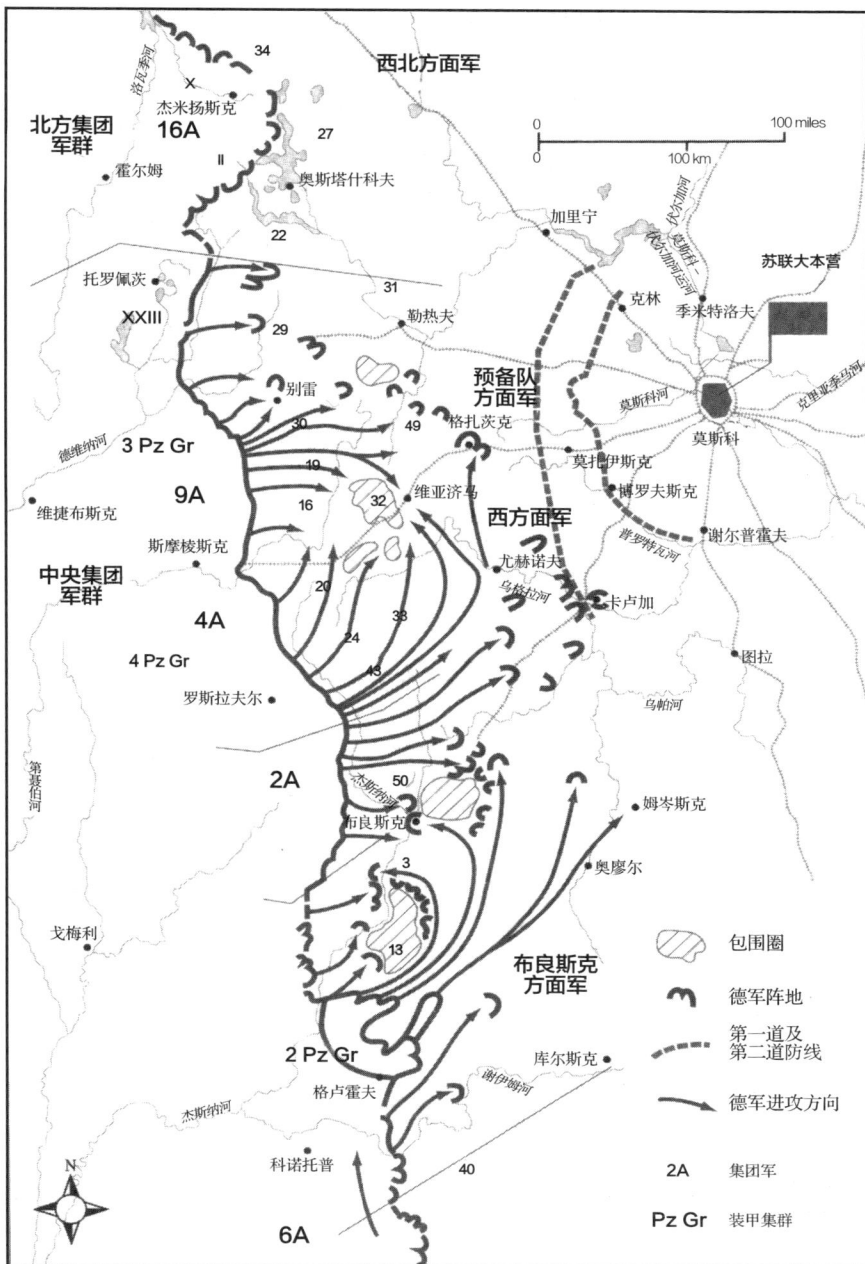

"台风"行动，1941 年 10 月

9月30日早上，在德国炮兵进行炮火准备之前不到一小时的时候，埃贝巴赫组织手下的指挥官进行简报，传达完指令后，他们留出了半小时让炮兵向德军阵地前的目标开火。炮火准备并不是非常猛烈，它的目的在于袭扰，而不是摧毁苏军的防线。在火炮沉默了五分钟之后，埃贝巴赫的坦克沿着从格卢霍夫通往谢夫斯克（Sevsk）的公路滚滚而去，炮手们不停地用瞄准镜搜索道路两侧的目标，以此保证战斗群可以顺利推进。[6]

第2装甲集群在9月29日所做的情报汇编中，总结称苏军的防守力量较弱。虽然局部地区守军的反抗会比较激烈，但还是很有可能达成快速突破。情报汇编上面的话很快就被埃贝巴赫他们在9月30日取得的胜利所证实。虽然到处都有一些难缠的对手，但总体来说部队的推进是十分顺利的。这一天晚些时候他们得到了空军侦察机的帮助，侦察机向他们报告了装甲部队前进方向的前方态势。在晚上，他们到达了布良斯克州的圆形空地村（Kruglaya Polyana），已经深入苏联后方25公里之多。[7]

埃贝巴赫的深入是古德里安的部队取得的重要成就之一，除此之外，还有别的事情值得这位名将高兴。虽然天气状况不佳使得空军单位难以在这一天提供空中支援，但这并没有产生太大的影响，地面部队还是独立完成了任务。在第4装甲师稍微往南一点儿的地方，同样隶属于第24装甲军的第3装甲师也攻破了苏联的防线。[8]

约阿希姆·勒梅尔森将军（Joachim Lemelsen）率领的第47装甲军被部署在第24装甲军以北，他们遭遇了更加强烈的抵抗，导致他们的推进距离只有后者的一多半。勒梅尔森的部下们在黄昏之后继续向前推进，他们期待着在第二天可以取得大成绩。[9]

在10月1日凌晨两点半和斯大林通电话的时候，叶廖缅科并没有表露出过分担忧，他希望利用包括三个坦克旅以及步兵和骑兵集群的反击部队逼迫敌人后退。在斯大林问到空军部队的时候，叶廖缅科回答飞机总体上是足够的，但是伊柳申强击机（Ilyushin）的数量太少。斯大林答应让大本营提供更多的空中支援。[10]

布良斯克方面军总司令部作战处的领导列昂尼德·桑达洛夫上校（Leonid Sandalov）在他的回忆录中写道，当时他们预计德军进攻部队主力将直接向布良斯克推进，在罗斯拉夫尔地区有大量德军集结（实际是第4装甲集群），像是要对布良斯克形成威胁。叶廖缅科和他的幕僚们认为古德里安在9月30日的进攻并不是一次主要进攻，他们决定把包括第108坦克师在内的预备队主力继续留在布良斯克附近。[11]

和叶廖缅科他们对形势的评估不同的是，大本营对古德里安的成功突破深感焦虑。大本营下令让伊万·扎哈尔金少将（Ivan Zakharkin）的第49集团军脱离预备队方面军，从之前的位于维亚济马和勒热夫之间的瑟乔夫卡（Sychevka）一带调动到库尔斯克（Kursk），置于布良斯克方面军南翼之后。该集团军麾下各师将在10月2日—4日间乘火车完成调动。[12]

调动第49集团军的命令让安季片科大吃一惊，他认为预备队方面军下辖集团军各师应该具备强大实力，而且为防御战做好了充分准备。敌人有可能突破第30集团军的防线，但一定会被第49集团军所阻。在调动期间，运载着第49集团军人员和装备的列车遭到了德国空军的袭击。[13]

苏联对古德里安的先期进攻反应迟钝而笨拙——这说不上有多猝不及防，但敌人的真实意图却很难理解，同时还要考虑到在好几种不同的情境下应该作何反应。下属单位的报告可能夸大了形势，但时间紧迫，没办法去一一核实。看起来，德国人先前认为古德里安的先期行动不会导致"台风"行动受阻的看法是完全正确的。

* * *

10月1日清晨，古德里安的指挥部收到了各军的报告，其中最重要的第24和47装甲军报告称夜里很消停，没有什么值得注意的事情发生。然而南边的第48装甲军的情况令人担忧，他们在晚上打退了好几次苏军的反攻。但是除了南边出了些麻烦之外，整体的形势还是很理想的。尤其是第4装甲师的成功突破，看来已经为后面的胜利奠定了基础。[14]

上午7点，埃贝巴赫战斗群继续向前进攻。虽然它是第4装甲师的一部分，但这并不妨碍它和其他单位展开合作。举一个例子来讲，这个战斗群很快就派出了两个营，和来自第3装甲师的一个营一起去肃清在战斗群推进的公路南侧的一片林地。这个例子很好地展现了德国战斗群的灵活性，以及快速适应形势的变化的能力。[15]

埃贝巴赫战斗群继续担当前锋，他们推进的速度非常快。在行动开始的第一天，空中支援几乎是不存在的，空军唯一能帮上忙的是执行了一些侦察行动。在第二天天气有所好转，"斯图卡"轰炸机在谢夫斯克为他们提供了一些支援，双方协力在这座城市的北边夺取了一些重要的桥梁。[16]

在攻占谢夫斯克之后不久，古德里安来到埃贝巴赫的指挥部，古德里安在得知目前的形势之后显得非常高兴。他问埃贝巴赫可不可以继续向季米特洛夫斯克—奥尔罗夫斯基（Dmitrovsk-Orlovsky）一带推进，得到的答案是肯定的。古德里安冒着遭到苏军飞机袭击的危险去到前线，见到了第35装甲团的一位营长恩斯特·冯·容根费尔德（Ernst von Jungenfeldt），向他表达了谢意，并赞扬了士兵们的出色表现。[17]

埃贝巴赫组织了大约一个营的兵力，命令他们在对季米特洛夫斯克—奥尔罗夫斯基发动的攻击中带头行动。他们马上就出发了，因此避免了被卷入一场友军误伤的事故——在一架德国轰炸机进行轰炸的时候，埃贝巴赫战斗群的一部分还在谢夫斯克，结果这场误击造成若干德军士兵死伤。被匆匆组织起来的进攻部队在晚上9：45时打到了季米特洛夫斯克—奥尔罗夫斯基，并在此建立防御，以防在晚上遭到袭击。[18]

占领季米特洛夫斯克—奥尔罗夫斯基意味着德军已经突破到苏联防线后面很远的地方，两天之内，第4装甲师已经直线前进了120公里，这是非常杰出的成绩，在此期间也没有出现什么严重的损失。[19]

在古德里安麾下的所有部队中，第4装甲师是推进得最远的，但总体来讲，第24和第47装甲军都取得了相当不错的成果。德军在苏联的防线上扯开一个大缺口，而且动作快到了让大部分苏联部队来不及撤离的程度。苏军防守部队已经危在旦夕，但古德里安还不肯放松油门，他下令第二天继续向奥廖尔推进。

10月1日的好天气使得第2航空队可以更有效率地贡献自己的力量。直接对战斗单位进行空中支援变得屡见不鲜，而"斯图卡"也在谢夫斯克一带以比平常更加密集的频率展开攻击。德国飞机攻击了位于地面进攻部队前方的大量目标，以集中的苏军部队和正在路上行驶的车辆为重点打击对象，着重打击了位于进攻部队两翼的苏军。德国空军还针对苏联的铁路网发动了几次攻击，这虽然不会立即对战斗产生影响，但却是非常必要的，这么做可以防止苏联的预备队在未来的几天内快速赶赴前线。[20]

10月2日早上5点，斯大林和布良斯克方面军的参谋长格奥尔基·扎哈罗夫少将（Georgiy Zakharov）通话，这时的扎哈罗夫还不知道季米特洛夫斯克—奥尔罗夫斯基已经落入敌手，但他告诉了斯大林，德军部队正在向那个地方开进。斯大林听后并没有显得过度担心，他乐观地告诉扎哈罗夫在10月3日—4日间将会从奥廖尔再增派两个步兵师和两个坦克旅。扎哈罗夫回答，他会派一名参谋官去和援军进行对接。[21]

援军毫无疑问会很受欢迎，但叶廖缅科面临的形势才刚刚开始恶化，很快会变得更糟。但这一回，并不是只有他的防区才会遭殃了。

注释

1. 第2装甲集群作战处战争日志，1941年9月29日，NARA T313，R86，F7326852-8。

2. 弗莱明的日记，BA-MA mSg 2/4304。

3. 同上。

4. 第2装甲集群作战处战争日志，1941年9月30日，NARA T313，R86，F7326861-7。另见德国空军1941年9月30日的每日通报，BA-MA RL 2 II/262。

5. 第4装甲师作战处战争日志，1941年9月30日，NARA T315，R195，F000628f；第4装甲师作战处1941年10月5日的《1941年9月29日—10月3日期间作战报告》，BA-MA RH 39/373，另见泽特林的《闪电战1939—1941》，第260页。

6. 同上。

7. 第2装甲集群作战处战争日志，1941年9月29日，NARA T313，R86，F7326852-8；第5装甲旅1941年10月5日《1941年9月29日—10月3日期间作战报告》，BA-MA RH 39/373。

8. 第2装甲集群作战处战争日志，1941年9月30日，NARA T313，R86，F7326861-7。

9. 第47装甲军作战处战争日志，1941年9月30日，BA-MA RH 24-47/258。

10. 斯大林致叶廖缅科的电报，1941年10月1日参见《伟大卫国战争军事历史资料集，第43册 》。三个坦克旅分别为坦克第4、第121和第150旅。

11. L. M. 桑达洛夫，《在莫斯科方向上》，第204页。

12. 最高统帅部大本营第002488号命令，1941年10月1日，收于《俄罗斯档案，伟大卫国战争，第

15册（4—1）：莫斯科战役档案集》，第80页。

13. 安季片科，《在主要方向上》，第66—67页。

14. 第2装甲集群作战处战争日志，1941年9月30日，NARA T313，R86，F73268233-43。

15. 第4装甲师作战处，《第4装甲师1941年9月30日—10月6日期间作战报告》，BA-MA RH39/373。

16. 第5装甲旅1941年10月5日《1941年9月29日—10月3日期间作战报告》，BA-MA RH 39/373；古德里安，《装甲先锋》，第228—30页。另见空军1941年10月1日每日通报，BA-MA RL 2 II/262。

17. 同上。

18. 第5装甲旅《1941年9月29日—10月3日期间作战报告》。

19. 埃贝巴赫战斗群在行动开始的四天中的损失为6辆坦克被毁，34人阵亡，121人负伤，请见第5装甲旅《1941年9月29日—10月3日期间作战报告》。

20. 空军1941年10月1日每日通报。

21. 斯大林致扎哈罗夫的通话记录1941年10月2日5时20分，参见《伟大卫国战争军事历史资料集，第43册》。

第四章
德国发动总攻

在10月1日—2日的夜间，德国军官们向他们的士兵阅读了希特勒在白天发布的元首令。因为有些人还在站岗，或还在前线的武器旁和观察哨坚守岗位，所以并不是每个人都按时听到了这条命令，但大多数人还是听到了。元首

在"巴巴罗萨"行动之初，只有很少的德军单位装备了半履带装甲车。德军对这种车辆需求很大，但是德国的工业产能不能满足需求。大多数装甲师里面的步兵单位至多只有一个连装备了半履带车——所以德国步兵只能搭乘坦克前往战场，苏军士兵们也是一样

令内容如下：

战士们！

本年度最后的、最主要的，也是最具决定性的一场战斗将在今天打响，我们将会击溃面前的敌人，以及在幕后煽动战争的英国。东线的敌人一旦被消灭，就意味着消灭了英国在欧洲大陆的最后一个盟友，同时也消除了对第三帝国和整个欧洲来讲最可怕的威胁，一个可以和当年的匈奴人和蒙古人相提并论的威胁。全德国人民的注意力在未来几周的日子里将空前地高度集中在你们身上。

我们对你们和我们的盟友们所取得的一切成绩深表感激。全国人民都会见证你们即将为祖国付出的一切。在上帝的帮助下，你们要夺取的将不仅仅是胜利，更是一个用来换取和平的重要条件。

阿道夫·希特勒

这样的宣告可能会令很多人动容，但第3装甲集群那些身经百战的参谋官们还是对东线其他部队撰写的报告更感兴趣。古德里安那边传来的消息尤其引人关注，预示着霍特的进攻也会成功。古德里安的势如破竹说明苏联的防御软弱无力，他们在南边的攻城略地会牵制住苏联援军，让苏联援军得以远离北翼霍特的进攻部队。

10月1日—2日的晚间没有什么值得注意的事情。作战部队在夜幕掩护下到达了预设阵地，凌晨一点时，各集团军级部队报告已经做好了进攻的准备。夜间偶尔会响起几次炮声，但霍特和他的部下并不为此担心，他们静静地等待着德国的炮兵部队在六点开火。[1]

第3装甲集群创造了一个良好的开端。一些德国无线电员将他们的电台切入苏军发报机所使用的频率，听到了一些没有加密的、情绪绝望的信息，例如："无法增派守军，你部必须死守渡口。"还有一条信息的内容是："指挥官阵亡，我已接手指挥。"但截获最多的信息应该还是："阵地守不住了，毁掉无线电台。"德国的指挥官们自然会把这些报告理解为苏联人已经不能承受住德国的进攻。[2]

在这天上午，苏联的炮兵火力并不能对第3装甲集群构成什么威胁。德军指挥官对这种情况至少有两种解释，其一是德国火炮在战斗开始时进行的弹幕射击对苏联的火炮阵地、通讯设施和观测人员造成了严重杀伤；其二是德国空军的飞机出现在苏联炮兵头顶，把他们压制在掩蔽处里面出不来。晴好的天气非常适合第2航空队展开行动，10月2日时他们的主要任务就是对第3装甲集群前方的目标展开攻击，飞机四下蹂躏着车辆、炮兵阵地、野战工事和战线后面的部队集结点。这一天，空军一共出动轰炸机259架次、俯冲轰炸机58架次，对第3装甲集群即将发动攻击的区域实施了空袭。[3]

总的来说，进攻正按照第3装甲集群的作战计划顺利进行，但也开始出现了一些问题。他们的第41装甲军相对实力较弱，只有一个装甲师和一个摩托化步兵师。这个装甲军是从北方集团军群转来的，其中的一些单位还没有就位。虽然如此，他们还是在早上顺利开展进攻，但到11点就遇上了麻烦。该部到达一片只能从一条堤道上穿过的沼泽地，但这条堤道已经被当地守军赶在德军到来之前炸断了。[4]工兵在这种情况下发挥至关重要的作用，他们可以通过重新开辟道路或者加固现有道路的方式，来保证参加进攻的车辆继续前进。在总攻开始那天，工兵们对德国的顺利推进做出了重大贡献，他们的贡献不仅局限于堤道这里。[5]

霍特的装甲集群下辖三个装甲师，首先是由汉斯·冯·丰克（Hans von Funck）少将指挥的第7装甲师，该师从1941年6月开始一直跟随第3装甲集群作战，它将通过又一次给霍特打头阵来证明自己的价值所在。丰克的师在6:15时就开始进攻，一路猛冲，当时炮兵部队刚刚停止轰击苏联的前线阵地。一路上他们只是断断续续遭到一些苏联的火炮攻击，直到他们被一条河流所阻。工兵马上着手搭桥，但后来在傍晚侦察单位发现了一座未遭破坏的桥梁，他们在那里建立了一个坚固的桥头堡，之后就可以从桥头堡继续发动攻击了。[6]

除了第7装甲师之外，第56装甲军还有一个第6装甲师。这两个师在几个月的作战中都遭受了一定损失，可以使用的坦克已经不像齐装满员时候那么多，因此第7装甲师的一些坦克被调往第6装甲师，编成了一个实力强大的装甲旅。这个装甲旅在战斗中长驱直入，在下午时，侦察机带给霍特和他的参谋们来自装甲旅的喜讯。装甲旅继续向东推进，跨越沃普河（Vop）并在对岸建立桥头堡，据此继续向东突击。在战斗打响的头一天，装甲旅差不多推进了30公里之多。[7]

赫尔曼·霍特在攻势中旗开得胜，尤其是他的第56装甲军，临时组成的装甲旅更是成绩斐然。在维亚济马发动进攻的德军部队，其北翼已经深深插入苏联防线。软弱的苏联防御让霍特和参谋们有点摸不到头绪，开始猜测起种种可能。[8]

在进攻的头一天，第56装甲军就注意到苏联守军已经开始在阵地上为冬天做准备，他们安装了很多火炉和取暖设备，并建造了防寒设施以备严冬到来，更有甚者还已经把防寒服送上前线。这对德国人来讲是个不祥之兆，冬天到来前的冰冷秋雨更是令他们浮想联翩。[9]

*　　*　　*

埃里希·霍普纳的第4装甲集群是维亚济马钳形攻势的南翼部队。它的战场在中央集团军群的防线中部。在攻破苏联防线之前，霍普纳的人马还必须要跨过杰斯纳河。第40和第46装甲军即将进攻的地方，是这次行动的重中之重。[10]

德军的一些支援火炮直到10月1日傍晚才就位，这要部分归咎于牵引车辆数量不足，而车辆不足又是长期作战产生的恶果。虽然如此，德军士兵们依然信心满满，因为这一天他们听到了元首令。霍普纳也发布了一条命令，提醒士兵们10月2日是曾在1914年的坦能堡战役中击败沙俄军队的保罗·冯·兴登堡元帅的诞辰——不知道士兵们对这么一条命令的印象和理解到底能有多深，但看起来这完全没能起到作用。最令士兵们振奋的一点，大概是这场战役将会是决定东线战场命运的最后一次大规模进攻了。如果真的取得胜利的话，他们就可以回家了。[11]

*　　*　　*

霍普纳的炮兵在5:30开了火，按照作战计划，这场炮火准备将会比较猛烈，而不会持续较长时间。"斯图卡"也开始攻击杰斯纳河东岸的目标。因为德军必须要渡过河流，所以先把装甲部队放在后面，让步兵先行发动进攻，建立桥头堡，给工兵搭建桥梁创造条件，之后再把装甲部队换到前面来。[12]德军的运气有时会爆发，第252步兵师就缴获了一套完整的苏军12吨突击桥。在其他的地区，步兵顺利地占领了几处桥头堡，但苏军的袭扰炮火将工兵的工作置于危险之中。虽然遇到了一些阻碍，第2装甲师还是得以在9:30开始过河，两个小时之后第10装甲师也开始向杰斯纳河东岸开进。过河之后德军的步伐逐渐快了起来。[13]

第10装甲师的推进速度要比第4装甲集群的所有其他部队都要快，它的这次突破是德国陆军指挥方面的一个有趣的例子。在杰斯纳河东边，它的支流斯诺波季河（Snopot）自河谷间流过，德国人在此占领了一座铁路桥，让轮式车辆从此过河，坦克则涉水而过。其编制内一个装甲营在斯诺波季河东岸等待进攻指示的时候，突然遭到了苏联火炮的攻击，这个营事先没有得到关空中支援的任何消息，但装甲兵们很快就看到"斯图卡"冲着苏联火炮俯冲而下。这个装甲营的少校营长格奥尔格·冯·格伦德赫尔（Georg von Grundherr）见状，在没有接到任何上级命令的情况下立即下令发动攻击，结果取得了巨大成功。[14]他的坦克在苏军防线上撕开一个窟窿，并且马上实施了纵深突破。装甲团里的另外一个装甲营也把握住了好机会，这一天傍晚，他们已经打到了别廖佐夫卡（Beresovka），但是没有就此止步。晚上的时候他们继续沿着东北偏东的方向前进，结果在战斗打响24小时之内前进了40公里。[15]

没有第二支德军部队深入敌后的距离之远可以和第10装甲师相媲美。事实上它在第一天就突破了如此之远的行为已经将苏联守军置于一种非常难堪的境地，他们现在必须要想办法脱身了。其他德国部队也打了胜仗，第11还有第2、第5装甲师也取得了良好的进展。第4装甲集群在这一天傍晚总结，作战行动已经达成了突破性的进展，第二天将尽快利用这次机会扩大战果。[16]

布琼尼和他的司令部还没有意识到形势的严峻性。傍晚，他们下令进行反击，第32集团军的3个步兵师得到命令从伊泽杰什科沃（Izdeshkovo）地区赶往霍普纳打开缺口的地方，预备队方面军估计，如果只在白天行军的话，这几个师赶到缺口处大概要走两天半的时间，这个命令根本不符合实际。在晴朗的秋日之中，霍普纳等人的坦克在两三天之内就能推出去很远。还有，那三个步兵师之前都是民兵单位，最近才被吸收到红军之中，现在他们却得到命令，要玩命跑过去，和训练完备、身经百战的德国装甲集群去厮杀。[17]

德国的各个装甲师都如预料之中的那样，担任了进攻中的中坚力量，但其他单位所做出的努力也不容忽视。大部分的师级部队其实都是步兵师，虽然他们肩上的担子没有装甲师那么沉重，但他们也同样努力进攻。第34步兵师当时在第10装甲师的南边，第4装甲集群的右翼上作战[18]，以下就以这个师作为案例，来了解一下步兵师的战斗。

格奥尔格·霍夫曼中尉（Georg Hoffman）在8月初作为顶替伤亡官兵位置的补充人员之一来到第34步兵师，他马上就被委以指挥第80步兵营下属反坦克连的任务。当10月初的一场猛烈的炮火准备宣告总攻开始的时候，他还在那个反坦克连当连长。霍夫曼描述道，猛烈的爆炸震天动地，炮弹和火箭从炮管和发射器中窜出，飞向敌人目标，在他看来，这番景象对敌人而言是那样的恐怖而致命。与此同时，炮弹如雨点般落在敌阵之间，窝在散兵坑里的德军士兵们因此情绪高涨。霍夫曼对这样一场炮火准备感到心满意足，认为这一天的战斗一定会有个好结果。[19]

霍夫曼的连冲过了杰斯纳河，苏联守军点燃了桥梁，但没有把桥梁彻底烧毁，霍夫曼他们从损坏的桥梁上越了过去。苏联迫击炮和反坦克炮弹就落在附近，让人感到不舒服，但没有造成人员伤亡。虽然已经成功穿过河流，但因为俯冲轰炸机就要发动一场计划好的空袭，霍夫曼的连接到命令，待在那个小小的桥头堡不要动。霍夫曼不愿意总待在这么小的一块地方里面，敌人可以很容易地把炮火指引到这里来，但他也没有什么办法。除此之外，他还觉得苏联守军正在趁机逃走，就这么待着实在是浪费了大好时光。虽然他有这样的不满情绪，但是他还是对能够得到空中支援感到高兴，这和以前他和他的部下们陷入孤立无援的境地的时候形成了鲜明对比。[20]

事故在战争中乃是家常便饭，霍夫曼在10月2日就目睹了一起事故的发生。他的部下在田野里埋下地雷，并清楚地做了标记。虽然做了预防措施，但还是有一辆汽车开进了雷场，压爆了一颗地雷。司机逃出车外没有受伤，但车里的另外三个人就遭了殃。其中之一是团长，他受了轻伤，团长副官维斯中士（Wies）受了重伤，第三个人是霍夫曼的老友米勒-霍伊森中尉（Müller-Hoisen），他在事故中失去了性命，汽车也报废了。之后由第3营的营长布吕尔少校（Brüll）暂时代理团长职务。[21]

第34步兵师在白天向东推进，至傍晚离基洛夫还有一半路程，这个表现对于一个步兵师来说已经很惊人了。士兵们得到命令，去找合适的地方睡觉，第二天还要继续进攻。霍夫曼很幸运，他找到了一个废弃的苏军碉堡，在苏军建造的这个相对安全的安乐窝里面睡了个好觉。[22]

* * *

看起来一切都在按照德国人的期望顺利进行。冯·博克元帅不需要做太多的决策，在计划和准备工作完成，进攻开始之后，他集中注意力观察着事态的发展。这位集团军群司令驱车来到第4装甲集群的指挥部，在这里他看到了杰斯纳河谷的全景。在冯·博克看来，第46装甲军在其控制区域内建桥花费的时间似乎有些偏长，但他在接下来视察第4集团军的时候并没有对这个事情有什么特别的表示。[23]

关于10月2日所发生的事情，博克只在他的日记上留下寥寥几笔，这段内容言简意赅，尤其是开头两句："进攻按照计划进行，我们推进得太顺利，以至于我们开始怀疑敌人故意放弃了阵地。不可否认，德军的进攻有了一个良好的开始。"[24]

空军在10月2日时与地面部队齐心协力，他们的主要工作就是支援中央集团军群，为此他们出动轰炸机和对地攻击机977架次，还有376架次的战斗机以及34架次的侦察机。大多数都飞到第3和第4装甲集群即将进攻的地区上空执行任务，古德里安的部下只能在缺少空中支援的情况下自己想办法克服困难。除了攻击地面部队、运输队、野战工事、指挥所和炮兵阵地之外，为切断苏军的援军和物资供应，第2航空队还对连接莫斯科和各方面军之间的铁路线进行了多次攻击。这次空袭的规模很大，损失相对比较轻微，10月2日德国共计损失飞机11架，同时宣称消灭42架苏联飞机，其中37架是在空战中被击落的。[25]

德国空袭的实际效果很难评估，空袭很少会给苏联地面作战部队造成什么明显的损失，主要作用在于制造混乱，引起延误。大本营据此认为需要增派更多的战斗机来保护运输行动。为此，远程航空兵的歼击航空兵团被命令调往勒热夫、维亚济马和基洛夫一带的机场，来执行保护从勒热夫通向扎诺兹纳亚（Zanozhaya）和从莫斯科通往图拉的铁路线。[26]

* * *

在敌人发动一场攻势的时候，防守一方通常都不能立即意识到究竟发生了什么。不可靠的通信系统意味着信息的传输会常常延误，甚至根本就不会被送达。这样的事情最有可能在敌人达成突破的地方发生，因为敌人会切断通信线路，或者本来应该负责报告情况的单位自行彻底摧毁了通信设备。即便消息最后被送到了应该收到信息的那个人手里，在这之后也要通过指挥体系一层层往上报，最终才能送到高级指挥官或者临近部队的指挥官手里。这一切导致了苏联指挥官很难意识到，又一次大溃败已经一触即发。

如果说高级指挥官不能看清总体局势的话，那么处于相对基层位置的人们更加看不透。沙布林少校所在的第50集团军被夹在德国第2和第4装甲集群中间，这意味着德国的攻击在一开始离他们还有一段距离。10月2日，沙布林的早饭是茶、面包、奶酪和果汁，在他吃早饭的时候，他听到了在他们左翼的友军——第13集团军已经遭到攻击的消息。虽然沙布林是第50集团军中内务人民委员部特别部队的指挥官，但他还是在古德里安都已经开始进攻两天之后才知道还有这么一回事。[27]

没过多久，沙布林就听见了雷鸣般的炮声。德军飞机从他头上飞过，苏军高射炮冲着它们开火，但除此之外，这一天他没有再看到什么交战行为。他不知道究竟是什么引来了敌军的炮火，没人知道到底发生了什么，只有各种流言和揣测满天飞。第50集团军位于两个主攻方向中间，所以并没有立即和敌军发生交火。在这天晚些时候，他们才搞清楚德军对方面军防线上面的好几个防区实施了进攻。沙布林他们接到命令穿过杰斯纳河向北撤退，直到傍晚，还是能听到炮声传来。[28]

* * *

科涅夫在傍晚才反应过来，德军的攻势已经让局势岌岌可危。因为霍普纳的部队是针对布琼尼的防区发动的攻击，所以科涅夫把注意力放在了霍普纳造成的威胁上面。他决定让他手下最有分量的预备队——博尔金集群参加战斗，以此阻挡第56装甲军的进攻。博尔金集群由摩托化步兵第101师、步兵第152师，以及第126和第128两个坦克旅组成。总共有200辆坦克，但其中只有21辆是T-34或KV-1。伊万·博尔金中将（Ivan Boldin）算得上一个传奇人物，夏天他被包围在白俄罗斯，但8月时，他带着1644名士兵伺机跑回了苏军防线，他们在39天内跑了差不多600公里才回来，而且在这期间没有被德国人发现。现在科涅夫又把打退德国坦克的任务交给了他。[29]

博尔金的集群将兵分三路——博尔金将亲自率领第101师和第128坦克旅向索亚河（Solya）东岸的霍尔姆—茹科夫斯基（Kholm–Zhirkovsky）方向进攻。在索亚河西岸，第152师将向达洛夫卡塔（Darovatka）进攻，而有61辆坦克的第126坦克旅则向伊戈尔斯耶夫卡亚（Igoryevskaya）前进。[30]

现在就看博尔金能不能在未来几天取得胜利了，如果他做不到的话，情况就非常不妙了。

注释

1. 第3装甲集群作战处战争日志，1941年10月2日，NARA T313，R231，F7496251ff。

2. 同上。

3. 同上，空军1941年10月2日每日通报，BA-MA RL 2 II/263。

4. 第41装甲军作战处战争日志，1941年10月2日，BA-MA RH 24-41/6。

5. 同上。

6. 第7装甲师作战处战争日志，1941年10月2日，BA-MA RH 27-7/46。

7. 赫尔曼·霍特，《装甲战役：第3装甲集群及1941年夏季的德军指挥思想》，第133页。第3装甲集群作战处战争日志，1941年10月2日。

8. 第3装甲集群作战处战争日志，1941年10月2日。

9. 西顿，《莫斯科会战：1941—1942》，第100页。

10. 第4装甲集群作战处战争日志，1941年10月1日—2日，NARA T313，R340，F8622661ff。第40装甲军作战处战争日志，1941年10月1—2日，BA-MA RH 24-40/18。第46装甲军作战处战争日志，1941年10月1日—2日，BA-MA RH 24-40/26。

11. 第4装甲集群作战处战争日志，1941年10月1日—2日。

12. 第40装甲军作战处战争日志，1941年10月1日—2日。第46装甲军作战处战争日志，1941年10月1日—2日。

13. 同上。

14. 此次行动更详细的记载请见泽特林的《闪电战1939—1941》，第265—268页。

15. 同上。

16. 第4装甲集群作战处战争日志，1941年10月1日—2日，NARA T313，R340，F8622661ff。第40装甲军作战处战争日志，1941年10月1日—2日，BA-MA RH 24-40/18。第46装甲军作战处战争日志，1941年10月1日—2日，BA-MA RH 24-40/26。克劳斯-于尔根·蒂斯，《中央集团军群在东线战争：陆军总参谋部作战处的大幅态势地图集》，第95页。

17. 第32集团军下属三个师是步兵第2、第8和第29师。还有步兵第106师和坦克第144旅也被派到了第24集团军防线被突破的地区，见《俄罗斯档案，伟大卫国战争，第15册（4—1）：莫斯科战役档案集》，第85页。

18. 蒂斯，《中央集团军群在东线战争：陆军总参谋部作战处的大幅态势地图集》，第95页。

19. 霍夫曼的日记。注意霍夫曼称攻势在10月1日发动，这与战争日志以及其他许多资料不符。用霍夫曼的说法和战争日志相比较，我们发现他其实休息了一天。

20. 同上。

21. 同上。

22. 同上。蒂斯，《中央集团军群在东线战争：陆军总参谋部作战处的大幅态势地图集》，第95页。

23. 冯·博克，《战争日记1939—1945》，第320页。

24. 同上。

25. 空军1941年10月2日每日通报。

26. 《莫斯科会战：编年史，真相，重要人物，单卷本》，第212页。

27. 沙布林的日记。

28. 同上。

29. 加利耶夫和西蒙诺夫，《1941—1945年的胜利将帅》，第224—225页。苏军坦克数量请参见科洛米耶茨，《莫斯科战役：1941年9月30日—12月5日》，第6页。

30. 《莫斯科会战：编年史，真相，重要人物，单卷本》，第243—245页。

第五章

攻势在继续

很多人都认为武装党卫队和国防军的关系是水火不容的，有时候的确是这样，但对抗情绪主要都产生在指挥官这一层级之中，双方士兵在战场上经常会协同作战。图上的这些武装党卫队士兵正在操作一门 3.7 厘米高射炮

　　如前所述，古德里安的装甲集群早在德军发动总攻的两天之前就提前发起了进攻行动，并到10月2日还在继续进攻。埃贝巴赫战斗群在向奥廖尔西南方的克罗梅（Kromy）的进攻中继续担当前锋。缺少燃料的情况比苏联守军更能阻碍埃贝巴赫他们的步伐。之前德军已经预料到了补给上的困难，这种情况对于这样的一次快速突击而言，几乎是无法避免的。不过在9月29日—30日的降雨过后，路面又变得干燥，这又给埃贝巴赫重新得到补给创造了便利条件。[1]

　　燃料直到10月2日中午时才送到埃贝巴赫战斗群，他们在完成加油工作之后，就又重新开始了快速突击。苏联的空中力量试图阻挡敌人，但在对埃贝巴赫战斗群进行了不少于37次的空袭之后，还是没有明显减缓德军前进的脚步。德军冲到了克罗梅南边的一座混凝土结构的公路桥，在这儿碰上了一支正在休息的苏联车队，德军坦克的火炮喷吐着火舌，在月光的照耀下碾过苏联车队，继续向前冲进克罗梅，在碰见了仍在正常按照时刻表开行的一辆市内巴士之后，德军终于停下了脚步——因为马上就要没有燃料了。一名德军翻译还实施了欺敌行为，他给奥廖尔邮局打电话称克罗梅地区还没有发现任何德军的踪迹。这次诡计到底有没有效果，现在已经无从得知，但很显然古德里安的前锋已经离奥廖尔不到40公里了。一旦给车辆重新加满油，他们在几小时之内就能跑完这么近的一段距离。没有任何迹象表明奥廖尔这座重镇已经针对就在几个小时车程之外的，又是那样来势汹汹的一支敌军准备好了防御措施。[2]

　　第3装甲师和第24装甲军的一部分部队也取得了相当可观的进展，但赫尔曼·图尔克医生还是在日记中写下了一段并不愉快的经历。他所在的第394摩托化步兵团在10月2日早上5点继续开展进攻，一开始弥漫的大雾阻碍了视线，不过在太阳升起之后，雾气很快就消散了，一个晴天由此开始。图尔克的单位在离谢夫斯克还有10公里的地方遭到了苏联飞机的攻击，苏军没有投掷炸弹，而是丢下了一些容器，这些容器在落地后裂开，释放出像荷兰干酪球那么大的球状物。就在这个时候，苏军飞机又开始喷洒白磷液体。很快就响起了两次如雷贯耳的爆炸声，在差不多一分钟之后图尔克又听见了第三声爆炸，他撒腿就跑——很显然苏联飞机还投掷了装有某种延时引信的武器。一大块碎片落在离图尔克很近的地方，溅了他一身泥巴。他看见前面50米的地方有燃烧的火焰，还升起了浓烟，那些圆圆的"干酪球"一个接一个地炸开了，图尔克觉得这烟

铁路乃是德军后勤工作的支柱，从 7 月中旬起，中央集团军群就基本不再继续向东推进，从而给铁路的修理和轨距转换工作留出时间

的味道像大蒜。一辆卡车燃起火焰，但火势在变得无可救药之前被控制住了。一个士兵抓起了一个球状物，将它丢进了附近的水井里，图尔克认为这是一个勇敢且充满着善意的举动，但因此毁掉珍贵的水源可就不太好了。有三个人被燃烧的白磷严重烧伤，其中之一整张脸都肿了起来。其他一些士兵的伤势没有那么严重，他们都是因为白磷烧破了衣服才受伤的。[3]

　　保罗–海因茨·弗莱明中士在一间温暖的苏联农舍里好好睡了一宿，第二天，也就是10月2日，他只目睹了很少的交战行为，不过有传言说第4装甲师已经打到了奥廖尔。对于一线的战士们来讲，好几天都没打仗是不太寻常的，尤其是在大型攻势进展顺利并且尚未收官的时候。虽然脆弱的苏联公路系统负荷已达上限，但弗莱明还是看到大批车辆向东北方向开去。这一天傍晚，弗莱明又找到了一栋房子，他又可以安心过夜了。[4]

　　虽然只掌握了一些零碎的信息，但大本营已经认识到，必须对10月2日所发生的事情采取新的措施。10月3日早上，一份由沙波什尼科夫签发的命令被送到正在赶往库尔斯克的路上的第49集团军。新的命令要求第49集团军司令部不再前往库尔斯克，转而向距离更近的苏希尼奇（Sukhinichi）调动，并接过驻扎在卡拉切夫（Karachev）和别廖夫（Belev）地区的步兵师的指挥权，以此保护叶廖缅科部队的侧翼，抵御古德里安一部的进攻。[5]

海因里希·埃贝巴赫本来想在10月3日早上向他手下各部发布新的命令，不过他手下的几位指挥官想到了他前面，之前一直在带头进击的威廉·霍赫鲍姆中校（Wilhelm Hochbaum）现在提出要继续进行针对奥廖尔的进攻，他坚信目前的形势非常有利。埃贝巴赫同意他的看法，战斗群很快就又出发了。[6]

在埃贝巴赫战斗群向奥廖尔进发的时候，苏联空军又变得活跃起来。德军战斗机直到傍晚才出现，虽然苏联在此地占有制空权，但埃贝巴赫战斗群还是在以高速推进。其间爆发了几次地面战斗，例如有一次是德军闯进了一个看起来像是苏军训练场的地方，双方就又打了起来。[7]

苏军在空中和地面的反抗行动都没能让德军停止猛攻，埃贝巴赫的先头部队在下午打到了奥廖尔，这座有10万名居民的城市看来完全没能意识到敌军的出现，在德军的坦克跑到大街上的时候，有轨电车还在如常开行，但德军坦克的炮声结束了城里井然有序的景象。这里的工厂设备正在被拆卸，以便向东边疏散，德国的深入突破打断了这项工作。[8]

埃贝巴赫的坦克不止是把奥廖尔的民众和政府部门给吓了一跳——奥廖尔军区的首长A.A.秋林少将（A.A.Churin）正在他的办公室里安静地工作着，突然就有一位传令兵闯了进来，慌慌张张地告诉秋林，德国坦克已经进了城。于是秋林和他的下属们就急急忙忙地跑到姆岑斯克（Mtsensk）去了。[9]

德国对奥廖尔的占领从很多方面来看都具有重要意义。这里不仅是多条铁路和公路的交汇点，很多重要的电话线路也从此经过。后者对布良斯克方面军来讲尤其要命，在第4装甲师占领奥廖尔之后，在南边的叶廖缅科麾下各部和临近的方面军的联系就全部被切断了。为了能继续对各单位实施有效的领导，叶廖缅科把他的司令部迁到了别廖夫。[10]

埃贝巴赫的部下从奥廖尔穿城而过，又占领了东北方向的一块地方。自攻势开始那天算起，他们平均每天都能推进超过50公里的距离，但他们的胜利也不是全无代价的，在9月30日到10月3日期间，战斗群记录已有34人阵亡，121人负伤，6辆坦克被击毁，但这些损失相对如此辉煌的胜利而言，是非常轻微的。第4装甲师还抓获了差不多1600名战俘，多数都是埃贝巴赫战斗群的功劳。[11]

　　第4装甲师给古德里安创造了最为关键的一次胜利，但从其他地方传来的消息也同样振奋人心。第3装甲师的装甲团切断了从布良斯克通向哈尔科夫的重要铁路线，第47装甲军扩大了苏联防线上的缺口，并利用缺口继续向纵深推进，锋芒直指偏北方向的布良斯克。[12]

＊　　＊　　＊

　　虽然古德里安在南边的进攻成绩斐然，但他们离莫斯科还比较远，对莫斯科的威胁还不及第3和第4装甲集群所发动的攻势那样严重，这两个装甲军在10月3日继续着它们的进攻行动。第10装甲师的装甲团已在攻势开始的那天把布琼尼的防线撕开了大口子，并实施了纵深突破，这次作战行动消耗了该团大部分的燃料储备，导致其无法继续引领10月3日的进攻行动，不过他们已经为师里的其他单位开辟了前进的道路。摩托化步兵在一些补充完燃料的坦克的伴随下，接过了担任前锋的任务。[13]

　　鉴于第4装甲集群已经达成了突破，下一步需要的就是讨论如何利用这一次的突破了。第4装甲集群在攻势开始之前的讨论中已经形成了三个备选项：第一个是转向北边，推进到离原有的苏军防线非常接近的地方，然后和第3装甲集群会师。第二个选项是沿着更加靠东的路线行进，在某个离莫斯科更近的地方与霍特的装甲师会合。最后一个选项则是向东北方向推进，直冲着莫斯科而去。因为第10装甲师已经在最开始的时候完成了干净利索的突破，所以第4装甲集群可以同时完成两个或者更多的目标。

　　除了德国将军们已经考虑好的三个可选目标之外，德军其实还有更多选择——或者至少可以说，苏联指挥官也设想了一些可能的德军推进方向。布良斯克方面军认为德国的第4装甲集群会有极大可能转而向南推进，和第2装甲集群联手把布良斯克方面军大部包成饺子。这种情况自然会被布良斯克方面军司令部视为性命攸关的大事，方面军的扎哈罗夫参谋长是这么说的：

　　"敌人火急火燎地用一个钳形攻势把我们的方面军夹在中间，就和他们在西南前线（基辅合围战）所做的一样。"[14]

为了抓住时机继续实施推进，第4装甲集群把修复杰斯纳河上的大型公路桥的工作放在了第一位，这座桥位于从罗斯拉夫尔通向莫斯科的主干道上。如果不修复这座桥的话，之前一直作为预备队的第57装甲军就不能顺利投入战斗。与此同时，第40装甲军正在向东北方向推进，第46装甲军则转头向北，并进行包围动作，旨在制造一个小型包围圈。第40装甲军在傍晚也得到了进行包抄的命令，该部应在渡过乌格拉河（Ugra River）之后做好向维亚济马进攻的准备。在傍晚时候，第4集团军指挥官京特·冯·克卢格元帅（Günther von Kluge）要求第40装甲军尽快赶往维亚济马，这是因为德军通过空中侦察，发现了苏军部队正在通过公路经亚尔采沃（Yarzevo）向莫斯科方向撤退。[15]

旗开得胜之后，霍特在晚上又有了更大的期望，他对在10月3日创造佳绩的临时装甲旅尤其寄予厚望。很快，在午夜过后，该团和第6装甲师的其他单位就通过无线电收到了第二天的任务。霍特命令他们在霍尔姆—茹科夫斯基跨过第聂伯河，继续向维亚济马进军。[16]

第二天早上6点，临时装甲旅作为先头部队率先出发。从第7装甲师转过来的第25装甲团从左翼进攻，第11装甲团则在右翼进攻。前者只遇到了微弱的抵抗，在大约下午五点的时候于第聂伯河对岸建立了桥头堡，但第11装甲团则被强大的苏军部队所阻。[17]

德国侦察机在霍尔姆—茹科夫斯基以南的公路上发现有包括装甲部队在内的苏军正在实施调动，他们不知道这就是博尔金集群，但他们辨认出了其中的坦克第128旅装备的7辆KV坦克，1辆T-34，以及其他型号的53辆坦克。第6装甲师及时得到了提醒，但没有因此改变计划。该师在白天的时候继续向东推进，并在穿过第聂伯河后建立了桥头堡。从攻势开始以来，第6装甲师已经累计推进了差不多有60公里之远。[18]

在霍特麾下所有的部队中，以第56装甲军的成果最为丰硕，第41装甲军的表现也非常好，不过糟糕的地形以及交通堵塞导致他们无法加快步伐。在10月3—4日晚间，第41装甲军尤其是第1装甲师遭受了多次苏军空袭。[19]

到了晚间，霍特回顾这一天的成就，事情基本在按照之前的设想发展。第聂伯河对岸的桥头堡给第6、第7装甲师转向南方接近维亚济马的行动打下了基础，由此，他们就可以和第4装甲集群一同封堵包围圈。德国人现在还不清楚，苏联红军究竟会作何反应。

希特勒似乎已经预料到苏联的抵抗会是软弱无力的。10月3日，他向全德国人民发表讲话，历数了过去几年间发生的大事，并将重点落在战争上面——在希特勒看来这场战争是共济会和犹太人挑起来的。在简要回顾了1941年6月之前的战斗以后，希特勒提到了最近的一场战役，也是正在进行的一场战役——"巴巴罗萨"行动。他宣称德国人一刻都没有失去过战场主动权，还强调了作战计划是多么准确有效，德国士兵是多么勇猛善战，武器是多么地质量过硬。不过，希特勒也承认了一点错误，德国人对苏联的战备能力估计得太过保守，他也没想到东方的敌人竟然能够进行规模如此巨大的备战工作。希特勒还宣称，德国的进攻不仅会拯救德国本身，还会让整个欧洲免于沦为废墟，他之前从来没向德国人民这样说过，但今天他选择开诚布公，因为东方的敌人最终将被干掉，而且永世不得翻身。

这显然只是一次出于政治宣传目的而进行的讲话，但其中还是透露出了一些事实。最重要的一点是，希特勒承认了德国的决策者们极大地低估了苏联的战争潜力。虽然他对此轻描淡写，但意思很明白。同时，希特勒把德国的战争机器描述成一个颇具效率，并且有能力圆满完成任务的体系，从很多方面看来，这个评价还算公正。若按照德国情报部门对包括预备队在内的苏联武装力量规模的估计，"巴巴罗萨"行动的胜利几乎是板上钉钉，即便在10月初的时候还抱有这种看法也不会有什么问题。不过，在战争进行到这一阶段的时候，希特勒可能想的还是苏联的抵抗行为将很快得以瓦解。不过他很快就会为此失望的，因为在接下来的几周，现实将一次又一次地提醒他，德国低估了苏联的战争实力。[20]

* * *

10月2日清早，德军肆虐的炮火吞噬着苏联步兵第242师的阵地，该师是第30集团军的一部分，正好位于霍特的装甲集群进攻路线的中间。德国第3装甲师对这个步兵师实施了沉重的打击，直线突破了步兵师的阵地，科涅夫组织

德军的战线后面很快就出现了游击队，迫使德军部署部队进行反游击作战。斯大林和莫洛托夫在6月29日签发命令，指示在敌占区发动游击战，游击队则由被包围的或被与原单位分割开来的苏军官兵组成

了一次猛烈的反突击，但已经于事无补。在这片混乱之中，从集团军司令部赶来的一位少校带来了让第242师后撤到别雷的命令，第30集团军将要在别雷地区组织新的防线。该师的格列波夫师长还得到了德军已在南边攻破了苏军阵地，并将第30和第19两个集团军割裂开来的坏消息。师长和他的参谋长德拉贡斯基尽最大努力收拢了自己部队的残兵败将撤往别雷。当时敌军已经占领了巴图里诺（Baturino），第242师的补给基地就位于那里，这意味着他们将无法获得弹药、食物和医疗物资。在10月4日拂晓时分，来自第242师的大约3000人集结在一起，开始试图逃出德军的包围圈。[21]

*　　*　　*

直到10月2日，沙布林还对德军的攻势几乎一无所知，那天晚上他睡在一间土房里面，到早上七点半还没起床，直到一位叫作科列斯尼科夫（Kolyesnikov）的战友来到司令部，带给他德军打过来了的坏消息。在匆匆聊了几句之后，他们两个都觉得第30集团军的战线被德军屡屡突破，让德军得到一个又一个胜利的事情实在是丢人现眼。除此之外德军还占领了克罗梅，很有可能把第50集团军的退路截断。[22]

中午时分，沙布林和科列斯尼科夫出发去看了步兵第258师，并在那里待了两个小时。他们认为该师的炮兵火力强大，步兵也做好了进攻的准备。上级下达命令，让第258师前去收复丢失的阵地。后来在傍晚时，沙布林在日记中写道，现在仍然前途未卜，依他看来，通讯部队表现拙劣，参谋们也未能恪尽职守。沙布林甚至还更进一步，大骂后方的那些官老爷都是酒囊饭袋，他说那些家伙早就收拾好行李，就要乘着飞机逃命去了。[23]

沙布林日记中的一些片段很有意思，这一天他还这样写道：

我的老天啊，这里的马屁精实在太多了！科列斯尼科夫和我说内务部队已经放弃了奥廖尔！糊涂成这个德行！真是蠢啊！这里真需要一个能管起事来的人，好好准备一场反攻，德国人就会被赶走了，还会被吓得连头都不敢回！德国军队与我们的军队相比，看上去已经成了疲惫之师，我们就这么撤退了，就连他们都是大吃一惊……

沙布林的这种想法一定程度上要归结于个别的德国逃兵给他留下的印象，无法代表整个德军。德国占领了奥廖尔，之前关于内务部队弃城而逃的传言也就成了铁一般的事实。而沙布林对敌人实力的推断也显得极其天真，但就像卷进这场恶战的其他很多人一样，沙布林也只能得到一些零碎的信息，远不足以了解全局。他所不知道的，要比他所知道的多得多，但这种局限性并不妨碍他们坚定自己的见解。

第2航空队司令凯塞林元帅向陆军指挥官们强调，仅靠空军的力量不能阻止苏军部队经过维亚济马向东逃跑，因此他强烈要求陆军的装甲部队在10月4日到达维亚济马。德军把苏军防御软弱解读为敌军向后收缩的信号，意味着苏军可能从包围圈中逃出去。德军并不仅仅想要迫使苏军后退，还想给苏军带来一场大溃败，这才是重点。[24]事实上德军高估了苏军后撤的意图，而且装甲部队的推进速度实在是太快了，以至于大多数的苏联部队都无法实时做出反应。第3装甲集群不得不极力保证第56装甲军能够继续保持进攻速度，该部继续由装甲旅带头进攻。在10月4日前一天的晚上，星光灿烂，能见度出奇地好。德国人认为这种好天气会在即将破晓的一天给他们带来好运。[25]

不是只有德国空军才懂得利用好天气的。早上6：45，苏联飞机轰炸了第6装甲师的前沿指挥所，15分钟之后，该师的师长又报告称南边的桥头堡正在遭受包括坦克在内的敌军地面部队的攻击。这可能是一场大规模坦克战的前奏。[26]

这天下午，德军决定解散临时装甲旅，第7装甲师和临时配属于该师的第6装甲师的部分单位负责保护第聂伯河北岸的桥头堡。第6装甲师大部则正在奋战，以保证主力部队和桥头堡之间的联系不至于被切断。冯·丰克男爵的第7装甲师将要担当前锋部队，但燃油短缺的问题导致他们直到10月5日都不能展开进攻。[27]

10月4日，第6装甲师下属的第11装甲团和一个苏军坦克旅打了一仗，德军一方有15辆坦克战损，同时宣称击毁苏军坦克28辆。因为留存下来的档案数量有限，苏联一方真实的损失情况已经不可考。不过在这一仗之后，那个坦克旅就被从苏联的部队序列表上删掉了。[28]

曾经在桥头堡和第56装甲军交战的苏军部队自称摧毁了大批德军坦克，但无论是第6还是第7装甲师在那几天的战斗中都没有出现严重损失，这个说法实在过于夸张。苏军的损失倒是相当惨重，截至10月7日，坦克第126旅已经丢掉了60%的坦克，而由博尔金带队的主力部队伤亡率则达到了70%。苏军将损失归咎于德军接连不断的空袭。无论如何，科涅夫最重要的预备队如今已经变成强弩之末，而且还没能阻挡第56装甲军的推进，最多也只能说是拖慢了德军的进攻速度。[29]

凯塞林元帅让德军地面部队尽快到达维亚济马的愿望没能在10月4日这一天实现，但这并不表示德军不懂得让钳形攻势的两股部队尽快会师是多么重要。实际上按照第3装甲集群的战斗日志所讲，凯塞林完全不需要提出这样的要求。10月4日的进展缓慢并不是因为德军目光短浅，而是燃料短缺和苏军抵抗激烈所致。[30]

*　*　*

和第3装甲集群一样，霍普纳大将的第4装甲集群此时正向从斯摩棱斯克通向莫斯科的一条景色优美的主要公路进攻。10月4日的进展迅速，但高级指挥官却在到底应该命令部队往哪个方向进攻的问题上举棋不定。在第4装甲集群开始行动的时候，它是沿着一条和斯摩棱斯克到莫斯科的公路主干道平行的路线来实施进攻的。现在他们必须要转而向北行进才可以完成合围，但是这个集团军级部队麾下有好几个军，现在还不知道让哪一个军先拐弯，也不知道应该在什么时候拐弯。[31]

沃尔夫冈·菲舍尔少将（Wolfgang Fischer）的第10装甲师一直一马当先，10月4日他们打到了莫萨利斯克（Mosalsk），这儿离他们10月2日出发的地方已经有120公里之遥。推进速度十分惊人，该师已经到达了维亚济马东边很远的地方。空军的侦察报告显示苏联部队正在后撤，但第10装甲师突破的距离之远已经让苏军部队难以脱身了。[32]

在第10装甲师左翼实施攻击行动的另外三个装甲师——第2、第5和第11装甲师，已经跟不上第10装甲师的进攻速度了，现在得到命令转向北方，向维亚济马进发，霍普纳麾下大部离维亚济马还有75公里，而霍特的前锋部队则还有50公里，钳形攻势两翼之间的缺口依然非常宽广，但可以依靠坦克在两天之内完成合围。考虑到大部分的苏联部队都必须要移动至少100公里的距离才能逃到相对安全的地方，机动车辆也相对较少，所以很难从包围圈中逃出来。他们很快还会明白过来，部队只要一遭到德军的进攻，就算是马上下令撤离也会很难逃脱。[33]

占领奥廖尔后，位于集团军群战线南翼的古德里安一部开始调转进攻的矛头。第24装甲军认为他们应该，或者说非常有必要继续向东北方向的图拉推进，但这样就必须让其他部队帮忙保护侧翼，而且会消耗比攻打奥廖尔时更多的燃料。这些条件都很难满足，第4装甲师也没能在10月4日取得什么进展。[34]

第2装甲集群的其他师继续进攻，其中最重要的就是对位于布良斯克—奥廖尔铁路线上的卡拉切夫的进攻。古德里安的进攻能否成功包抄大量苏军单位，取决于他能不能很快地打到北边，并成功与第2集团军的前锋建立联系。在这一天傍晚，第18装甲师的先头部队已位于卡拉切夫以南20公里处。[35]

注释

1. 第2装甲集群作战处战争日志，1941年10月2日，NARA T313, R86, F7326244ff。第4装甲师作战处《第4装甲师1941年9月30日—10月6日作战报告》，BA-MA RH39/373。第5装甲旅《1941年9月29日—10月3日期间作战报告》。

2. 第5装甲旅《1941年9月29日—10月3日期间作战报告》。

3. 赫尔曼·图尔克的日记。

4. 弗莱明的日记。

5. 《莫斯科会战：编年史，真相，重要人物，单卷本》，第218—219页。

6. 第5装甲旅《1941年9月29日—10月3日期间作战报告》；第4装甲师作战处《第4装甲师1941年9月30日—10月6日作战报告》。

7. 同上。

8. 同上；西顿，《莫斯科会战：1941—1942》，第94页。

9. M. E. 卡图科夫，《主要突击的矛头》，第27—29页。

10. 桑达洛夫，《在莫斯科方向上》，第207页。

11. 第5装甲旅《1941年9月29日—10月3日期间作战报告》；第4装甲师作战处《第4装甲师1941年9月30日—10月6日作战报告》。从这些报告可以看出第4装甲师的所有伤亡几乎都出现在埃贝巴赫战斗群。

12. 第6装甲旅战争日志，BA-MA RH 39/707。

13. 第10装甲师作战处战争日志，1941年10月3日，NARA T315，R561，F770ff。

14. 桑达洛夫，《在莫斯科方向上》，第207页。

15. 第4装甲集群作战处战争日志，1941年10月3日，NARA T313，R340，8622666ff。

16. 第4装甲集群作战处战争日志，1941年10月3日，NARA T313，R231，7496260ff；第6装甲师作战处战争日志，1941年10月3日，BA-MA RH 27-6/19。

17. 第6装甲师作战处战争日志，1941年10月3日，BA-MA RH 27-6/19。

18. 同上；《莫斯科会战：编年史，真相，重要人物，单卷本》，第243—245页。

19. 第41装甲军作战处战争日志，1941年10月3日，BA-MA 24-41/6。

20. 里奇，《德国对俄战略1939—1941》，第91—92页。

21. 德拉贡斯基，《坦克里的岁月》，第62—63页。

22. 沙布林的日记。

23. 同上。

24. 第3装甲集群作战处战争日志，1941年10月4日，NARA T313，R231，F7496264ff。

25. 第6装甲师作战处战争日志，1941年10月3日。

26. 同上。

27. 同上；第7装甲师作战处战争日志，1941年10月4日，BA-MA RH 27-7/46。

28. 第6装甲师作战处战争日志，1941年10月3日；《莫斯科会战：编年史，真相，重要人物，单卷本》，第276—277、302—303页。

29. 《莫斯科会战：编年史，真相，重要人物，单卷本》，第276—277、302—303页。

30. 第3装甲集群作战处战争日志，1941年10月4日，NARA T313，R231，F7496264ff。

31. 第4装甲集群作战处战争日志，1941年10月4日，NARA T313，R340，8622670ff。

32. 同上；第10装甲师作战处战争日志，1941年10月4日，NARA T315，R561，F770ff。

33. 蒂斯，《中央集团军群在东线战争：陆军总参谋部作战处的大幅态势地图集》，第96页。

34. 第2装甲集群作战处战争日志，1941年10月4日，NARA T313，R86，F7326264ff。

35. 蒂斯，《中央集团军群在东线战争：陆军总参谋部作战处的大幅态势地图集》，第96页。

第六章
合围战

　　10月4日晚上的战场形势已经揭示了莫斯科以西那些苏军部队的悲剧命运，大多数的部队都将在几天之内遭到包抄。第2和第4装甲集群已在苏军防线上打开了巨大的缺口，他们的前锋部队已经到达了远至苏军原来的防线以东的地方，德军已在苏军的后方地区肆虐。不过德军的推进速度已经超过了补给送上来的速度，燃油短缺尤为严重，妨碍了德军继续扩大战果。德国人此时还需要考虑在把苏军包围住之后，下一步要怎么操作。总体来说，作为行动第一阶段的突破作战，可以视为已经完成了。行动的第二阶段，也就是歼灭苏军部队，马上就要启动了。第三阶段的内容是向东推进继续扩大战果，将在苏军被全歼之后进行。但第三阶段行动可否圆满完成，要取决于指挥官们能不能在第二阶段作战开始之前做出明智的选择。

　　冯·博克元帅负责为第二阶段的行动做出决策，但哈尔德和勃劳希契在这件事上也有发言权，而且他们三个谁都没法保证希特勒不会从中插手。现在最重要的是应该决定由哪些部队来歼灭前线的苏军，还有让哪些部队继续深入推进，为第三阶段的作战打下良好的基础。

　　鉴于地面的战事还未能尘埃落定，德国人现在还很难做出决定，指挥官们也只能依靠不全面的，或者很快就会过时的信息来做出决策，这很有可能会导致误解、犹豫不决或者迷惑，在向攻占了奥廖尔之后的第2装甲集群布置任务

佩诺

126
133
253
安德烈亚波尔
251
174
179
186
246
178
252 涅利多沃
256
206
250
243
26 251
110
别雷
162
161
Br 900 6
梅恰河
VI

加里宁

斯塔里察

拉马河

勒热夫

沃洛科拉姆斯克

29
31
53 Cav
奥列尼诺
50 Cav
30
奥布沙河
mech.
220
瑟乔夫卡
107
119
242
247

18
博罗季诺
莫扎伊斯克

格扎茨克

3 Pz Gr XXXXI Pz
Ma.
129
霍尔姆－茹科夫斯基
35
1 Pz
MD
6 Pz
LV Pz
7 Pz
Rest 50

党卫队帝国师
乔姆基诺
110
梅查
Rest 33

9A
VIII
V
106
Grp Boldin
维亚济马
10 Pz

XXVII 255
Pt. 86
87 z 28
亚尔采沃
Pt. 86
162
16
22 Div 5 Pz Br
19
XXXX Pz
2 Pz

20
32
23
多罗戈布日
183 z
263
292 15 268
137 IX
XX
叶利尼亚
24
4 Div 2 Pz Br
斯帕斯－杰缅斯克
被歼灭

78
5 Pz
267
VII 197
29 乌格拉
148
252

XXXXVI Pz
4 Pz Gr
11 Pz
尤赫诺夫
3 MD
Pt. 18
Rest
Pt. 17
258
Rest 60

乌格拉河
4A
Ma. 258
莫萨利斯克
34
Rest 53
卡卢加
Rest 43

斯摩棱斯克
中央集团军群
LVII Pz
20 Pz
17
XII
XIII
260
Ma. 52
苏希尼奇
Rest 113
Rest 49

1941年10月7日的阵地
Pz Gr 装甲集群
VI 德国军级部队
110 苏军集团军
Br 900 第900教导旅
9A 集团军
Pt. 部分单位
MD 摩托化师
Div 师
Br 旅
Cav 骑兵
第一道勒热夫－维亚济马防线
第二道勒热夫－维亚济马防线
莫扎伊斯克防线

139, 170, 211
160, 222
Part 43
149
基洛夫
Rest 173

罗斯拉夫尔
杰斯纳河
XXXXIII
131
299
112
柳季诺沃
217
Pt. 52
日兹德拉

2A
LIII
31
茹科夫卡
279
290
50
布良斯克
154
V.A. 18 Pz
2 Pz Army
258
278
17 Pz

40 miles
0 40 km

维亚济马包围战及进一步的目标，1941年10月7日

时就出现了这种情况，两个主计划被摆到桌面上进行讨论，第一个计划是继续沿主干道推进到位于奥廖尔和莫斯科正中间的图拉，第二个则着重于占领布良斯克，并包围这一带的苏军。古德里安先收到了来自陆军总司令部的命令，让他们停留在奥卡河（Oka）西岸，不要向图拉进攻。但就在冯·博克刚刚向古德里安下达了这道命令之后，哈尔德又直接联系了古德里安，给他下达了其他命令。[1]

后勤是作战行动的头等大事。古德里安向奥廖尔的冲刺导致他们已经远离出发阵地200多公里，如果继续向图拉进攻则会进一步拉长补给线。较远距离的补给工作通常要依靠铁路进行，但在德军推进的方向上，铁路线相对较少，经过布良斯克通向奥廖尔的铁路线是最重要的一条。现在有人坚持主张应暂停向图拉方向的进攻，把注意力集中在布良斯克上面，还有一条重要铁路线从布良斯克延伸出来，经过卡卢加（Kaluga）通向莫斯科。[2]

斯大林和大本营没有立即意识到维亚济马周围的形势已是何等危急。这种情况很大程度上要归罪于糟糕的通讯——苏联的通信条件自从第一次世界大战结束之后就没有过太大改观。电话线承载了大多数的通讯任务，电话线在被切断之后将很难用无线电替代。德军的高速推进导致很多苏联指挥官都无法继续指挥部队，这个问题影响着苏联指挥体系中所有的层级，连大本营都深受困扰，他们发现，现在已经很难掌握实时的，准确的战场态势。

为了协助西方面军和预备队方面军的司令员和参谋的工作，苏联国防委员会（GKO）将伏罗希洛夫和莫洛托夫两位代表派往格扎茨克—莫扎伊斯克（Gzhatsk‐Mozhaisk）地区，与他们同去的还有大本营的副参谋长亚历山大·华西列夫斯基，他们在10月5日到达该地。[3]

10月5日，国防委员会命令在沿维蒂格拉（Vytegra）、雷宾斯克（Rybinsk）、高尔基（Gorki）、萨拉托夫（Saratov）、斯大林格勒和阿斯特拉罕（Astrakhan）一线组建十个预备队集团军。早在"台风"行动开始之前，在莫斯科和奥廖尔军区就已经有一些新的步兵师开始组建，虽然前线已经危在旦夕，但这些单位的训练工作仍在进行。[4]

* * *

到10月5日早上，刚在当天更名为第2装甲集团军的第2装甲集群，以及第4装甲集群已经干净利落地完成了突破。现在还不知道第3装甲集群是不是也能取得同样的胜利，它在4日就没有什么进展。但如果第56装甲军在5日可以有所突破，那么所有的疑虑都将会烟消云散。

属于第7装甲师的所有单位均已归建，但燃料情况还是很成问题。5日当天，他们在第聂伯河东岸的桥头堡阵地按兵不动，等待着空军部队将燃料空运而来。空军向第7装甲师控制区域中输送了差不多有55立方米的燃料，其中的20立方米被划归第25装甲团。该师直到下午2点才发动进攻，他们的进攻目标是卡缅涅茨（Kamenets），沿路还挡着部分工事化的苏军阵地。[5]

下午2:30，第7装甲师发动进攻，进攻部队由坦克打头，紧随其后的是第6摩托化步兵团的步兵，还有该师几乎全部的炮兵部队。这次的苏军阵地非常难啃，而且还有猛烈的炮火支援，苏联守军甚至还使用了莫洛托夫鸡尾酒来攻击德国坦克。虽然交战激烈，但德军还是在下午5：30攻破了这片阵地，占领了卡缅涅茨。第7装甲师在3小时内推进了10公里，现在还不清楚德军能否取得决定性的胜利，但用不了多久就可以见分晓。[6]

在右翼实施进攻的第6装甲师这一天的日子不太好过，它和第129步兵师一同遭遇了苏军在重型坦克支援下发动的突袭。这两支部队本来是想要进攻的，岂料不但没等来空军答应好的空中支援，反而遭到苏军突袭，于是进攻就没能发动成功。傍晚，第6装甲师指挥官弗朗茨·兰德格拉夫少将（Franz Landgraf）在听说了自己北边的友邻部队取得的成就之后，提出将自己的部队撤出目前的位置，并重新布置于第7装甲师后面，第6装甲师在第聂伯河对岸的桥头堡阵地可以由现在已接近第聂伯河的步兵师接手。上级命令兰德格拉夫还是从桥头堡发动进攻，但他手下的第4摩步团则要加强给第7装甲师。[7]

*   *   *

苏军这时已经逐渐开始采取一些反制手段，可是这些对于这样一支机动灵活的敌军来讲，很难起到什么作用。10月5日下午很晚的时候，列宁格勒地区的第52集团军得到了沙波什尼科夫的一道命令，要求他们将最近从中亚地区赶来的两个步兵师派往莫斯科地区，其中步兵第312师将要派往纳罗福明斯克（Narofominsk）的火车站，步兵316师则要转移到沃洛科拉姆斯克（Volokolamsk）。这两个步兵师都是按照旧式的组织装备表编成的，也就是每个师都有超过14000名官兵。[8]

罗科索夫斯基少将既没有自己防区的信息，也得不到临近防区的情报，这让他大为光火。他发现自己很难跟上自己防区上战斗的进度，自己的部队情况如何，他也无从得知。10月5日时他突然接到西方面军司令部的命令，让他带着自己的司令部前往维亚济马，并在尤赫诺夫（Yukhnov）方向发动反攻，此时已经有五个步兵师和支援单位在维亚济马等待着他的到来。他目前的防区将由菲利普·叶尔沙科夫少将（Philipp Ershakov）接手指挥。罗科索夫斯基的参谋长米哈伊尔·马里宁（Mikhail Malinin）听罢就嚷嚷开了："都这时候了，还让您撤下部队，真是完全不可理喻啊！"听到马里宁的话之后，罗科索夫斯基要求得到这条命令的书面证明，书面证明后来在晚上用飞机送来了，上面还有科涅夫以及科涅夫的政委布尔加宁（Bulganin）的签字。第20集团军的相关交接工作马上展开，好让罗科索夫斯基带着参谋们赶赴维亚济马。[9]

10月5日傍晚，大本营决定将预备队方面军右翼的第31、第32两个集团军的指挥权转交给西方面军。他们希望借此改善协同作战的能力。在把这两个集团军交出去之后，布琼尼手里还有第24、第31、第43这三个集团军的指挥权，他在早些时候已经把第49集团军也给交了出去。[10]

按照10月3日接到的命令，步兵第242师的残部已经到了离别雷很近的地方。在城市外围有人向该师人员开火，他们由此认为别雷已经被敌军占领。格列波夫师长和德拉贡斯基参谋长都没法联系上第30集团军司令部，所以格列波夫决定继续向别雷以东转移。10月5日早上，第30集团军的副司令员朱拉尔耶夫（Zhuralyev）出现在第242师参谋部，由此格列波夫和德拉贡斯基才知道究竟发生了什么事情。当时朱拉尔耶夫正搭乘一辆KV坦克前往步兵第107师部署一次向别雷和杜霍夫希纳（Dukhovshchina）发动的反突击任务。他命令步兵第242师向瑟乔夫卡东南的瓦西里耶沃—沙尼察（Vassilyevo-Shanicha）一带行动，让他们于反突击行动期间在瑟乔夫卡掩护反击部队的侧翼。

第242师到达了目的地，但朱拉尔耶夫的反击却失败了，这导致第242师阵地的处境愈发危险，尤其是在食物补给耗尽之后。报告上说所有的防区内都有敌军在推进。10月7日早上，第242师参谋部临时召开参谋会议，讨论后撤的问题。此时该师和集团军司令部之间的一切联系均已经断绝，格列波夫提出应当让部队继续向东撤退，经由瑟乔夫卡向北，到格扎茨克北边的森林里去，在那里有可能再次找到集团军司令部。德拉贡斯基则主张向更往北的方向，也就是向着勒热夫行军，他希望在那里和第22或者第29集团军建立联系。师政委赫拉普诺夫（Khrapunov）听罢就大喊起来："我们可是第30集团军的人啊，为什么要往别的集团军的地盘上面跑呢？"

德拉贡斯基指出，不管他们属于哪个集团军，选择更偏北的行军路线总会安全一些。赫拉普诺夫依旧固执己见，但当格列波夫询问参加会议的军官们的意见时，他们都普遍支持德拉贡斯基。在同意向北行军之前，格列波夫花了差不多一个小时的时间考虑了一下这个决定。[11]

* * *

10月5日早上，第2装甲集群接到来自第2航空队的天气预报，预报认为这一整天在所有地段的天气情况都将非常理想，不过之后几天的天气状况就没有这么乐观了。天气对军事行动来讲是至关重要的。很快就会有降雨，而降雨将导致道路无法通行。[12]交战双方当然都知道如何利用好天气，苏联在奥廖尔和姆岑斯克之间投放了空降部队，德国人发觉了这一行动之后，动用了俯冲轰炸机对苏军空降部队展开袭击，这些空降部队可能会妨碍德军针对姆岑斯克的进攻。第4装甲师派出一支分队进行迂回机动，旨在占领通向姆岑斯克的道路上的重要桥梁。苏联的对地攻击机没能挡住他们，德军占领了伊万诺夫卡（Ivanovka）并进军到河流对岸。在停下占据阵地准备过夜之前，德军的分队前进到奥廖尔东北方向差不多20公里的地方，他们已经可以看到前面有苏军的坦克在活动了。[13]

10月5日，苏军的指挥官又采取了一些措施，希望至少能延迟一下德军的进攻。9月29日时，正守在阵地上的叶尔马科夫（Ermakov）战役集群被迫仓促后撤，他们当时位于古德里安进攻地域的南段，所以他们只能一直往东撤退。在理想的情况下，他们还可以退守库尔斯克以西，然而古德里安的装甲集群已经占领了克罗梅和奥廖尔，库尔斯克的北边也受到了威胁。近卫步兵第7师师长A.S.格里亚泽夫上校（A.S. Gryaznov）在向南行军的路上得到了命令，不再按照原计划行动，改换方向，向库尔斯克方向行动。10月5日傍晚，一个骑兵师和一个摩托车团被临时加强给格里亚泽夫的部队，沙波什尼科夫命令格里亚泽夫负责防守利戈夫（Lgov）和法捷日（Fatezh）之间的区域，换句话说，他的部队负责在北边保护库尔斯克。沙波什尼科夫补充说，格里亚泽夫从现在开始直接归大本营领导，他希望格里亚泽夫可以在每天早上和傍晚报告作战情况。[14]

* * *

在奥廖尔和姆岑斯克之间推进的德军部队规模较小，这在很大程度上要归结于德军的燃料补给条件已经不允许部队进行大规模的行动。假使第24装甲军需要倾巢出动，那么空军就得在24小时之内把500立方米的燃料运到奥廖尔，这无异于天方夜谭，因为要在一天之内运输这么多的燃料需要一支硕大无朋的运输机队。[15]

在接下来几天的行动中，姆岑斯克的突破行动对古德里安来说已经不再是头等大事。第24装甲军除了第4装甲师之外的另外一个装甲师——第3装甲师将横穿第4装甲师的补给路线，然后从奥廖尔往北，向别廖夫发动攻击。同样属于第24装甲师的第10摩托化步兵师正在忙于肃清在两个装甲师后面结成小群仍在顽抗的苏军。在完成肃清任务之后，第10摩步师将会进行重新部署，来保护装甲军的东南侧翼。[16]

第47装甲军的三个师级部队也在向北突击，古德里安的当务之急是和第2集团军建立联系。这将为向前输送补给的工作创造条件，同时还可以截断大股苏军部队的去路——其中就包括沙布林所在的苏联第50集团军。很显然，沙布林还不知道自己和大批战友即将大祸临头，但他已经很清楚，目前的形势已经相当不利。[17]

10月4日，在一片小树林中，沙布林见到了集团军指挥官彼得罗夫将军，他们讨论了一下目前的形势，彼得罗夫问沙布林，他要求枪毙的人现在已经枪毙了多少。过了一会儿，彼得罗夫开口要了一瓶伏特加。两人继续讨论战况，不光是第50集团军这里，从芬兰湾到黑海之滨的战线，此时都已是哀鸿遍野，毫无希望可言。沙布林在日记中写道，此时德军已经割裂了苏军的防线，他认为此时的苏军还是一如既往地愚蠢，无法正常进行作战。[18]

第二天，沙布林到8点才起床。过了三个小时之后他出发前往步兵第260师防区，与那个师的参谋长待了一会儿。下午他又小睡了一会儿，之后洗了脸，还剃了胡子，晚上他和这支特别部队的总司令克莱曼将军（Kleyman）共用了一顿丰盛的晚餐。饭桌上的话题主要围绕着第260师进行，这个师在过去的几天内还没有被迫后退。现在有传言说，有些德国人不只是穿着德国的制服上衣、军裤和军靴作战，他们还穿上了从苏军尸体上面扒下来的大衣。[19]

第13和第50集团军面临着被德军包围的巨大威胁，第13集团军的处境还要更危险一些。10月6日，苏军这边的形势又进一步恶化了，已向北推进数日之久的德军第47装甲军跑到了苏联第50集团军后面，右翼的第18装甲师正在向着卡拉切夫推进，而左翼的第17装甲师则进一步逼近了布良斯克。[20]

布良斯克方面军组织了一个由马克斯·赖特尔中将率领的战役集群来防守卡拉切夫。赖特尔生于拉脱维亚的文茨皮尔斯（Ventspils），

亚历山大·华西列夫斯基少将是斯大林最倚重的军事顾问之一，他于1941年10月28日升任中将

1919年时加入红军。现年55岁的赖特尔是红军的老将之一，他的战役集群包括坦克第108师和步兵第194师。由瓦尔特·内林少将（Walther Nehring）指挥的第18装甲师很快就打到了卡拉切夫附近，苏军的反制手段已经来得太迟了。恩斯特·冯·策绍（Ernst von Zeschau）少校带领第18装甲团第3营的坦克，在装甲掷弹兵的支援下冲进了卡拉切夫，没费多大力气就在10月5日将其占领。他的这次进攻就像一次和平时期的演习那样顺风顺水，唯一一个像点样的障碍是傍晚时候遇到的一辆KV重型坦克，它可能来自坦克第108师。德军通过快速突破的方式，对苏联的防御措施采取了先发制人的手段。布良斯克市的沦陷可能只需几天甚至几小时的时间就会成为现实[21]，现在布良斯克方面军能做的仅仅限于在这件事情发生之前，设法向外抢救出更多的部队。

布良斯克市始建于12世纪，城区主要坐落于杰斯纳河西岸。近年来由于大量工厂以及一座大型火车站的兴建，城区又向杰斯纳河东岸延伸出了不小的面积。在战争爆发之前，布良斯克大约有8万人口。因为重要的公路和铁路交汇于此，所以布良斯克是德军的一个重要目标，如果没有这座交通枢纽的话，那么古德里安的部队就很难得到补给，从而影响他们进一步向东北方向推进。[22]

10月5日，由来自第39装甲团的坦克和第63摩步团的步兵带头，第17装甲师杀向了布良斯克。德军部队在晴朗的秋日中，大摇大摆沿着非常平坦的公路推进，一开始只遇见了一些零星的抵抗，后来则被一座难以承受重型车辆经过的，已经部分垮塌的木桥所阻。德军车辆只得一辆接着一辆，小心翼翼地从上面通过。[23]

到了下午，步兵们突然听到了苏联火炮开火的声音，带头的德国坦克也很快开火了，大家一看地图，发现自己已经推进到了一条长长的反坦克壕沟前面。这道位于克拉切夫西南方向13公里处的障碍并不是无法逾越的，紧随先头部队之后的团长马上下达了新的命令，他要求一个步兵营在坦克和火炮的支援下发动一次迂回行动。[24]

德军在此起彼伏的苏军机枪和76.2毫米火炮的射击声中开展了迂回机动，在往前攻了一会儿之后，德国人发现如果用这个打法的话，不豁出去许多人命将会很难取得成效，于是立即取消了作战计划。就在这个时候，师长汉斯-于尔根·冯·阿尼姆少将（Hans-Jürgen von Arnim）赶了上来，他布置了新任务——让师里的部分单位运动到丘陵之后，将前面的苏军困在他们自己的阵地上。德军本来想占领一座叫作阿库洛娃（Akulova）的村庄，但这时天色已晚，只得偃旗息鼓。[25]

在10月5日—6日的晚上，德军士兵就没怎么消停下来，时不时地就会发生零星交火，虽然规模都不大，而且也造不成什么伤亡，但这一场又一场的小冲突弄得他们一宿都没法合眼。天一亮，德军又接着突击，很快就打破了苏军防线，但一座被炸毁的桥梁让他们很难实施进一步的推进。虽然遇到了这样的阻碍，打头的德军摩托化步兵营还是在坦克的伴随下马不停蹄继续赶往布良斯克方向，他们从东边接近了布良斯克，对于他们而言，最重要的目标是横跨杰斯纳河的那些桥梁。[26]

德国部队在穿越了森林和沼泽地之后，终于可以望到布良斯克外围的建筑了。贸然冲入城区是十分危险的行为，早就藏好了的守军将会给沿着街道推进的进攻一方造成灾难，届时，街上的建筑物将不能帮助他们抵御子弹和高爆弹的袭击。小心行事总没有错，但德军这回要赌一把，他们想尽快占领这一重要目标，而且他们相信当地的苏军已经无力组织有序的防御。因此，德军认为这么做的风险可以接受，于是就这么直接开进了布良斯克——他们大概是想起了几天之前占领奥廖尔的那次行动吧。[27]

很快，炮弹就一枚接一枚地在德军身边炸开花来，他们意识到这都是直瞄火炮所为。几分钟之后，两辆苏联重型坦克出现在德军面前，直接冲着德军的行军纵队开了过去，纵队中的几辆车辆被它们击中，开始燃烧起来。其中一辆苏联重型坦克撞到了一辆德军汽车上面，它直接就把汽车碾成了废铁。德国坦克很快就出现在了这里，这对于这些德国步兵而言实在是天降救星。其中的一辆苏军坦克履带被打断，丧失了行动能力，其余的苏军坦克调转车头，很快就消失了。[28]

与此同时，另一部分德军绕过了苏军部队，驱车快速接近了杰斯纳河上面的桥梁。团长之前并不知道他们的这一行为，但他很快就通过无线电得到了桥梁已被完好占领的消息——这一次的突袭成功了。布良斯克这一重要交通节点，包括这里所有的桥梁、公路以及铁路，现在已经全部落入德军手中。这将会给德军带来很多好处，他们的补给情况将因此得以改善，同时还打开了继续向北的通路，德军还可以由此对布良斯克方面军其他的部队实施分割包抄。[29]

国防军第31步兵师反坦克营的埃里希·邦克中尉（Erich Bunke）在回忆录中描述了一件和在最近的几场战争中[①]所发生的事情极为相似的一幕。当时他的营正在肃清布良斯克的残敌，他们在布良斯克东部城区实施搜查任务时，找到了一个当地党组织的集会地点，就像苏联的其他许多地方一样，这里的场地中央立有一尊列宁雕像。这些德军士兵打算把雕像弄倒，他们之前干过好几次这样的事情了。他们把一条牵引缆套在雕像的脖子上，另一头连在一辆克虏伯火炮牵引车上面。司机踩下油门，雕像从它的基座上一头倒了下来。几个苏联妇女目睹了这件事情，邦克觉得她们可是被这一幕吓得不轻。[30]

沙布林少校得到了布良斯克陷落的消息。他觉得那些指挥官们并没有因此惊恐万状，但其中有不少显然已经神经兮兮的了。苏军准备了一次旨在夺回布良斯克的反攻，但沙布林却没听到胜利的消息。他认为包围圈很快就要封口了，方面军司令部也是蠢到了没长脑袋，还不如让各集团军各行其是，这样有可能还会好点。[31]

在所有的德国集团军和装甲集群之中，霍普纳的第4装甲集群很有可能是位置最有利的一个。10月5日，第10装甲师继续向维亚济马进发，他们从莫萨利斯克地区偏北的地方出发，由摩托化步兵和坦克担当先锋，在一个白天的工夫推进了差不多30公里的距离，这又是一次巨大的成功，而且是在燃油不足和桥梁断裂的不利情况下达成的。[32]

10月6日，第10装甲师的推进甚至要比前一天更加顺利，在这一天他们已经完全转向西北方向。黄昏之后他们没有停下步伐，在10月7日拂晓时分已经逼近维亚济马，并且切断了从斯摩棱斯克通向莫斯科的公路。[33]

占领维亚济马对于德国人来讲是一个重要胜利，但这个胜利还远远不能满足他们。德军想要包围维亚济马以西的苏联部队，为此第3和第4装甲集群的先头部队需要会师。为了完成合围，第4装甲集群需要向西北推进，然而截至10月5日傍晚，霍特手下最靠前的第7装甲师还离维亚济马有40公里远。[34]

---

① 译注：原书出版于2012年。

德军步兵班中最重要的武器就是 MG-34 机枪，它可以和两脚架以及 50 发容量的弹鼓配套使用。它的枪管被设计成了可以快速更换的结构，以防持续开火造成枪管过热

燃料供应状况的显著改善使得第7装甲师得以在10月6日清晨发动进攻。装甲团和侦察营担任先头部队。他们在前一天下午发动了一次突击，并在6日时最终得以完成。第7装甲师快速接近维亚济马，进攻速度如此之快，到下午五点时他们已经到达穿过市区的公路主干道。第6装甲师遇上的抵抗要激烈一些，但也在偏东南的方向取得了不错的进展。第56装甲军的胜利使得德军最终可以封堵维亚济马包围圈的缺口，第3和第4装甲集群将可以在10月6日—7日晚间建立联系。[35]

大批苏军官兵被困在包围圈中，罗科索夫斯基带着他的幕僚们设法逃出包围圈，差一点儿就来不及了。他们10月6日到达维亚济马，来接管即将在尤赫诺夫发动反击的那些部队的指挥权。维亚济马的最高军事指挥官是一位叫作尼基京的将军，他说，据他所知，维亚济马是没有正规军单位的，只有一些民兵部队。尼基京带着罗科索夫斯基来到当地党政领导们聚集的大教堂里。这一天下午，战局又一次急转直下。在场的西方面军政治委员列斯特夫（Lestev）

在听到无兵可用之后显得十分惊讶，嚷嚷着说："这怎么可能啊，方面军司令部刚换了地方，我才从那边过来呀。我保证这儿起码会有五个师，都是给第16集团军准备的啊。"警报响起，他们没法继续争论这个事情了，德国坦克已经跑到了城里。罗科索夫斯基、列斯特夫和其他几个军官爬到钟楼上俯视城区，结果看到了德军车辆，他们这才恍然大悟，应该赶紧弃城而逃，因为他们手下已经没有一兵一卒可以用来组织防御了。最后，他们勉强得以脱身。[36]

被吊死在窗外的那些人

在德军入侵之后，德军的各条战线后方很快就形成了游击队。斯大林和莫洛托夫于6月29日联合签发了一道命令，在敌占区进行游击作战的计划便由此发起。很多游击队都是由被包围或是被从自己的部队中分割开来的苏军士兵组成的。很多时候，游击队都由来自内务部队的军官，例如来自边防军的军官来进行领导。游击队活动的意义在于可以在敌占区继续显示苏维埃政权的存在，他们有时候甚至还可以占领小块地区。[37]

早在入侵苏联之前，德国就给一些部队分配了任务，让他们在德军锋芒所至的后方地区执行维持秩序的任务。德军的最高统帅部也分配给一些部队"清洗"犹太人聚集区的任务，安保和警察部队也会来干这种"脏活儿"。很多德国民众相信犹太人和布尔什维克主义者其实是同一种人，这导致他们以为只要杀光了所有的犹太人，德国的一些其他问题也会迎刃而解。国防军第707步兵师的师长冯·贝希托尔斯海姆男爵少将（von Bechtolsheim）干脆简单粗暴地说："犹太人就是游击队，游击队就是犹太人。"所以如果一个地方没有了犹太人，那游击队也就没有了。贝希托斯海姆的参谋部设在明斯克，他手下的部队在1941年这一年就屠杀了1.9万人。[38]

德国人还在占领区实施公开处刑，他们认为这种手段可以恐吓当地民众，迫使他们屈服。用德国占领当局的说法来讲，游击队员都是盗贼和破坏分子，他们应该被处以死刑。处决占领区内的非正规军武装人员，对德军而言是一种常态，第43军的指挥官戈特哈德·海因里奇将军在11月7日的日记中这样写道：

> 我告诉博伊特斯巴赫尔（Beutelsbacher），别再把游击队吊死在我窗户外面一百米的范围内，一大早上就看见死人可不是什么好风景。但是莫伊（Moy）回答我说，当年歌德他老人家也在耶拿（Jena）的绞刑架旁边住了三个月。[39]

博伊特斯巴赫尔中尉是军指挥部的一名翻译，他来自敖德萨，全家在布尔什维克手中尝尽了苦头，他现在正和宪兵一起到处追捕游击队。约翰尼斯·莫伊（Johannes Moy）是一个作家，他现在也在军指挥部担任翻译。

"台风"行动期间，中央集团军群必须要保护几条被看作运输动脉的铁路线免遭破坏。冯·克卢格元帅命令他手下的第40集团军在所有的火车站和十字路口设立标牌，以此说明铁路为军事禁区，任何人如无有效证明严禁擅闯。他的命令内容为：

> 任何人一旦无视警告标牌，违法擅闯铁路区域，都将被处以死刑。对实施以上行为的人要坚决予以追捕。[40]

死刑并不仅仅只适用于上述几种情况。苏联战俘如果没有力气走到战俘营去，也很有可能遭到射杀，他们唯一的"罪名"就是累了。关于这样的滥杀行为的消息就像野火一样在占领区民众中间蔓延开来，德国中央集团军群的宣传部门注意到了这种情况，国防军最高统帅部的阿尔弗雷德·约德尔将军（Alfred Jodl）建议换一种说法，例如："战俘们并不是因为筋疲力尽才停下来，他们其实根本就不想走。"很显然这种说法仅仅是好听一点的宣传手段而已，并不代表苏军战俘的处境会有什么改善。[41]

德国在宣传中宣称他们把大家从所谓的"犹太-布尔什维克"枷锁之中解放了出来，但公开处刑则传导了另一种信息——新的枷锁会替代旧的枷锁。

德军常常会做的一件事情是重新开放占领区的教堂，在布尔什维克掌握政权之前，东正教会在俄国享有至高无上的地位。第52步兵师的师长洛塔尔·伦杜利克少将把他在卡卢加的所见所闻描述如下：

> 卡卢加曾是沙俄时期的地区行政中心，那里有一些那个年代留下的大型建筑和多层建筑。但是，这座城市市区和郊区的大多数建筑都是用木头搭建而成的。在这么多的教堂之中，有那么几座的建筑风格之美令人印象深刻。

伦杜利克想到了那些在贫苦之中修筑这些宏伟建筑的不幸的人们，他把这些教堂看作沙俄政权虐待人民的铁证。然则，这种虐待却铸就了俄国人的时代之魂。[42]

注释

1. 更多请参见冯·博克，《战争日记1939—1945》以及哈尔德的日记。

2. 同上。

3. 华西列夫斯基，《毕生的事业》，第153页。

4. 同上，第159页。

5. 第7装甲师作战处战争日志，1941年10月5日，BA-MA RH 27-7/46。

6. 同上。

7. 第6装甲师作战处战争日志，1941年10月5日，BA-MA RH 27-6/19。

8. 《俄罗斯档案，伟大卫国战争，第16册（5—1）：最高统帅部大本营档案集》，1996年，第220页。

9. 罗科索夫斯基，《军人的天职》，第49—50。

10. 《俄罗斯档案，伟大卫国战争，第16册（5—1）：最高统帅部大本营档案集》，第221—222页。

11. 德拉贡斯基，《坦克里的岁月》，第63—64页。

12. 第2装甲集团军指挥部作战处战争日志，1941年10月5日，NARA T313，R86 F7326273ff。

13. 同上；第4装甲师作战处，《第4装甲师1941年9月30日—10月6日期间作战报告》，BA-MA RH39/373。

14. 这些部队为骑兵第29师和摩托车第38旅，关于沙波什尼科夫10月5日的命令，请见《莫斯科会战：编年史，真相，重要人物，单卷本》，第239页。

15. 第2装甲集团军指挥部作战处战争日志，1941年10月5日。

16. 同上。

17. 同上。

18. 沙布林的日记。

19. 同上。

20. 第2装甲集团军指挥部作战处战争日志，1941年10月5日。

21. 保罗·沃尔夫冈，《第18装甲师史1940—1943（附第18炮兵师史1943—1944）》；《俄罗斯档案，伟大卫国战争，第15册（4—1）：莫斯科战役档案集》，第128—129页。注意坦克第108师并不处于满编状态，当时该师只有41辆坦克，其中包括3辆KV和17辆T-34。见科洛米耶茨，《莫斯科战役：1941年9月30日—12月5日》，第8页。

22. 西顿，《莫斯科会战：1941—1942》，第194页。

23. 《对布良斯克的一击》（Der handstreich auf Brjansk），BA-MA RH 37/901。

24. 同上。

25. 同上。

26. 同上。

27. 同上。

28. 同上。

29. 同上。

30. 埃里希·邦克，《我们的宿命是东方1939—1944》，第429页。

31. 沙布林的日记。

32. 第10装甲师作战处战争日志，1941年10月5日，NARA T315，R561，F799ff。

33. 同上。

34. 第7装甲师作战处战争日志，1941年10月5日—6日，BA-MA RH 27-7/46。

35. 第6装甲师作战处战争日志，1941年10月5日—6日，BA-MA RH 27-6/19。

36. 罗科索夫斯基，《军人的天职》，第51—50页。

37. 1941年6月29日的命令可见于《俄罗斯档案，伟大卫国战争，第20册（9）：1941—1945年间的游击队行动》，第17—18页。

38. 汉堡社会学研究所，《德国国防军在1941—1944年间灭绝战中的战争罪行》，第469页。另见彼得·里布，《第707步兵师对犹太人的屠杀行为1941/1942》（*Die Judenmorde der 707. Infanteriedivision 1941/42*），2002年10月。

39. 约翰内斯·胡特尔，《一名德军将军在东线：戈特哈德·海因里奇1941—1942书信，日记集》，第107页。

40. 威廉·迈尔-德特林，《第137步兵师在东线中部》，第86页。

41. 克劳斯·莱因哈特，《莫斯科城下的转折》，第90—91页。

42. 伦杜利克，《帝国倾覆时的战士》，第272页。

第七章
分割包抄

东线战争中，处于守势的一方所面临的最根本的问题就是战场的面积异常广阔。这不可避免地造成需要防守的战线将会非常漫长，火炮分布也会很稀疏，使得防守一方的炮兵火力难以集中。这让占据主动权的进攻一方更容易把资源集中在热点地区

德国的兵法非常推崇包围战，他们在波兰和西欧作战的时候就经常实施这种作战手段，到了"巴巴罗萨"行动的时候就变得更加频繁了。在多数情况下，德军都能分割并困住规模很大的敌军重兵集团。在"巴巴罗萨"行动开始的头几周，德军在比亚韦斯托克地区包围了大量苏军，抓获了差不多30万名俘虏。在斯摩棱斯克和乌曼地区的战斗中，德军也实施了大规模的包围行动，导致大批苏军官兵沦为阶下囚。9月在基辅地区进行的包围行动，是其中规模最为巨大的一次。

想要包围敌军，就要切断他们的补给路线，敌军即便向后撤退也无法逃离包围圈，只好被迫在不利的条件下作战。这使得德国人不用折损太多兵力，就可以给敌人造成严重的损失。现在，包围战的戏码即将再一次上演，这一次的规模也是前所未有的。并不是只有维亚济马的苏军部队即将遭到包抄，古德里安的装甲集团军现在已经运动到了可以在布良斯克以北和以西两个方向包围更多苏联部队的位置，在即将形成的包围圈里，苏军官兵的准确数目现在已经无法查证，但75万这个数字应该是靠谱的。

在这么危急的情况之下指挥这么庞大的一支军队，着实是一个非常具有挑战性的任务。弹药库和其他的重要物资堆放场地都要被保护起来，以免被滚滚而来的德国装甲部队占领。部队已经遭到包围的那些苏军指挥官必须要马上认清形势，还要考虑遭到包围究竟会对手下官兵的士气造成什么样的影响。

钳形攻势之外的那些苏军指挥官们也陷入了非常为难的境地，试图解救包围圈里面的战友已经不再是一个明智的选择，这样的努力就从来没有成功过，而且在德国的进攻矛头和莫斯科之间已经没有什么可以让他们调动的资源了。设法拖慢德军向莫斯科方向的进攻速度要显得现实一些，包围圈里面的几个集团军能拖住德军越长时间，就意味着德军距离他们的目标越远。

苏联开始着手在莫斯科以西组织防御，大本营在10月6日下令，建立莫扎伊斯克防线，并命令一些部队沿着防线占领阵地，但这条防线其实并不是一条全新的防线。早在7月19日，朱可夫命令莫斯科军区的总司令帕维尔·阿尔捷米耶夫中将（Pavel Artemev）以三个预备队集团军建立莫扎伊斯克防线，准备工作一直持续到7月末，那时候德军似乎已经止步于斯摩棱斯克，于是苏军把精力又集中到在亚尔采沃—叶利尼亚—罗斯拉夫尔—莫吉廖夫一线应战上面。

1

莫斯科以西的防线以四座城市作为关键防御节点，它们分别是沃洛科拉姆斯克（Volok olamsk）、莫扎伊斯克、小雅罗斯拉韦茨（Maloyaroslavets）以及卡卢加，战线沿着这四座城池延伸出大约230公里，图拉则是这条防线在南边的终点。在莫斯科地区能找到的一切军事资源基本都被堆到了这条防线上。被加强到这条防线上的部队包括苏联最高苏维埃军校学员混成团，这个团被送到了沃洛科拉姆斯克；莫斯科军事政治学校的学生们则被派到莫扎伊斯克；而来自波多利斯克（Podolsk）的两所军校的学生则被拉到了小雅罗斯拉韦茨。[2]

10月10日，华西列夫斯基视察前线完毕回到莫斯科。他抓紧时间把已经成功与敌人脱离接触的一些部队调动到了莫斯科以西防线的某些位置上，手下有两支卡车运输队的预备队方面军炮兵司令列昂尼德·戈沃罗夫少将（Leonid Govorov），在这件事情上帮了他的忙。[3]

很多苏军的后备力量都是匆匆赶往前线的，例如被派往奥廖尔方向的一支部队，他们很快就在姆岑斯克参与了一场小规模的战斗，并因此一战成名，但不幸的是，屡见不鲜的误会又再一次发生了。故事要从9月30日讲起，还在总汽车装甲坦克兵局坐办公室的迪米特里·列柳申科少将（Dmitri Lelyushenko）接到一道命令，让他在午夜时分到大本营去。这让他丈二和尚摸不着头脑，因为他刚递交了有关于新建坦克旅的报告。在过去的几个月中，他一直在忙着给新组建的坦克旅弄到人员和装备。这道命令让他没得选择，他只得穿过漆黑一片，几乎已成空城的莫斯科，前去接受斯大林的召见。

斯大林没有让列柳申科等太久，他还记得这位迪米特里同志曾经申请过前线指挥的职位，现在终于有为他准备的机会了。斯大林将他任命为近卫步兵第1军军长，让他去遏止古德里安在奥廖尔地区的进攻。两个人见面的时间很短，之后斯大林就让列柳申科去找沙波什尼科夫，让他处理其他的相关事宜。[4]

沙波什尼科夫简单地向列柳申科介绍了一下情况，列柳申科将要用4—5天的时间组织起一个包括两个步兵师、两个坦克旅和一些支援单位的军级部队。他同时得到了预备队航空第6师的指挥权，这个师下面有四个航空团。他连忙去联系自己的老同事和朋友们，好来凑起自己的司令部。来自坦克部队的阿列克谢·库尔金少将（Aleksey Kurkin）成为副军长。

10月1日晚上，列柳申科又一次被大本营召见。这一次除了斯大林之外，他还见到了伏罗希洛夫、米高扬以及沙波什尼科夫。日渐恶化的战局促使他们召开了这次会议。列柳申科被要求在两天之内就把部队集结起来，而不是之前所讲的五天。上级让列柳申科和苏联空军总司令帕维尔·日加列夫（Pavel Zhigarev）一起乘飞机赶到奥廖尔，实地调查奥廖尔当地的形势。可列柳申科并不想这么做，因为那里已经没有堪用的部队了，他更想接手在莫斯科的摩托车第39团，沿着公路开到图拉去，在那里他们就可以再接收一些来自炮兵学校的单位，之后再赶往奥廖尔。斯大林同意了列柳申科的计划，列柳申科立刻就给摩托车团的指挥官打了电话，让他的部队在两个小时之内做好准备。[5]

10月2日，在列柳申科到达图拉的时候，炮兵学校的152毫米炮、76.2毫米炮和45毫米炮都还停放在训练场上，他们并没有马上能用的牵引车辆，于是列柳申科征用了城里的公共汽车来拖曳火炮。第二天早上，他的司令部到达了姆岑斯克。姆岑斯克是奥廖尔东北50公里处的一个小镇，里面有个加工水果和肉类的罐头厂。如果按照原有计划，列柳申科和他的司令部成员应当到10月4日才会到达，并在10月5日完成部队集结，10月6日出发向西南行军。

计划已经被打乱了，在10月4日，列柳申科在探路的时候突然遇到四辆摩托车，其中之一上面骑着内务人民委员部第34团的团长I.I.皮亚舍夫中校（I.I. Piyashev）。皮亚舍夫告诉列柳申科，自己接到了前往奥廖尔的命令。列柳申科没有让他继续赶路，而是让他带着自己的团加入近卫步兵第1军，在奥廖尔—姆岑斯克之间的道路上构建防御阵地，在此等待要加入近卫步兵第1军的其他部队赶来。

与此同时，米哈伊尔·卡图科夫上校（Mikhail Katukov）的坦克第4旅到达姆岑斯克火车站。列柳申科在下午见到了卡图科夫，答应他继续开展进一步的侦察任务，因为他们谁都不知道古德里安的坦克到底在哪儿。下午再晚些时候，列柳申科收到消息，有另外一个坦克旅还在赶来途中，然而他手中的另一道墨迹未干的命令内容却完全相反，说那个坦克旅将被派往尤赫诺夫。坦克第4旅留在了列柳申科的步兵军里，并在10月4—5日夜间，挨着那个内务部队团沿着奥图哈河（Optukha）占据了防御阵地。[6]

　　10月5日早上，卡图科夫提前遇到了一件将会对未来的作战行动产生极大影响的事情。雨水将公路变成了他的摩托车难以通行的沼泽，为了可以继续保持一定限度的机动能力，摩托车手只好想办法到附近的村子里找马来骑。在这一天，作为援军的近卫第6步兵师和坦克第11旅抵达姆岑斯克火车站。让列柳申科大失所望的是，近卫第5步兵师被调到了梅登（Medyn）——那个差一点就归列柳申科指挥的坦克旅最终也没有来。大本营认为位于更靠北的尤赫诺夫方向的德军攻势极具威胁。已经到了姆岑斯克的那些部队被命令前往第一英雄村（Perviy Voin）一带，在那里的小丘和山脊之上占领阵地，由此便可以监视前面的整块区域。7

　　10月6日，卡图科夫迎来一位意外访客。一个传令兵走进司令部，他和卡图科夫说，有位丘马克（Chumak）大尉想找他。卡图科夫没能想起这位丘马克到底何许人也，传令兵告诉他，丘马克上尉是奉列柳申科之命前来的。丘马克介绍自己正指挥着一个火箭炮营，他得到命令来支援卡图科夫的作战。卡图科夫旅长从来没有在行动中听到或者见过这种武器，但他听说过这种武器威力强大。有传闻称它可以在敌军之中散播恐惧。卡图科夫和几名手下一起出门来看这种陌生的武器，但这种武器的外观让他感到不以为然，他后来写道："我们面前的是拉着几根长钢轨的普通卡车。"丘马克看出了这些军官的疑虑，说道："等着看好戏吧！这些'管风琴'一旦响起来，你们就都不这么想了。"后来在看过火箭炮营的作战之后，卡图科夫承认，他对此印象极为深刻。8

　　近卫步兵第1军并不是唯一一支被用来阻拦古德里安的大型部队，空降兵第5军也参与了这次行动，其下辖的空降兵第10和第201旅都已经做好了作战准备，这一分队由S.S.古尔耶夫上校（S. S. Guryev）指挥。10月3日，上级命令古尔耶夫带领部队从科洛姆纳（Kolomna）和图拉飞往奥廖尔的机场，然而迎接第一批踏出机门的空降兵的却是敌人的炮火，当时，古德里安已经占领了奥廖尔。最终只有空降兵第201旅的部分单位在奥廖尔机场降落，集群中其余的单位则被重新安排在奥廖尔东北方向，位于奥廖尔—姆岑斯克公路附近的奥图哈机场降落。一共有接近5000名空降兵乘飞机到达这里，后来和近卫步兵第1军一同参加了战斗。9

　　在夺取奥廖尔之后，国防军第4装甲师因为补给线拉得太长，已经无力维持原有的进攻速度。由于还要分兵去执行一些其他的任务，削弱了进攻部队的实力。虽然如此，第4装甲师的一个小型战斗群还是在10月5日时发起了对姆岑斯克方向的进攻，傍晚时，这个战斗群在一条叫作列戈沙（Legoshcha）的小河北面2—3公里的地方建立了环状阵地。战斗群在午夜又接到命令，让他们在拂晓时继续向姆岑斯克推进。[10]

德军现在没法对姆岑斯克实施大规模进攻，这个小战斗群也就包括一个摩托车营、加强了一个连的一个装甲营，还有一些支援火炮和反坦克炮。在大部队还没能赶上来的情况下，10月6日上午9点，战斗群又一次出发了。[11]

一道深沟上面的桥梁已被炸毁，但德军还是设法跨越了这条深沟。这一小股德军很快向前推进到了一条叫作里希特萨（Lisitsa）的小河旁，赶在苏军炸毁桥梁之前将其占领。在河的对岸，位于高处的苏联守军占有地势之利，他们的坦克和反坦克炮冲着德军射击。虽然位置不占优势，但德军还是消灭了对岸的守军。[12]

德军在继续进攻的时候，遭到了苏联重型坦克的袭击，一辆德军坦克被击毁，但乘员成功逃脱。苏联坦克在1500米开外就开了火，德国坦克炮性能相对较弱，这已经超出了它们的有效射程。不过德军马上就拿出了更有效的武器，一门10厘米口径加农炮和两门8.8厘米高射炮赶了上来，它们的火力在远距离也是非常致命的。[13]

战斗过程可谓跌宕起伏，德国的大口径火炮可以有效打击苏联坦克，但它们本身又是不堪一击的。两门8.8厘米高射炮全都被苏联坦克击毁了，但德军还是打退了从高地上下来的那些苏联坦克。德军最终一共有9辆坦克被击毁或者击伤，但人员伤亡数字却很小。遗憾的是，现在找不到有关苏联一方损失的可靠资料。[14]

战斗之后，德军退回到小河的另一边，但苏联的坦克也后撤了。晚间天降大雪，无法观测敌人行动。早上天放晴之后德军进行侦察，没有在前方发现苏军。德军又再次穿越到河流东岸，没过多久，一辆三号坦克就被击中了，这迫使德军停下前进的脚步，就地转入防御状态。[15]

对于奥廖尔和姆岑斯克一带的战斗存在着很多荒唐的说法。有资料称第4装甲师在此损失了大部分的坦克，但实际上只有6辆坦克永久损失。还有一种观点称第4装甲师在姆岑斯克东南被打得落花流水，然而这个师的大部分根本就没在那儿打过仗，所以这种说法也是站不住脚的。[16]

还有说法称苏联军队的多次反攻，例如卡图科夫的坦克第4旅的反攻，最终让"台风"行动陷入停滞，[17]这很显然是一种极度夸张的说法。与莫斯科以西的大战相比，姆岑斯克的战斗规模很小，德国装甲集群的战斗日志上甚至都懒得对此记上一笔，这样的战斗对德军而言，和被针扎了一下并没有什么区别。[18]

如果真有什么值得担心的事情的话，那么德国指挥官们还是更担心包围圈里面的部队会实施反扑。第4装甲集群，还有冯·博克元帅，都渴望利用位于霍普纳的装甲集群和莫斯科之间地带的敌军防线软肋来继续扩大战果。他们不觉得苏联的反攻会带来什么问题，对他们而言，趁热打铁才是当务之急。[19]

10月7日，古德里安接到了向图拉进攻的命令，但这一天晚上下起了雪，让道路变得松软泥泞，同时也导致了严重后果——这下子向奥廖尔运送必需的补给品就要花费更长的时间了，同时将部队调往姆岑斯克西南地区的行动也会因此受阻，那里的小型战斗群实力又太弱，无法独力占领图拉。此外，布良斯克地区的苏军部队还没有完全被包围起来，古德里安还必须要继续完成合围，这也是要消耗资源的，所以目前来讲，进攻图拉还需要再等等。[20]

如今的德方资料，例如作战日志和个人的日记，都显示出当时的德军并不觉得钳形攻势以东的苏军部队会带来什么特别的压力，他们倒是比较担心包围圈里面的苏军，肃清被闷在"大锅"里面的苏军还需要消耗一些时间。德方资料经常提到路况问题，这一问题如今已经愈演愈烈，糟糕的天气和包围圈里顽抗的苏军共同导致德军向东边的进攻进展艰难。[21]

* * *

通过在布良斯克进行合围，德国人包围叶廖缅科北翼部队的几率又变得大了一些。古德里安有理由忧心忡忡——10月6日的雨雪浸湿了道路，10月7日的天气也不怎么样，通行条件迅速地恶化下去。第2装甲集团军的作战日志上面说公路已经泥泞遍布，某些路段已经完全无法通行。[22]

天气变化预示着冬天就要降临。德军现在还没有给官兵发放冬季制服，第2装甲集团军也没有领到在低温环境下用于车辆和火炮的润滑油。第2装甲集团军分别向后勤总指挥和中央集团军群陆军后勤办公室发送了明码电报，说最近已经下了几次暴风雪，但部队还没有冬用装备，他们还直接向后勤部门询问，到底在哪里可以找到冬季制服和防冻液。[23]

话虽这么说，但冬天现在还是一个相对远期的问题，秋天时和沼泽差不多的路况已经完全把冬天的问题给掩盖住了。古德里安的部队目前分散在一块很广阔的区域之中，布良斯克以北和以西的包围圈开口还没有封堵。在第2集团军和第2装甲集团军之间仍然存在缺口，遍地的泥泞让调动部队封堵包围圈的行动变得愈发迫切起来。而古德里安又收到了要求占领库尔斯克的命令——就好像现在的问题还不够忙一样。这一任务要由第48装甲军来完成，这支部队早在9月30日的时候就在库尔斯克一线活动了，虽然这不算一个全新的任务，但肯定会分散古德里安手里现有的资源。[24]

战线目前的形态使得德军可以制造两个较小的包围圈，一个在布良斯克南边，一个在布良斯克北边。第2集团军从西边接近布良斯克，鉴于之前布良斯克已被第17装甲师占领，所以就可以包住苏联第13集团军，从罗斯拉夫尔通向布良斯克的重要铁路线也会被德军控制，还可以在铁路以北包住更多的苏军。[25]

* * *

沙布林少校现在已经清楚认识到包围圈快要收紧了。10月7日一大早上他就接到了司令部要从现在的地方搬走的消息，他们的司令部已经在现在的位置上待了好一阵子。沙布林除了服从命令之外别无选择，他有点舍不得那座自己这段时间以来一直在里面栖身的，位于一片树林里面的小土房。沙布林在日记中提到，整个布良斯克方面军下面三个集团军的差不多240000人，都有可能被消灭在包围圈里。[26]

据说莫斯科已经发布命令让所有的集团军向后撤退，沙布林认为这将会让全体官兵惊慌失措。

在接下来的几天里，天上连一架苏联飞机的影子都没有，城市也一座接一座地不战而弃，费了那么大劲构筑的工事也都不要了。古德里安进攻部队以北的布良斯克方面军部队现在被临时交给第50集团军司令彼得罗夫将军指挥，沙布林见到了他，两人在一种诡异的气氛下谈起话来：

"我很快就要被枪毙了啊。"彼得罗夫说道。

"为什么？"沙布林回答。

"呃，我被任命为方面军的临时司令了啊。"

"如果你被任命为方面军司令的话，你就要指挥部队全力争取胜利啊。"

"哦，是啊，但你知道现在的战况多糟糕，我现在连第3和第13集团军都找不到呢。"[27]

沙布林太清楚形势已经糟糕到何等地步了，而且还会继续恶化下去。撤退还在继续，一个弹药堆放场被引爆了，在弹药爆炸的时候，沙布林看到了巨大的火光腾起。沙布林到过的另一些地方却好像完全没有在打仗的迹象。在一个小村中，全体村民还在忙着挖土豆，看起来没有一个人知道前线的战斗，但即便是沙布林，他掌握的信息也并不多。苏军的通讯高度依赖电话线，一旦部队调动，就很难按时收到信息。[28]

在沙布林和成千上万的苏军官兵想方设法逃离包围圈的时候，德国也在下很大力气去封堵包围圈的开口。维亚济马的包围圈要围得更紧一些，布良斯克以北和西南的两个包围圈也已经成形。德国发布公报，宣称布良斯克附近的第二次合围也已经完成。这个公报令博克元帅勃然大怒，他给哈尔德打电话强调，他从未刻意提到过布良斯克那里会有包围圈，因为人力不足，封锁线会比较稀疏。他还指出，德军费了好大力气才粉碎了苏联的两次突围行动。[29]

影响冯·博克元帅工作的还不只有这份公报，10月10日凌晨3点，博克收到希特勒的命令，要求他立即把第19装甲师和大德意志步兵团调到古德里安那边去，此举是为了防止布良斯克以南的苏军突围而出。[30]

愤怒的博克元帅在回复中解释道，第19装甲师此时还在尤赫诺夫地区作战，如果要将其往南调动，就得挤占目前对于补给工作来讲极其重要的公路。还有，在希特勒想要让第19装甲师调动过去的地方，补给情况已经非常糟糕。开到那里的那些油箱快要见底的车辆将无法找到燃料重新加油。冯·博克请求上级对道路优先权做出决定——究竟是部队调动重要，还是补给运输优先呢？[31]

冯·博克的要求产生了令他满意的结果，第19装甲师不再向南边调动，将继续沿着东北方向进攻。不过他没能把大德意志团放在他需要的地方，这支部队还是被调往南边，不过没有像冯·博克所担心的那样调动出那么远。布良斯克南边和北边各形成了一个口袋，大德意志团将要在后者一带作战。[32]

博克遇到的问题并不能掩盖德军目前为止取得的压倒性胜利，在莫斯科附近驻扎的大部分苏联部队都被包围住了，考虑到行动之初双方兵力非常接近，这一行动完成得相当快，德军一方的损失也非常低。鉴于包围圈的纵深较浅，步兵部队可以很快在肃清行动中起到积极作用。这使得装甲部队和摩托化部队可以继续向东边进击。天气还是令德军异常担忧，泥泞很快会让卡车和畜力车辆无法继续向前。

两个包围圈至少困住了70万名苏军，在10月的第二周，其中的很多人都开始向德军投降。还有一些苏军部队没有轻言放弃，步兵第242师就是其中之一，有很多德军部队正在他们撤退时所经过的地方推进着，但这些德军都是冲着加里宁和莫斯科去的。步兵第242师的余部一路向北，在10月9日到达了奥苏佳河（Ossuga）附近的瑟乔夫卡—勒热夫公路。他们在此遭到了德军地面和空中部队的袭击。这些苏军官兵又连夜向北跑了20公里。侦察分队在10月11日报告说他们离前线还有25—30公里，带领侦察分队的中士指着地图，说地图上画得不对。他指向一个村庄所在的位置，那里有铁路经过，有一座铁路桥可以通向村庄，但地图上却没有显示出来。在那里的铁轨上还停着15节闷罐车皮。在侦察分队的带领下，德拉贡斯基上尉带着一个营来到了中士所说的那个地方，他们本想在车皮里找到些武器和弹药，但里面装的却是食物、日常用品以及铁制品。官兵们尽全力搬走了一些面粉、粮食和咖啡，带回到自己部队的野战厨房。这一次经历告诉他们，不能一味相信地图，必须要在行动之前实施侦察。

德拉贡斯基他们从侦察分队找到的铁路桥上穿了过去，到达那个村子。他和一个传令兵挨家挨户地敲起门来，有一个妇女打开了门，德拉贡斯基看见她满脸都写着郁闷，觉得她肯定不想说话。但不知道出于什么原因，他还是和她寒暄了几句，然后问她为何如此郁闷，这下可闯了祸："你想让我们干啥呀？欢快地来一出歌舞升平吗？"她严厉地回答道，还说这里的一切不是没了，就是给糟蹋了。德拉贡斯基想让这女人转变下思想，他说现在并不是彻底没戏了，结果妇女完全不肯领情，开口咆哮道：

　　你们就一个劲地往后缩吧，把我们扔给德国佬。我们本希望你们能保护我们。你一定是来打听怎么才能找到往回走的路吧？这儿总有当兵的路过，一个个想的都是一样的，就是怎么往勒热夫跑。到现在还没有一个问起我往西边应该怎么走！

　　德拉贡斯基设法让这位女士冷静下来，他们后来成了朋友。德拉贡斯基答应回来拜访她——到了1945年，德拉贡斯基在从莫斯科出发参加柏林战役的时候，又回来看望了这位朋友，履行了自己的承诺。[33]

＊　　＊　　＊

　　斯大林最终还是被说服了，他需要一个新的指挥官来对付维亚济马那里的危局。而现在的这些高级将领没一个能堪此重任，而且也没有别的什么合适人选。有一个办法是把铁木辛哥元帅从乌克兰叫回来，但是斯大林觉得这一位也没什么好戏可唱。

　　在剩下的人选中，条件最好的是45岁的格奥尔吉·朱可夫将军，10月初的时候他在指挥列宁格勒方面军。朱可夫在一个月之前被委任以这个职务，负责守住这座苏联的第二大城市。他的前任，前大本营代表伏罗希洛夫元帅，在负责列宁格勒防务事宜期间与其说是在做贡献，还不如说是在捣乱。他的所作所为促使斯大林把朱可夫派到列宁格勒，来组织这座涅瓦河畔伟大城市的防御任务。朱可夫的任务简单明了：不让德国人占领列宁格勒。10月5日，朱可夫接到电报，上面说斯大林想和他谈谈。斯大林让朱可夫赶紧飞到莫斯科，来讨论目前的危局。朱可夫回答说他第二天一早就起飞，不料却发生了延误，直到7日那天才得以出发。[34]

　　朱可夫表现出的很多特质正是斯大林所需要的，他需要这么一个人来应付莫斯科以西的危急局势。朱可夫强硬、坚决且无畏，他不喜欢等到了解全局才去行动，而是更倾向于马上着手解决问题——一般都是通过发动一场进攻来解决——这是一种常常需要付出高昂代价的做法。朱可夫相信，让他的属下们之间展开一些竞赛是个行之有效的方法，这么做将会激励他们更加努力。这位坚毅的将军多多少少还有点和赌徒类似的思维，之前的失败就算是过去了，他不会因此过多纠结。他更喜欢向前看，并试着去控制局势，争取下一次的胜利。

10月7日，朱可夫刚一到地方就发现情况已然是一团糟了。他先去西方面军见了科涅夫，接着又去预备队方面军找布琼尼聊一聊，不幸的是，没一个人能说出来预备队方面军司令部到底在哪儿，估计是在小雅罗斯拉韦茨附近的什么地方，那座镇子在战前只有一万多人口。在奥布宁斯克（Obninskoe）火车站，朱可夫看见士兵们正在铺设电话线，他觉得附近可能会有个司令部——事实证明他是正确的，预备队方面军的司令部刚刚在两个小时之前搬到这里。朱可夫见到了方面军政治委员L.Z.梅赫利斯（L.Z. Mekhlis）和参谋长A.F.阿尼索夫（A.F. Anisov），他问这两个人布琼尼到哪里去了，但这两位谁都不知道，他们只知道布琼尼在昨天到第42集团军视察去了，至于后来发生了什么，他们就一无所知了。

朱可夫决定去尤赫诺夫看看到底发生了什么事。在路上，他路过了自己的故乡斯特列尔科夫卡村（Strelkovka），方面军司令部的新址离这里只有10公里。朱可夫便趁机派人让他的老母亲、姐姐和外甥们安全转移了。一到小雅罗斯拉韦茨，朱可夫就发现这座镇子已经荒无人烟，但他又看到有两辆汽车停在镇子中央的党支部旁边，它们是布琼尼的车子。朱可夫走进党支部里面，发现布琼尼正俯下身看地图，他们俩握了握手，然后布琼尼问道："您是从哪儿过来的呀？"朱可夫回答："我刚从科涅夫那边过来。"布琼尼接着问："那边的情况怎么样？我们已经有两天没法和西方面军联系上了。昨天我出去视察第42集团军，结果我自己的方面军司令部换地方了，我找不到他们了。"

朱可夫告诉他自己已经找到了他的方面军司令部，并把确切位置告诉了他。两位高级军官一起离开了这座小镇。10月8日，朱可夫接过了预备队方面军的指挥权，又过了两天，西方面军和预备队方面军合并，一起交由朱可夫指挥。[35]

朱可夫的到来并不是莫斯科以西的苏军指挥体系之中的唯一变化。10月9日阿尔捷米耶夫中将下令建立莫斯科预备队方面军，之后他重新接管了指挥莫扎伊斯克地区防御的任务。几天之后的10月12日，上级又下令，将莫斯科预备队方面军也交给朱可夫指挥。[36]

维亚济马—布良斯克的大溃败是苏联红军在二战中所经历过的最严重的一场灾难。基辅战役对于苏军来说也是一场巨灾，但维亚济马—布良斯克包围战则是历史上规模最大的一场包围战，在这场战役中被俘的苏军官兵人数比之前的战役都要多

*　*　*

　　朱可夫向他手下所有的部队下发了一道命令，清楚地说明了这些部队究竟应该怎么做，他对部下发出了警告——不经允许擅自放弃阵地的人将一律被就地枪毙。他的命令以这样一句话作为结尾："一步都不准后退！为了祖国母亲，前进！"[37]

　　当朱可夫正在采取措施在西方面军建立威信之时，他的老朋友兼骑兵部队时期的老战友——罗科索夫斯基中将在从维亚济马的包围圈得以脱身之后，现在正在想办法带着手下回到苏军战线。这一群人向着东北方向的格扎茨克逃去，很快就遇见了来自内务部队的一个骑兵中队，这个骑兵中队加入了这些军官们的行列，在侦察和巡逻方面发挥了很大的作用。

这一行人时不时地会和德军的侦察单位发生冲突。一次，他们到达了一座小村庄，在那里停下吃饭，罗科索夫斯基、马里宁和其他几位军官找了个房子坐下。在一位年轻士兵完成巡逻任务之后进来报告时，从屋里一个阴暗的角落突然插进来一个声音："你现在要干什么呢？司令员同志？"

罗科索夫斯基环视四周，发现在床上躺着一个上了岁数、胡子花白的男人，他盯着罗科索夫斯基，用一种苦闷的腔调说道："司令员同志呀，接着走吧，就把我们继续丢在这儿吧。我们难道就未曾为红军付出了一切吗？"

老人的话让罗科索夫斯基如坐针毡，这位老人继续说道，他以前也曾作为一名士兵，为抗击德国人战斗，他们那时候没有把敌人放进俄国大地，可现在呢？罗科索夫斯基和他的手下试着劝慰老人，说失败只是暂时的，他们很快就会打回来，但他们的话显然对老人没什么作用。老头儿又说，要不是自己身体不好的话，这回还是会上去打德国佬。[38]

罗科索夫斯基一行最后没有接着往格扎茨克走，他们加入了步兵第18师的行列，这是正在向东撤退的第33集团军下属的一个民兵部队。10月9日，他们终于到达了安全地带。

在回到后方之后，罗科索夫斯基接到命令，要他去方面军司令部报到。马里宁参谋长察觉到这可能不是什么好事，他建议罗科索夫斯基最好带着他离开集团军之前接到的书面命令一起去。正如马里宁所预料的那样，罗科索夫斯基被指控犯有违抗命令的罪名，但多亏他拿出了那份书面命令，最终被无罪释放了。

令人敬畏的武器

东线的交战双方都曾使用过火箭动力的炮兵武器。这一类武器的优点在于它们有能力在短时间内向目标区域快速连续投放大量的战斗部，然而它们的准确性却很差，火箭弹的散布区域要比传统的炮兵武器更大。德军将火箭炮兵武器称为"烟雾发射器（Nebelwerfer）"，在此之前，德军也曾有过同名的武器系统，用于在战场上投放人工制造的烟雾。德军开发了35型烟雾发射器和40型烟雾发射器两种武器系统，为了遮掩这些新武器的存在，德军给予他们和已经在役的武器相同的型号名称。德军的本意应该只是在一段时间内临时使用这样的型号名称，但后来却用了很久。直到1944年，才开始使用更为准确的"火箭发射器（Raketenwerfer）"这一名称。苏联红军也给他们的反推力武器使用了伪装性质的名字，所有的火箭炮部队都被称为"近卫迫击炮部队"，这让一些关于东线的书籍里面出现了混淆的现象。

1941年6月22日，苏军并没有能直接投入作战的火箭炮部队，但实际上研发工作进展非常顺利，早在1939年在蒙古与日军作战时，苏军就曾利用从飞机上发射的82毫米火箭弹进行作战实验。M-8 82毫米火箭炮和M-13 132毫米火箭炮是两个车载型号，主要被安装在卡车底盘上。前者射程5公里，后者则可以打击8.5公里距离外的目标，苏军部队给这两种武器取了个"喀秋莎"（Katyusha）的绰号，而德军则根据它们发射时的啸叫声，称它们为"斯大林管风琴"。

1941年7月5日，苏军上尉伊万·弗廖罗夫（Ivan Flyorov）的火箭炮连使用装在重型卡车上面的132毫米火箭炮开了火，这一次针对德军中央集团军群部队发动的攻击是苏联火箭炮部队的首次作战（见附录20中对苏联火箭炮部队的延展阅读）。[39]

和苏军不同，德国人选择将他们的15厘米火箭发射器安装在牵引式炮架上面，需要用其他车辆进行牵引。除了上述的这些武器之外，两军还都拥有更重型的反推力武器。这些重型火箭的发射架直接放置于地面之上，所需的准备时间要更长，但是口径越大就意味着威力越大。苏军一开始只有200毫米的型号，但后来又引入了一种300毫米的型号，德军两种重型火箭的口径则分别为28和32厘米，有两种战斗部可供选择，一种是高爆战斗部，另一种则是以柴油为基础的燃烧战斗部。

在"巴巴罗萨"行动开始之时，德国有5个火箭炮团，每个团有3个营，每个营装备18门15厘米41型烟雾发射器，该种发射器有6个发射管，可以将火箭弹发射至7公里之外，一个营每次齐射可以向目标投射108枚火箭弹。这个型号的火箭炮从1940年开始生产，生产一直持续到战争结束。除此之外，一些工兵部队还有一种设计成可以放在地面发射的发射架。德军还为装甲师中的工兵单位设计了专用的武器系统，他们装备有一个连的，在车辆两侧装有火箭发射器的半履带装甲输送车。这种武器最早出现在1941年11月时莫斯科以西拉马河（Lama）的战斗中。[40]

德国研究反推力武器的历史可以追溯到20世纪20年代，当时的德国军队还在秘密地和苏联一道进行研究工作。德国需要的是《凡尔赛和约》所禁止他们拥有的训练设施和武器试验场地，而苏联红军则可以了解他们之前没有深入接触过的，或是一无所知的新技术，例如坦克和潜艇技术。然而《凡尔赛和约》的条款却没有提到反推力武器，所以德国人在自己的地盘上就可以进行研究、开发和测试工作，当时的苏联红军也在独立研究这一类的武器。[41]

苏德两国应该都没有发现对方在研究反推力武器，非常确定的是，苏联的研究工作是在高度保密的环境下进行的，所以就没有注意到德国已经有了这样的武器。德国人同样也没有注意到苏联反推力武器的研发工作。在"喀秋莎"投入了叶利尼亚的战斗之后，第一份有关苏联火箭炮的报告在8月7日时递交给了陆军总司令部。[42]

注释

1. 对10月6日建立莫扎伊斯克防线的决定请见.《俄罗斯档案，伟大卫国战争，第16册（5—1）：最高统帅部大本营档案集》，第225—226页，7月18日命令的全文请见上述资料第77—78页。阿尔捷米耶夫的三个预备队集团军分别是第32、第33和第34集团军，请见约翰·埃里克森，《通往斯大林格勒之路》，第182页。

2. V. A. 安菲洛夫，《粉碎希特勒1941年莫斯科攻势》，第277页。 Tsamo: fond 450, oP11158, delo 75, list 3—Moskvoy zona Oboroni MVO.

3. 华西列夫斯基，《毕生的事业》，第153页。

4. D. D. 列柳申科，《莫斯科—斯大林格勒—柏林—布拉格》，第21—24页。

5. 成立近卫步兵第1军的书面命令在10月2日早些时候发出，见《俄罗斯档案，伟大卫国战争，第15册（4—1）：莫斯科战役档案集》，第82—83页。

6. 列柳申科，《莫斯科—斯大林格勒—柏林—布拉格》，第21—24页。

7. 和近卫步兵第5师有关的命令请见《俄罗斯档案，伟大卫国战争，第15册（4—1）：莫斯科战役档案集》，第89页。

8. 卡图科夫，《主要突击的矛头》，第41—42页。

9. 戴维·格兰茨，《苏联空降兵史》，第57—60页。

10. 第4装甲师作战处《第4装甲师1941年9月30日—10月6日期间作战报告》；第5装甲旅《1941年10月6日—7日期间作战报告》，БA-MA RH 39/373。

11. 同上。

12. 同上。

13. 同上。

14. 同上，10月4—7日期间，埃贝巴赫战斗群（不含在姆岑斯克地区作战的部队）有10人阵亡，33人受伤，这些伤亡可能多数都出现在10月6日。

15. 同上。

16. 见戴维·格兰茨和乔纳森. M. 豪斯合著，《巨人的碰撞：红军是如何阻止希特勒的》，第81页。其对应的是古德里安回忆录的英文译本，但很不幸关于损失的部分翻译质量不佳。

17.《巨人冲撞之时》，第81页。

18. 哈尔德的战争日志，冯·博克的日记，第2装甲集群作战处战争日志，NARA T313，R86；第3装甲集群作战处战争日志，NARA T313，R231；第4装甲集群作战处战争日志，NARA T313，R340。

19. 同上。

20. 第2装甲集团军作战处战争日志，1941年10月7日，NARA T313，R86，F7326284ff。

21. 哈尔德的战争日志，冯·博克的日记，第2装甲集群作战处战争日志，NARA T313，R86；第3装甲集群作战处战争日志，NARA T313，R231；第4装甲集群作战处战争日志，NARA T313，R340。

22. 第2装甲集团军作战处战争日志，1941年10月6日—7日，NARA T313，R86，F7326284ff。

23. 第2装甲集团军作战处战争日志，1941年10月7日，NARA T313，R86，F7326294ff。

24. 第2装甲集团军作战处战争日志，1941年10月7日—8日；冯·博克，《战争日记1939—1945》，第325页；古德里安，《装甲先锋》，第233页。

25. 同上；蒂斯，《中央集团军群在东线战争：陆军总参谋部作战处的大幅态势地图集》，第96页。

26. 沙布林的日记。

27. 同上。

28. 同上。

29. 蒂斯，《中央集团军群在东线战争：陆军总参谋部作战处的大幅态势地图集》，第96页。冯·博克，《战争日记1939—1945》，第327页。

30. 冯·博克，《战争日记1939—1945》，第327页。

31. 同上。

32. 蒂斯，《中央集团军群在东线战争：陆军总参谋部作战处的大幅态势地图集》，第97页。

33. 德拉贡斯基，《坦克里的岁月》，第69—71页。

34. G. K. 朱可夫（编），《莫斯科战役文件汇编》，第1号文件：最高统帅斯大林致列宁格勒方面军司令朱可夫大将，1941年10月5日。

35. 关于和布琼尼的会面，请见朱可夫的《回忆与思考》第二卷，第193—196页。G. K. 朱可夫（编），《莫斯科战役文件汇编》，第5号文件，最高统帅部大本营第002743号令，1941年10月8日《任命朱可夫大将为预备队方面军司令员》；第7号文件，最高统帅部大本营第002844号令，1941年10月10日西方面军和预备队方面军合并的指令。

36. 《俄罗斯档案，伟大卫国战争，第15册（4-1）：莫斯科战役档案集》，第99、102页。

37. G. K. 朱可夫（编），《莫斯科战役文件汇编》，第13号文件，西方面军第346号命令，1941年10月13日。

38. 罗科索夫斯基，《军人的天职》，第55—57页。

39. G. 科洛西罗夫，《伟大卫国战争期间苏联炮兵的作用》，《军事历史杂志》1971年第7期，第83—85页。

40. 弗里茨·哈恩，《德国陆军的武器和秘密武器1933—1945，第1、2卷》，第一卷，第197—199页。

41. 约阿希姆·埃姆德（编），《火箭炮——二战中火箭炮部队的发展和作战》，第17页。

42. 普罗肖科夫，V. 提索诺夫，《伟大卫国战争中的火箭炮兵》，《军事科学期刊》1968年第9卷，第522页。

第八章
战略决策

在莫斯科以西的多数守军落入袋中之后，德军现在面临多种选择。显然，他们现在必须要做的是击溃和俘虏包围圈里面的苏军部队，但指挥官们想得比这还要远几步。事实上，莫斯科外面的战况与德国的战争全局息息相关，如果"台风"行动不能如同预期一样获得胜利的话，那么在"巴巴罗萨"之前制定的很多计划就都会落得一个悲惨的下场。

希特勒早在决定入侵苏联的时候，就已经把工业生产能力和原材料的供应都考虑了进去。西线的战事再不断地拖延下去，德国认为美国迟早会加入英国一方。实际上一些具有影响力的德国决策者们已经认定，美国是英国的秘密盟友。到了1941年春季的时候，已经可以预见，西线的战争不再会有快速结束的可能。1941年的形势对于德国来讲依然是非常理想的，当时还看不到西边会出现什么特别紧迫的威胁，因此，德国人就得到了一个绝佳的机会，他们可以利用这个机会来击败苏联。[1]

与西线战争主要由海军和空军带头不同，对苏作战要由陆军率先发动，而且也要让陆军来唱主角。这意味着在1940年全年和1941年上半年时候，陆军武器和装备的生产是享有高度优先权的。在德军跨过苏联的国境线之后没多久，军工生产的重点又被转移到了海军和空军所需的装备上面。这样的决策是基于可以快速击败苏联的推断而做出来的，这种设想也为中央集团军群带来了冬季装备不足的难题。[2]

新的生产计划要花几个月甚至几年来进行准备，区区一纸临时通知无法立即改变生产上面的优先权顺序。之前决策所产生的影响可以持续很长时间，这才是1941年10月时德军面临的真正威胁。在军工生产方面，德国已经给陆军武器和弹药安排了较低的优先权，所以与苏联进行持久战会变得问题重重。此外，对苏联的入侵本意是获得新的重要原材料来源，尤其是原油，这是德国的作战行动所迫切需要的。[3]

实际上，德国人已经把所有的赌注都押在了对苏作战的胜利上面。如果斯大林的国家不倒台，德国所面临的问题将不只是要在东线打持久战。东线的德军部队存在出现武器弹药供应短缺情况的风险，这一问题必须要加以改善，而不是削减部队武器弹药的供应量。还有，西线的战斗仍然需要大量的燃油和航空引擎供应，德国人只能指望利用高加索的油田来补充他们有限的资源。综上所述的一切都意味着，如果德军在莫斯科的战斗不能取得决定性胜利，那将会对德国的战略全局产生严重的影响。冯·博克现在肩上的担子非常沉重，而且他会发现，他将无权绕过来自上边的干涉，来独立进行决策。[4]

冯·博克元帅早在行动开始前就非常担心会出现不利行动的天气状况，而在"台风"行动的第二周，他的噩梦就成真了。随着道路变得越来越泥泞，博克的进攻陷入了停顿。延误战机的后果将会严重到博克他们负担不起的程度。

鉴于游击队活动愈演愈烈，来自德国空军的官兵也参与进了反游击作战之中。这些空军士兵都装备了 MP-34(ö) 冲锋枪，这种枪一开始是为奥地利的警察单位生产的

整体的战略形势几乎在逼迫德国为一场决定性的胜利押上他们手头的一切，然而，这样的一场赌局对中央集团军群来说是非常危险的。德国的整个宏观战略就是一场豪赌，留给他们的选择并不多，显然中央集团军群就被当作了牌桌上面的赌注。

不过，在10月中旬时候，中央集团军群的处境还算不上危险。第一阶段的作战取得了圆满胜利，而且消灭包围圈中的苏军也没什么难度可言。10月10日，冯·博克在视察第87步兵师的时候，对当时的形势做出了乐观的描述。当时第87步兵师正在忙着收紧维亚济马以西的包围圈，他们已经基本和苏军脱离了接触，这代表着此处只有少数敌人还在进行软弱无力的抵抗。据师长估算，负责封闭包围圈的德军部队已经抓获了超过20万名战俘。[5]

因此，在短时间内，冯·博克并不用过度担忧包围圈里的苏军。10月11日早上，陆军总司令部询问博克对下一步的行动如何打算。他坐下来写了一封建议书，但还没等写完就接到了陆军总司令部的直接命令，让他去占领加里宁（此为特维尔市在1931—1990年间的名称）。这个命令让他感到费解——向加里宁进行突破，就意味着偏离了向莫斯科进攻的大方向。应当承认的是，加里宁以前是莫斯科在上伏尔加河地区商业方面的有力对手，但进入20世纪以后，加里宁就无法再和它南面的那座大城市相提并论了。加里宁有大约25万人口，是一个重要的内陆港口城市，在郊区还建有很多工厂。加里宁的中心城区在被18世纪的大火烧毁之后，又按照统一规划进行了重建。1941年10月时，这座城市的战备情况很差，还没有能力顶住德军的突击。[6]

柏林的决策者们把加里宁定为进攻方向，其背后的原因是他们认为来自中央集团军群和北方集团军群的部队可以在加里宁西北方向地区会师，从而切断莫斯科和列宁格勒之间的铁路线。不过值得争议的是，这么一条铁路对于现在正处于窘境之中的苏联是不是真的有那么重要。

此时此刻，第3装甲集群是唯一一支可以向加里宁实施进攻的德军部队，但它正面临着后勤问题，只能派出一部分单位参与进攻。这样一来，陆军总司令部的命令使得冯·博克手中可以用于莫斯科方向的人马就只剩下第4装甲集群和第4集团军两支部队了。[7]

听到包围圈中的苏军正在大批投降的消息，博克元帅感到高兴。10月12

日时，他在日记中写下，战俘的数量正在暴增。他的幕僚们在密切关注战况，两天之后，他们判定，莫斯科以西的防御已经变得相当脆弱。[8]敌人变得软弱无力，就说明现在没有什么迫在眉睫的危机，这样的危机至少在可以预见的将来也不会出现。中央集团军群可以腾出手来继续制定计划，冯·博克很不情愿地把占领加里宁也写进了计划里。这天傍晚，冯·博克和冯·勃劳希契一起讨论了作战计划，后者对计划表示赞同。10月13日一早，冯·博克见到了陆军总司令部作战指挥处的处长阿道夫·豪辛格（Adolf Heusinger）上校，豪辛格说希特勒决定对莫斯科实施包围，包围圈的内圈将不会小于莫斯科外围的环城铁路线。[9]

希特勒的命令用不着过多解释——为了包围莫斯科，攻势必须继续向前推进。命令还有一个重要的含义，就是要对苏联的首都进行包围，而不是尽快占领它。这并不是希特勒脑袋一热产生的想法，而是他从几个月前就开始深思熟虑的最终结果。

德国的很多具有影响力的人物都担心会出现食物短缺，第一次世界大战期间，德国就曾经遭受过一段时间的饥荒。早在1939年战争爆发的时候，德国当局就非常关注人民的吃饭问题，这一问题因为英国在海上进行封锁，致使德国无法进口肥料而变得更加突出。

在德国顺利占领波兰、荷兰、丹麦和法国之后，大面积的重要农业区落入德国之手。但食物供应仍然是一个难题——德国不断地从占领区征调马匹和车辆；肥料继续处于短缺状态；大量人力资源被抽调从事军工生产，农业从业人员减少。[10]这些问题共同导致了战争时期农业产出的下降。

德国所做的计划没有回答一个重要的问题，就是苏联人民以后吃什么。答案是简单而残忍的：在满足德国人的需要之后，剩下什么他们就吃什么。考虑到占领区面积之广阔，而可用于控制占领区的资源又没有多少，这代表德国将无法对占领区实施严格治理。虽然德国想要完全切断苏联人民的食物供应，但他们并没有什么办法来实现这一邪恶目的。还有，鉴于德国想要维持农业生产，或者更理想地说，继续改善农业生产，在一定程度上，他们仍然需要苏联的农业人口。[11]

大城市则是另一回事了，那里的居民依靠从周边的农业区运来的农产品过活，早在为"巴巴罗萨"行动制定计划的时候，德国就已经针对将要占领的位于东方的大片土地做出了远期的决策和筹划。苏联城市的市民将不会再得到任何食物，只有那些从事特定行业的人才会有得吃。这项决策毫无疑问将会让无数人陷入饥馑。

德国是无法完全切断苏联城市的食物供应的，黑市至少可以保证某些食物被少量偷运到城市里。还有，一些人也会从被德国占领的城市里逃出来，但这些情况完全不能掩盖在德军占领之下，很多苏联城市正在面临食物的极度短缺，大量的人最终都将沦为饥饿的牺牲品。列宁格勒将因此受到格外沉重的打击，该城的人口众多，在德军于9月8日占领拉多加湖畔的施吕塞尔堡（Schlüsselburg）之后，所有的陆上交通全部断绝，食物再也不能通过陆上交通线运进列宁格勒，德国人也在阻挡试图离开这一区域的市民。

在德军的"台风"行动发起时，列宁格勒才刚被封锁了几周之久，这里的市民还没有领教到在缺吃少喝的情况下，度过严冬将是多么艰难。对于那里的大多数人来讲，如果德国人不解除封锁的话，前景将会是凄惨的。希特勒对莫斯科也做了类似的计划，但包围圈的规模还要更大。不仅要包围首都，德军部队也不可以接受莫斯科的投降。试图从城里逃出来的人也会遭到德军的射击，只有平民可以从一些故意留出来的缺口出去，经此向东逃走。上级禁止德国士兵为莫斯科市民提供食物，也不能在交战中对他们实施救助。[12]

莫斯科的市民和苏联高层都不知道在柏林制定出了这样的一份计划。不过苏联高层至少明白首都已经岌岌可危。10月10日，在大街上的人们得知德军已经粉碎了莫斯科以西的防线之前，苏联的新闻机构塔斯社（TASS）宣布，莫斯科的全体男性居民，除在军工生产以及相关行业工作的人员之外，都已经被召集起来去建造野战工事。这清楚地显示了事情还在向对苏联不利的方向发展。[13]

召集平民去挖战壕，建造据点和其他种类野战工事的事情已经不再是新鲜事了。像这样的事情已经出现了很多次，包括在1941年的早些时候。不过，这种措施的效果不宜过于夸大——建造一条反坦克壕需要用铁锹挖掘很久，但如果没有战斗力强大的正规军在此守卫的话，敌人用不着费什么事就能跨过去。所以把后援力量送上前线的工作依然还是重中之重。

朱可夫还在努力组织莫扎伊斯克的防线，以此来阻挡向东推进的敌军。在这时，他手下有四个集团军被放在了这条防线上，分别是在沃洛科拉姆斯克的第16集团军，在莫扎伊斯克近郊的第50集团军，部署在小雅罗斯拉韦茨周围的第42集团军，还有在卡卢加地区的第49集团军。卡卢加周围已经爆发了激战，这座城市被德国人拿下了。第49集团军司令部在卡卢加以东的费尔兹科沃（Ferzikovo）。在更往北的纳罗福明斯克近郊，第33集团军正在重组。朱可夫试图围绕莫斯科以西的这四个城镇，拼凑出某种可以称为防线的东西来，而他现在的左翼则要靠图拉的防线来保护。[14]

在从维亚济马逃出来之后，罗科索夫斯基在10月14日到达沃洛科拉姆斯克。他还带来了自己的幕僚们，这些人并不仅仅是侥幸和他一起逃脱，还能在他开始重新组织防线的时候派上用场。这些参谋军官被派到现有的部队中去，来帮助后撤的部队恢复秩序。齐装满员的步兵第316师已经在阵地上就位，罗科索夫斯基发现自己已经好几个月都没看见装备这么精良的部队了。在他看见这个师的师长伊万·潘菲洛夫（Ivan Panfilov）少将之后，他觉得一定可以与他愉快相处，他特别欣赏潘菲洛夫的那种话不多的幽默。

为了增强针对坦克的防御能力，罗科索夫斯基决定将反坦克炮推上前线。在四个团的反坦克炮被加强到自己防区的阵地上之后，步兵第316师防区的反坦克炮数量大幅增加。反坦克炮炮位周围都布置了步兵，来对付德国的摩托化步兵。由列夫·多瓦托尔少将（Lev Dovator）指挥的骑兵第3军编有两个严重缺编的骑兵师，但罗科索夫斯基却觉得他们的机动性可以派上用场。他们可以用来进行反击，但在进行反击时需要支援，因为骑兵无法靠自己的力量来对付德国坦克。[15]

苏联做了很多努力来收拢继续向东撤退的散兵游勇。例如第49军就在谢尔普霍夫（Serpukhov）建立了一个集合点，逃离包围圈的官兵们被引导到这里来接收补给品和进行医疗救助。负责集团军后勤事宜的安季片科强调了让这些失去了大部队的士兵感到自己得到了关心是多么重要的一件事。拦截向东撤退的一切机动车辆的任务是重中之重，这主要是因为这些汽车可以用来牵引火炮，或者用来运输一些重要的装备。[16]

* * *

斯大林和他的将军们清楚地意识到了莫斯科正面临着巨大的威胁。城市里弥漫着不安的情绪，但还没有到恐慌的程度。斯大林一直在了解有关战局的消息，谢尔盖·什捷缅科作为参谋军官在总参谋部里度过了大半的战争年代，他描述了给斯大林提供战况实时进展的这一棘手任务——什捷缅科所在的作战指挥处一般来讲每天必须要向斯大林递交三次战况报告，至少需要在每天上午10：00—11：00期间用通电话的方式进行一次简报，来告诉斯大林昨晚和上午早些时候究竟发生了什么事情。在大约下午4点的时候，斯大林会收到一份关于今天白天战斗情况的新报告。每天最后的，同时也是最全面的一份报告只会提供给斯大林本人，这一报告在晚上11点由总参谋部通过电话进行汇报，他们在这时对今天一天的军事活动进行全面的总结。

　　除了斯大林之外，总参谋部还需要向其他一些高级指挥官进行报告，例如红军的炮兵总司令尼古拉·沃罗诺夫（Nikolai Voronov），还有坦克部队总司令雅科夫·费多连科（Yakov Fedorenko）。苏联政治局的委员们经常出席的会议，动不动就要开到凌晨三四点钟。有时候会议会早点结束，斯大林在这时候一般都会和其他的与会人员一起看一部电影，一般都是描述战况的新闻影片，可是很多在场的人都无心观赏这些影片。什捷缅科写道："我们的脑袋里想的都是一些和电影无关的事情，大家都知道还有一大堆工作等着我们去做，但谁都不敢退场，我感觉自己好像坐在烧红了的针上面，只好紧紧抓住我用来装地图的手提箱。"[17]

　　总参谋部的每名高级指挥官在每天都有一段特定的休息时间用来轮流睡觉，这是按照斯大林的想法来规定的。莫斯科战役期间，华西列夫斯基的休息时间是每天早上4点到上午10点。到了1943年5月，什捷缅科被任命为作战指挥处的领导，他的休息时间也被规定好了，是每天的下午2点到晚上7点。这里的工作极其繁重，谁都没办法一直扛下去，什捷缅科这样写道：

　　"我的一些同志们后来都出现了神经衰弱和心脏问题，战争结束后，他们中的不少人只能被转到后备役，他们那时还没有达到规定的退休年龄。"

　　这些人其实都已经熬得油尽灯枯。总是要和斯大林开会开到很晚，以及巨大的工作量负担，使得华西列夫斯基到了凌晨4点该睡觉的时候还是没法休息。斯大林不喜欢这种"弄虚作假的行为"，他会时不时在4点到10点之间给华西列夫斯基打电话，但华西列夫斯基让他的副官格里年基中尉（Grinenki）

来接电话，和斯大林说华西列夫斯基已经睡了。斯大林一般都会回答说："很好。"——向领导人撒谎的事情，肯定曾经让格里年基的神经备受折磨。[18]

那些曾在斯大林身边工作的人们，在后来都说斯大林只想得到内容清楚而准确的报告，极其讨厌收到虚假情报。什捷缅科讲述了总参谋部是如何审查前线部队递交上来的报告的——有时候他们会这样调整报告内容，把"我们已经解放X城"改成"我们还在为解放X城而战"，如果德军来一次突然反击，就会令形势突生改变，所以还是谨慎一些的好。斯大林也不喜欢阿谀奉承，甚至小小的谎言都不肯接受。如果他发现有人这么做的话，他的反应将会非常激烈。斯大林有极强的意志力，但同时也非常容易冲动。一般来说他会保持沉默冷静，但有时候也会耗尽耐心，丢掉客观立场。[19]

11月时的一件事情就非常典型，暴跳如雷的斯大林为了一个离莫斯科不远的村子给朱可夫打了一通电话："你知不知道杰多夫斯克（Dedovsk）已经被敌人给拿下了呀？"朱可夫回答说他没有注意到这件事情，结果斯大林训了他一顿，说他根本就不清楚自己的前线上到底发生了什么。斯大林命令朱可夫亲自带队去解放杰多夫斯克。朱可夫打电话询问了指挥杰多夫斯克所在地区部队的罗科索夫斯基，后者告诉朱可夫德国人占领的不是杰多夫斯克，而是一个叫杰多沃（Dedovo）的小村子。朱可夫又给斯大林回了电话，但斯大林不肯改变自己的立场，他要求朱可夫必须不惜代价重新夺回那个村子，他甚至还提到了第50集团军的指挥官戈沃罗夫："戈沃罗夫是炮兵出身，让他帮罗科索夫斯基的防区指引炮火去吧。"

朱可夫明白自己已经没法说服斯大林了。戈沃罗夫拒绝执行命令，朱可夫告诉他，这个命令是斯大林亲自下达的，以此结束了他们之间的争论。反攻的任务由近卫步兵第9师来执行，这个师的师长别洛博罗多夫（Beloborodov）认为此举在战术上显得荒唐透顶，但他没法违抗朱可夫的命令，他派出了一个由两辆坦克支援的步兵连，夺回了只有几座房屋的，小小的杰多沃村。[20]

注释

1. 见亚当·托茨，《毁灭的边缘》，集中于第12—15章。

2. 同上。生产数字详见迪特里希·埃肖尔蒂茨，《1939—1945年德国战时经济史，第二卷 1941—1943》。

3. 同上。

4. 同上。

5. 冯·博克，《战争日记1939—1945》，第329页。

6. 同上，第330页。蒂斯，《中央集团军群在东线战争：陆军总参谋部作战处的大幅态势地图集》，第96页。

7. 冯·博克，《战争日记1939—1945》，第330页。蒂斯，《中央集团军群在东线战争：陆军总参谋部作战处的大幅态势地图集》，第96页。

8. 冯·博克，《战争日记1939—1945》，第329页。博格等著，《德意志帝国和第二次世界大战，第四卷》，第579页。

9. 冯·博克，《战争日记1939—1945》，第331页。

10. 更多请参见图兹《崩溃边缘》，重点关注第16章。

11. 同上。

12. 该命令见约奈斯·皮耶卡尔叶维茨，《莫斯科会战》，第112页。

13. 约奈斯·皮耶卡尔叶维茨，《莫斯科会战》，第112页。

14. 《俄罗斯档案，伟大卫国战争，第15册（4—1）：莫斯科战役档案集》，第102页。Tsamo: fond 450，oP11158，delo 75，list 3，11—莫斯科卫戍区。

15. 罗科索夫斯基，《军人的天职》，第60—64页。

16. 安季片科，《在主要方向上》，第69页。

17. 什捷缅科，《战争年代的总参谋部》，第198—199页。

18. 同上，第176、180页。华西列夫斯基，《毕生的事业》，第158页。

19. 什捷缅科，《战争年代的总参谋部》，第178页。华西列夫斯基，《毕生的事业》，第517—518页。朱可夫，《回忆与思考》第二卷，第95—96页。

20. 朱可夫，《回忆与思考》第二卷，第218—219页。

第九章
维亚济马—布良斯克

　　10月10日，睡在车里的内务部队军官沙布林醒了过来。现在还没到7点，天气阴冷，让人感到悲戚万分，还有大片的雪花正在缓慢落下。在这种阴郁的天气中，沙布林的早餐很快就准备好了。早餐的食物都是从被放弃的杂货店里弄来的，沙布林和着热水把它们勉强咽下，热水给他和他的战友们带来了一点令人愉快的温度。中午11点的时候，沙布林上了路，他很快就发现这路上已经基本没法开车了，雨水已经把道路变成了泥塘，到处都是黏糊糊的泥巴。他费了很大力气才到达一个叫作斯洛博达（Sloboda）的村庄，在这里见到了一个来自步兵第217师的老朋友，那位老朋友告诉沙布林，第217师已经损失了75%的人员。[1]

　　第二天，德军的间接火力命中了第50集团军的司令部所在的地区。沙布林见到了他的战友，被告知他的一位好朋友在炮击中牺牲了，遗体已经入土为安。沙布林所在的第50集团军的空间被挤压得越来越狭小。他们被困在布良斯克以北的包围圈里，随着时间一小时接着一小时过去，各支部队变得愈发混乱，汽车，还有来自辎重队的马拉大车，跟战斗部队在泥泞的道路上乱作一团。很多装备不是被放弃了，就是已经落入敌手。德国空军的飞机在从空中攻击着包围圈里的苏军部队。[2]

　　10月12日，形势变得更糟糕了。沙布林早餐时喝了一些伏特加，之后就睡着了，直到上午十点才再次醒来。他睡得太死，以至于德军飞机向他所在的村子投弹扫射的声音都没有能吵醒他，在他那支离破碎的日记中，他抱怨当地人对他和其他苏军官兵持有敌对态度。[3]

德国高层正在研讨东线形势，由左至右分别为空军统帅赫尔曼·戈林、阿道夫·希特勒和国防军最高统帅部的部长威廉·凯特尔

混乱在下午继续蔓延，司令部成员们在敌人进行炮击的时候陷入了恐慌之中。集团军司令乘车经过时，用手势向沙布林下命令，沙布林把指挥官的手势理解成让他们到几公里之外的森林里去。他们刚一到森林里就碰上了三个骑着马匆匆赶到的人，这些人告诉他们德军离这儿已经没多远了，很快，飞来的子弹和炮弹证明他们没有撒谎。炮火变得猛烈起来，苏军的还击根本就没有什么组织性可言。沙布林向后撤去，他大部分的文件、装备和贵重物品都在撤退途中丢失了，估计全都落到了正在收紧第50集团军四周包围圈的德军手里。[4]

*   *   *

沙布林对维亚济马—布良斯克包围圈中形势的印象非常具有代表性，对于很多苏军官兵来讲，继续作战看来已经没有任何意义。10月13日，国防军最高统帅部发布公报，宣称已经抓获超过35万名俘虏。考虑到合围行动在差不多两周之前才刚刚开始，这已经是一个非常令人震惊的数字了。[5]

国防军最高统帅部公布的数字当然只是个概数，战俘的数量每个小时都在刷新，而形势依然错综复杂。各支部队不定时地上报他们抓获的战俘数目，而不是统一进行上报。报上来的某些数字已经过期了，还有一些只是个估算数目。这样的情况在维亚济马—布良斯克一带广泛存在，在德军之中并不仅仅是个例。统计战俘数量是需要时间的，而在彼时彼刻，他们只需要一个粗略的数目。战俘的数目虽然不是那么精确，但不可否认的是，这仍不失为一个极其庞大的数字。由此可以推断，苏军部队没抵抗多长时间就纷纷投降了，这意味着在不久的将来，德军各部队可以腾出手来去做一些其他的事情。

冯·博克非常清楚，被包围的苏军部队将很快放弃战斗。他在10月13日时写下的日记中表示，维亚济马的战斗很快就会结束，布良斯克那边包围圈里的战斗也持续不了几天了。短短几天的时间看似不长，但按照冯·博克看来，被包围的苏军部队还是拖延了德军的行动，这意味着苏军部队的抵抗并不完全是徒劳的。[6]

冯·博克元帅的看法算不上出人意料。秋天的气候严重制约了德军继续向东推进的行动，每耽误一天，都会造成无法估量的损失。不过换个角度来看，德军已经取得了一次规模巨大到没法再大的胜利。德军用差不多120万人规模的进攻部队来对抗人数差不多的苏军部队，进攻一开始就在苏军防线上打开了缺口，并在几天之内就包围了大批的苏军部队。两周之中，被包围的苏军部队不是已经投降了，就是快要投降了，这是在现有的客观条件下取得的一次超乎预期的成功。

在了解到这样的背景之后，值得惊讶的并不是德国的行动在维亚济马和布良斯克出现了耽搁，而是他们在这么短的时间之内就突破、包围和俘虏了规模如此庞大的苏军部队。这次行动意义非常重大，因为很难再找出德军在更短的时间内击败这样规模的敌人的例子了。

苏德双方的实力非常接近，这意味着苏联的守军完全可以靠自己的力量守住阵地。具有战场主动权的德军自然可以在特定区域集结大量部队，在局部形成人数优势，但此举肯定会导致其他地区的兵力减少。毫无疑问，德军指挥官是愿意冒这个险的，像冯·博克这样老练的指挥官更是会毫不犹豫地这么做。德军的作战条例和训练方式教给他，将资源向重点地区集中是有多么重要——即便这可能会给其他地区带来风险，但也要这么做。当然苏军和西方盟国也会在他们想要突破的地点集中资源，但因为他们在数量上相对德军占有优势，采取这种策略不一定就会给他们造成很大的风险。而德军却并没有这种优势，所以1941年秋天时，在包括中央集团军群防区在内的东线战场，对德军来说，双方实力相近实在是一种莫大的幸运。[7]

德军的王牌并不是部队的规模，而是单个部队的战斗力——较高的训练水平、合适的领导方法，还有指导部队行动的军事哲学，使得德军部队拥有了强大的战斗力，这让他们突破防线的速度要比这种实力对比下应有的一般速度要快得多。正如我们之前所见的那样，几个德国装甲师突入了苏军防线，并在第一天就在苏联防线之后实施突破30—40公里之多，这是了不起的壮举，他们的成果要远远超出这种实力对比下所应取得的成果。

德军装甲师没有对可能出现在侧翼的威胁过度担心，他们在达成突破之后的几天内一直都在向纵深突进。即便上级已经批准苏军部队向后撤退，但大多数的苏军部队都未能尽快撤离。不幸的是，苏联的通讯体系无法承受德军的快速突击所带来的压力，无线电数量不足外加高度集中的指挥与管控体系，导致他们很难在瞬息多变的情境下及时做出调整。这是苏军的一块大短板，使得德军包围苏军重兵集团变得更加容易。

德军在对苏联部队完成合围之后，设法快速挫败了包围圈内部的抵抗行为。这一次的速度即便是与东线战场早些时候的一些包围战相比，也显得非常快。7月中旬时德军在斯摩棱斯克包围了30万名苏军官兵，但在这些苏军投降之前，德军还是倍感压力地与其奋战了三周之久。在规模巨大的基辅合围战中，从德军的钳形攻势合拢到苏军投降之间也隔了两周的时间。还有，基辅战役时德军在封口时所花费的时间比"台风"行动时要长得多。

莫斯科前线的步兵师情况 1941年9月30日[8]

步兵师数量	战前组建的师	战前组建的师*	用内务人民委员部人员组建的师#	民兵师	新组建的师	之前的机械化师
82	35	5	9	12	18	3
100%	42.5%	6%	11%	15%	22%	3.5%

※ 在战前组建，1941 年 6 月 22 日时未完成训练的师。
每个师编入了 1500 名来自内务部队的官兵。

不管用哪一种合理的标准进行衡量，"台风"行动的初始阶段——或者叫作"维亚济马—布良斯克双重会战"都是一个辉煌胜利。很难指望规模接近的其他部队可以同样如此迅速地完成这样致命的一击，考虑到德军在数量上并不占优势，这次胜利要显得更为显赫。

苏军的一些缺陷也成就了德国人的这次轻易取胜。在"台风"行动之前苏军所蒙受的巨大损失使得苏联只能用大量训练水平较差的部队来代替被消灭的部队。举例来讲，很多民兵师就并没有接受过充分的训练，他们只是被匆忙召集起来，无法与训练完备的正规军部队相提并论。

训练不足的一个常见后果就是士气低迷，这使得行动期间投降的苏军官兵人数一直处于暴涨之中。苏军的后勤能力有限也是原因之一，很多落入敌手的苏军官兵没有分到足够的口粮，缺吃少喝可是没法激发斗志的。[9]

德军的胜利并不是全无代价的，中央集团军群报告称在10月1日—20日之间，有57363名德军官兵阵亡、负伤或失踪。[10]考虑到参加战役的部队规模以及苏军的惨重损失，德国一方的伤亡数字可以认为是非常低的。德军的巨大成功不仅体现在他们成功地快速击溃了数以百万计的敌军，也体现在他们为此只付出了以二战时期的水平而言算得上非常轻微的代价上面。

即便在战役结束之后，苏军高层也没有意识到德军的伤亡数字是多么低。沙布林这个级别的人很难搞清楚自己这一边究竟遭受了什么样的损失，沙布林似乎要比别人知道的多一些，然而他所知道的事情却令人万般沮丧——如果他知道德军的损失非常轻微的话，那他会更加沮丧的。

沙布林10月12日—13日夜没有入眠，他损失了两辆汽车，外面很冷，他没有手套可戴，也没有热水来洗漱。在泥泞之中，汽车顶多只能缓慢移动，现在有上千辆车还陷在泥里，所以他晚上还要忙活。天亮时德军炮火来袭，有的汽车依然被困在那儿。[11]

第二天白天，沙布林继续赶路，在一条小溪旁发现了一个奇怪的物体，那是一辆德国的装甲车。装甲车乘员一看到这些苏军官兵就马上开了火。直到天黑下去的时候，战斗才逐渐平息。沙布林很清楚，德国人的包围圈收得更紧了，随着第50集团军控制的地区日渐缩水，德军的炮火可以更容易地覆盖到那里的苏军，炮轰使得他们很难入睡。10月14日时，沙布林反应过来，自己已经48小时都没睡觉了，他还想起来上次看报纸已经是10月2日的事情了，就是德国的攻势开始的那一天。[12]

苏联这边的情况还在迅速恶化，沙布林在15日潦草写下的日记就清楚地描绘了当时的情况：

"一切都是那样可怕，我现在都走不稳了。死尸，战争的恐怖景象，时不时落下的炮弹。我又一次陷入饥饿之中，而且好长时间都没睡觉了。我弄到一瓶酒，跑到一片林子里转悠。这是一次灭顶之灾，军队被打败了，辎重队也完蛋了，我坐在篝火旁写下这些文字。今天上午，我那些内务人民委员部的战友已经损失殆尽，现在就剩我一个人混在一堆陌生人之中，部队现在真的是混乱不堪。"[13]

第二天沙布林又抱怨道他已经三天没分到面包了。但这一天也算是有了一点高兴的事情。在一次短暂的休息之中，沙布林终于得到机会洗漱，在中午时他和几个战友找到了食物，做了一顿午饭，他们都玩命地吃，因为他们都知道今天不会再有第二顿饭了。吃上午餐是一件值得高兴的事情，但其他的很多事情又把沙布林等人拉回沮丧之中。沙布林看到很多苏军尸体，还有四处丢弃的装备。中午之后下起了雨，在下午又变成了雨夹雪，沙布林和战友们全身湿透，但还是没有水喝。不过到了晚上，他们终于可以把衣服挂在篝火上烤干，他们还搭起了帐篷，可算是能睡一会儿了。[14]

在度过了很不舒服的一夜之后，沙布林在10月17日的早上饥肠辘辘地醒来。他马上看到一些士兵已经开始准备早餐了，没有面包，但士兵们找到了其他的替代品。早餐之后，这一群苏军再次上路，但他们根本就不清楚应该往哪儿走。沙布林设法又多藏了几天，他躲在树林和沼泽地里，试图避免被德军发现。他后来见到了第50集团军的司令彼得罗夫，但他们此时已经在劫难逃，沙布林和彼得罗夫在10月20日一同阵亡了。[15]

*　　*　　*

沙布林其实已经比他的很多战友坚持得要长久得多，在他战死的时候，虽然还有小股苏军仍然在抵抗，但德军认定包围圈已经基本被肃清。10月19

日，中央集团军群上报，从"台风"行动开始之日算起，已经俘获苏军战俘673908人，还缴获了大量的战利品——1277辆坦克、4378门野战炮、1009门高射炮及反坦克炮、87架飞机，除此之外还有数量庞大的其他装备。[16]

除了有大量苏军遭到俘虏之外，一定还有为数不少的苏军阵亡在了战场上。虽然德军的快速推进使得很多伤员无法转移，其中多数都被德军抓了俘虏，但还是有一些伤员在包围圈合拢之前被转移了出去。

苏军的具体伤亡数字已经无从得知。在莫斯科以西的守军出现了这样规模的大溃败的时候，逐级上报的体系也就崩溃了，很多文件也因此散失，这就是1941年10月时的真实情况。苏俄历史学者在研究档案上投入了很大精力，但却找不到可靠的数据。现存的资料并没有记录有关于这一时期伤亡率的准确而全面的信息。[17]

另一个研究方法就是对比苏军相关部队在9月末和包围战结束之后的实力，以及援军和预备队接受补充的情况。用这种方法估算的数据要更加合理准确，但也存在着缺陷。举个例子，不同的人员数量报告，其人员类别的统计口径不同。一些报告只统计了一线人员，其他的一些则将在后勤单位、支援单位以及其他一些类似单位服役的人员也统计在内，这样的报告上面的数字要更加精确。指挥系统的组织架构会导致问题更加复杂，在军事基地里面的部队，或者正在接受训练的部队即便正位于集团军或者类似级别部队指挥官所负责的区域内，也不一定就归当地的集团军指挥官领导。不过这样的问题并非无法克服，现有的资料表明德方给出的在维亚济马—布良斯克包围战期间俘获的苏军数量还是合理的（详情请见附录3）。苏军一方的伤亡总人数可能有85万之多，这相对于一场只持续了三周的战斗而言，无疑是一个令人难以置信的数字。但不可否认的是，莫斯科以西的苏联部队已经遭到了毁灭性的打击。[18]

注释

1. 沙布林的日记。

2. 同上。

3. 同上。

4. 同上。

5. 约奈斯·皮耶卡尔叶维茨，《莫斯科会战》，第115页。

6. 冯·博克，《战争日记1939—1945》，第331页。

7. 见附录4。

8. 萨姆索诺夫，《莫斯科1941：从失败的悲剧到最终胜利》。夏普，《二战苏军作战序列》，第8册《红色军团》；第9册《红潮》。

9. 见克里斯蒂安·哈特曼，《大规模死亡还是大规模处决？巴巴罗萨行动中的苏军战俘》，《现代史季刊》第49期（2001年），第97—158页。

10. 见附录2。

11. 沙布林的日记。

12. 同上。

13. 同上。

14. 同上。

15. 同上。

16. 中央集团军群命令汇总，1941年10月19日汇总，BA-MA RH 19 II/124。

17. 更多参见附录3。

18. 附录3中有关于苏军损失的更详尽的讨论。

第十章
离莫斯科还有一百公里

在德军封上了在维亚济马和布良斯克的苏军四周的包围圈的同时，他们也向东推进了一段。霍普纳在一开始将第57装甲军留作预备队，当第40和第46装甲军在维亚济马完成合围之后，霍普纳将第57装甲军投入到莫斯科方向的进攻之中。霍普纳即便只向前派出一个装甲军——这只是他手下部队中的一少部分，就已经足够让苏联人感到忧心忡忡了。[1]

在第10装甲师抵达维亚济马，并和从北边过来的第7装甲师建立联系之后不久，第10装甲师的部分单位就可以沿着维亚济马到莫斯科的公路向东行动了。在连绵秋雨使得次要道路基本无法通行的时候，主干道就显得极为重要。此外，第10装甲师将要使用的道路是沿着斯摩棱斯克—莫斯科的铁路线修筑的，那条铁路也是最重要的铁路线之一。随着道路泥泞的情况越来越严重，铁路线的重要程度也愈发凸显出来，向前输送补给品的作用显得尤其重要。[2]

对于泥泞所造成的不良影响，第52步兵师的指挥官伦杜利克少将是这样评价的。在通常情况下，他的步兵师仅需三天就可以赶到目的地，但在地面变成了名副其实的沼泽之后，他的指挥部根本就没胆量去拟定一份时间表。在道路泥泞的情况下，牵引大车和火炮所需的马匹数量要翻倍。只有轻型榴弹炮连还能前往阵地，而每个连的四门炮中，只有两门能送上前线。其他的榴弹炮，尤其是那些15厘米的重炮，只能等到天气转好之后才能行动。[3]

德国人在与烂泥斗争，但苏联高层面临的则是更为不利的形势。基辅的大崩溃使得苏军丢掉了一切把德军阻拦在乌克兰境内的可能。而今用来防御莫斯科的大多数部队不是已经完蛋了，就是已经快要缴枪了，只有一些弱小的部队还在守卫着通向首都的道路。但无论如何，苏联都必须要挡住德军，现在还不知道究竟能在莫斯科的西边还是东边挡住他们。

不管想要在哪里挡住德军，无疑都需要调拨大量的援军。很显然120万人是不够的。鉴于这120万人中的大多数都已经折损掉了，所以还需要数量庞大的增援部队，至少也需要再补充差不多100万人，但没有办法把这么多的人一下子全都送上前线。

苏联这个庞大的国家如今必须要四处拼凑军事单位保卫首都，而国土辽阔则意味着军队必须要通过铁路来进行调动。莫斯科是苏联铁路系统的枢纽所在，将部队调动到莫斯科以西前线上的行动，就通过从首都像车轮辐条一样往四周辐射出去的铁路网来进行。

铁路是让苏联能够下决心继续在莫斯科以西采取行动阻滞德军的因素之一。不过，现在还不清楚援军究竟能以什么样的速度被投入到战场当中，这些援军准备防御工事所需的时间也并不确定。苏联高层还有多少时间可以利用，是由德军和天气情况共同决定的，那些位高权重的人们没有能力预见到，苏联一方要想取胜到底需要做出多快的反应。

* * *

遍地的烂泥污水严重阻碍了德军的行动，虽然如此，他们还是正在按照陆军总司令部的命令，为加里宁方向的突破行动进行准备。这一任务被交给了一支规模非常小的部队，那是用第1装甲师部分单位组成的一个战斗群。上级任命汉斯-克里斯托夫·冯·海德布兰德上校（Hans-Christoph von Heydebrand）为战斗群指挥官。他在平时指挥该师的一个装甲掷弹兵团，一些坦克和火炮被加强给了他的单位。[4]

10月12日早上，战斗群由一个步兵连和一个装甲连带头发动进攻。直到这时他们还不知道进攻目标就是加里宁。战斗进行了两个小时之后，他们达成了一次突破。冯·海德布兰德这才向部下宣布，他们的目标是攻占加里宁。[5]

位于勒热夫东北方向的斯塔里察（Staritsa）是战斗群的第一个阶段性目标，他们从勒热夫以东，斯塔里察东南的苏伯特索夫（Subtsov）地区发动进攻，这个战斗群起初向偏北方向推进，冯·海德布兰德等人因此可以到达勒热夫和加里宁之间的公路干道上，从而可以更快地向加里宁推进。

斯塔里察本身也是一个有价值的目标，它坐落于伏尔加河两岸，有多座桥梁跨河而过。冯·海德布兰德的战斗群早已到达了伏尔加河的东岸，他们从那个方向进攻，拿下了斯塔里察。虽然斯塔里察那儿所有的桥梁都已经被爆破了，但占领这些断桥依然是一件大有裨益的事情，如果能利用残存的桥墩做基础搭建新桥，一般都会使建桥的工作变得容易一些。[6]

苏联步兵第242师并不知晓德国第1装甲师的作战计划，他们也试图赶往相同的地区。这支苏军部队没有径直向勒热夫开进，而是从勒热夫城区东边穿了过去，最终与斯塔里察西边的步兵第220师下属单位会师。步兵第220师由少将库琴科（Khouzhenko）指挥，第242师和该师合并，第242师的师长格列波夫中校出任该师参谋长，而德拉贡斯基上尉则接手了该师的侦察部队。10月12日傍晚，苏军总参谋部报告称步兵第242师已经又一次和其他部队建立联系，该师有1410名官兵因而逃离了包围圈。[7]

德拉贡斯基又在这支步兵部队里待了一阵，直到他接到了一纸调令。他不想离开现在的位置，结果又一次惹恼了格列波夫：一开始德拉贡斯基不想当步兵，现在又不肯离开步兵部队。就像他上次所做的那样，格列波夫强调说这是命令，最终刚刚升为少校的德拉贡斯基离开前线，前往乌法（Ufa）参加训练课程。

* * *

让我们把视线转回到第1装甲师上面来，这个师在一个重要的方面显得与众不同。在"巴巴罗萨"行动伊始，它序列之中的四个步兵营就有两个装备了半履带装甲车，这在1941年的德军之中很不寻常。当时的德军迫切需要这种车辆，但德国工业无法满足部队的需求。第10装甲师也有一个营装备了半履带装甲车，但该师其他的步兵单位充其量也就只有一个连装备了这种车辆。其他的步兵则乘坐没有装甲防护的卡车，相比之下，卡车要显得更加脆弱，而且越野能力也比较弱。在泥泞的季节之中，卡车会遇到更多的障碍。冯·海德布兰德手里有大量的半履带装甲车，这将是他的优势之一。[8]

半履带装甲车非常具有价值，但它们对后勤方面的困难于事无补。燃油缺乏导致目前在册的所有坦克都没法使用。通过对车辆油箱中现有的燃油进行重新分配，德军凑出了两个装甲连的用量，来支持这一次的进攻，其他的坦克就得等到更多的燃油运抵之后再行动了。[9]

来自奥地利的少校约瑟夫–佛朗茨·艾金格博士（Josef–Franz Eckinger）指挥着一个步兵营，10月12日傍晚，在他们开始沿着斯塔里察—加里宁的公路推进的时候，他的营得到了坦克和摩托车兵的加强。路上有一些苏联部队，但他们正忙着往后跑，其中的一些苏军官兵在艾金格的车辆接近他们的时候惊恐万分地逃开了。德国人从遍地丢弃的车辆和装备上或是直接碾了过去，或是把它们推到一边，恐惧和混乱在苏联的溃军之中弥漫开来。[10]

德军的合围战让苏联损失了数量庞大的人员和装备，这门M1910/37 152毫米榴弹炮就是苏军遗弃的装备之一

　　夜幕降临之时，艾金格的营还在向东北方向推进。在天色晚到无法进行空中侦察之前，一架费斯勒"鹳"式轻型飞机从战斗群上空掠过，那是冯·里希特霍芬将军在亲自驾机侦察通向加里宁的道路。他在写好侦察报告之后，把它装进一个小型容器内丢给了地上的艾金格少校。他告诉艾金格前方的路已经被溃退的苏军车队给堵死了，那些苏军很难组织起什么像样的抵抗。[11]

　　艾金格等人从捡到报告的地方出发继续驱车向前，前锋部队由来自第113机械化步兵团的一个排、两辆四号坦克和一个工兵排组成，指挥他们的是奥托（Otto）少尉。德国的装甲车辆马不停蹄地掠过，或是碾过还在后撤的苏军部队。奥托的手下们控制住了一大堆的司令部、野战厨房、防空单位、辎重队和其他很多各式各样的苏军单位。他们将这些俘虏和战利品丢给后面的部队进行处置，同时还和后面的部队保持畅通的联系。[12]

　　在德国人的无线电通讯中出现了一段颇为滑稽的对话——时任第1装甲师参谋长的瓦尔特·温克（Walther Wenck）收到了艾金格的报告，知道了他们此时正在收拾溃退中的苏军。他出于开玩笑的态度，给第1装甲师的上级单位第41装甲军提出了如下请求：

　　"我师正向加里宁快速推进，路上不断有苏军部队插入我师队列。宣称自己享有优先通行权。现需上级判定，优先通行权究竟属于哪一方？"[13]

　　正在监控无线电通讯的陆军总司令部听到了温克的玩笑，并立即做出了如下回应："和以前一样，优先权属于你师。"[14]

　　在晚间，艾金格的部队仍在顺利地向前推进，路上经过了几个村落，德国士兵们高度紧张，但还没忘了用开玩笑来帮助自己保持精神饱满。虽然苏军部队至今都没能组织起防御来，但德军的高歌猛进依然是一场豪赌。暗夜之中，他们基本什么都看不见，这些德军随时都可能中埋伏，这样的一次进击是基于苏军已经完全陷入紊乱，无法抱团进行抵抗的假设来进行的，一旦假设不成立，那么艾金格和他的手下无疑将付出高昂的代价。[15]

　　最终，德军发现前方有灯光闪烁，他们意识到这来自防备德军空袭的苏军探照灯部队。艾金格认为他们已经离加里宁不远了，他们很快就开进了一个叫丹尼洛夫斯科耶（Danilovskoe）的村子，离加里宁市中心只有约10公里。艾金格少校很快赶到奥托的先头部队。现在正是紧要关头，但少校保持着镇定，他这样是有道理的，因为战事趋于平息，夜晚开始安静下来。[16]

10月13日清早，除了已经接近加里宁的那两个装甲连之外，第1装甲师下属装甲团的大部分仍旧因为没有油的缘故，继续趴窝在斯塔里察。德军后来拿下了斯塔里察外面的小机场，在清空机场之后，就可以用飞机把燃油运过来了。没过多久，容克52运输机就把坦克和摩托车营急需的燃油和弹药送到了这里。[17]

从斯塔里察到加里宁虽有75公里之遥，但对艾金格有利的消息是另一个战斗群正携带着足够的弹药和燃料追上他们。这意味着他将敢于让他的部队在伏尔加河对岸建立桥头堡。在战斗车辆忙着和沿着铁路路基部署的守军交火之时，艾金格命令他的两个步兵连徒步进攻——这将让敌人更难发现这些步兵，从而使他们能够畅通无阻地到达加里宁西边的铁路桥。正如之前所预料的那样，苏军已为爆破铁路桥做好准备，但德军士兵们很快就打哑了大桥两端的碉堡，并切断了苏军布置好的导火索。[18]

艾金格等人取得了巨大成功，不过，推进过快和人数太少也将他们置于险境之中，苏军的激烈反攻对他们来说是一个严峻的考验，但他们还是守住了阵地，坚持到了其他的德军部队做好了攻入加里宁的准备为止。第1装甲师的其余单位在10月13—14日黄昏和晚上陆续赶来，并在14日凌晨开始攻城。[19]

苏联守军坚决地反击了来犯之敌，每条街道、每个街区都在发生着激战，不过德军得到了喷火坦克和装备了火焰喷射器的工兵的支持。加里宁这一仗打了几乎一整天。到傍晚时，德军占领了横跨伏尔加河的公路桥，他们由此可以向桥头堡阵地增派人手，并全面控制加里宁。[20]

* * *

德国占领加里宁的行动和进攻莫斯科的大方向南辕北辙，但这一偏差不必过度夸大，因为在中央集团军群的北翼必须要建立防线，而这防线建立在加里宁还是在比加里宁更靠南边一些的地方都无关紧要。此外，如果第3和第4装甲集群的全体部队都被投入莫斯科方向的一次进攻面狭窄的突破行动上面的话，通过满是泥泞的道路对他们进行补给就会非常困难。第1装甲师在攻占加里宁时遭遇的补给问题使该师只能调动很少一部分部队，同样的问题也将折磨向东边进攻的部队。在这一背景下，占领加里宁的行动分散了资源因而严重影响了德军成功占领莫斯科的几率，这种说法是值得怀疑的。

德军占领加里宁之后确实给苏军带来了新的问题。德国在东北方向的突破使得朱可夫难以控制他手下的所有集团军，尤其是位于北翼的那些。在朱可夫接受任命之时，科涅夫被任命为副司令，专门负责防线上面的一段。加里宁丢失之后，协同问题变得更加严重，因为朱可夫的防线已经被敌人切作两半，现在必须要成立一个新的方面军，来接管北翼的那些集团军。[21]

*　*　*

伊万·科涅夫上将显然是新的加里宁方面军的指挥官人选。10月17日，经斯大林和华西列夫斯基签字通过，大本营任命科涅夫为新的方面军司令。加里宁方面军一开始有三个集团军，外加一些来自西北方面军的部队，这些零散部队没过多久就都被收拢进新建的第四个集团军内。方面军的司令部由从预备队第10集团军抽调的人员组建，这一集团军随即解散，并新建第10集团军。与此同时，本来要来指挥第10集团军的米哈伊尔·叶夫列莫夫中将（Mikhail Efremov）被调任其他职位。不幸的是，原第10集团军的参谋人员及其司令部设备直到10月26日都没有到达。此外还有一个问题，就是新的方面军没有独立的后勤系统，只能依靠西北和西方面军来提供补给。[22]

科涅夫没有太多进攻力量，他的装甲部队只有两个坦克旅，各个步兵师也处于缺编状态，这些部队从10月2日那天起就一直在作战。科涅夫也不能指望得到大量的援军，他的方面军在这方面并不享有最高优先权。多数的后援力量将被加强给朱可夫的方面军，更不幸的是，大本营将西方面军和加里宁方面军的分界线划在别连捷耶沃（Berendeevo）—韦尔比尔基（Verbilki）—列舍特尼科沃（Reshetnikovo）—克尼亚日戈雷（Knyazhi Gory）—瑟乔夫卡一线，而不是沿着莫斯科水库这一天然屏障来进行划分。[23]

加里宁距离莫斯科大约有160公里，所以第1装甲师并不是在10月13日距离莫斯科最近的德国部队。在它和莫斯科中间还有来自第258步兵师、第3摩托化步兵师和第20装甲师的部队，它们位于小雅罗斯拉韦茨以北的地区，离莫斯科只有100多公里的距离。[24]

来自第258步兵师的第479步兵团就是这些部队之一。行动伊始的10月2日，它参加了渡过杰斯纳河的进攻，并在后来利用第4装甲集群打开的口子深入苏军防线。在其后的十天内，该团前进了差不多有230公里，这对于一支非摩托化的单位来讲是个了不起的成就。愈发泥泞的道路阻碍了他们继续向东推进，军马牵引着野战厨房、马车、救护车、火炮以及其他重装备艰难跋涉，后勤的难题不仅困扰着装甲师，也同样困扰着常规的步兵师，他们也需要弹药和食物，同时还需要大量的饲料。[25]

虽然困难越来越严重，但第479步兵团依然士气高涨。士兵在10月13日一早发现他们的目标已经不再遥远了。早上留给洗漱整理的时间并不多，这些老兵们已经知晓了他们将要去做什么，很快就做好了行军和作战的准备。[26]

该团的大部分单位都需要渡过普罗托卡河（Protva）。德国人找到了几处渡口，但渡河仍需耗费较长时间。在右翼也出现了棘手的情况，第1营得到命令从北边攻占博罗夫斯克（Borovsk），士兵们刚刚拿起武器，就遇到了苏军的反攻，德军估计反攻部队差不多有一个营的规模。[27]在第479步兵团和右侧的友邻部队——第3摩托化步兵师下属的第8摩托化步兵团之间，现在仍然有一道缺口，这给苏军部队留下了运动空间。

苏德双方部队之间相隔差不多有1500米，德军认为自己现在还没有被前进中的苏军部队观测到。他们为了避免被苏军发现，小心翼翼地将自己的重武器准备就位，德军甚至还把一门10.5厘米榴弹炮推上前线，准备向对此毫无防备的苏军进行直瞄射击。[28]

德军全营的重火力武器一起向苏军射击，苏军官兵十分惊诧，他们伤亡惨重。没有倒在战场上的苏军全都往博罗夫斯克逃跑过去。战况虽然非常激烈，但只持续了20分钟就完结了。[29]

步兵团团长马上下令，让第1营攻占博罗夫斯克。前锋连在第二天凌晨到达博罗夫斯克，并对其外围阵地实施突破。之前德军认为在博罗夫斯克北部有可以穿过普罗托卡河的桥梁，但实际上并不存在。不过，在晨光中，一座大型公路桥的轮廓逐渐显现出来。在接近这座桥之前，德军遭到了苏军的火力打击，那应该是一个摩托车连。德军立即还击，给苏军造成了伤亡，驱散了他们。[30]

德国的胜利并没有持续多久，一些苏军单位冒了出来，并进行了强烈的抵抗。负责指挥带头的两个连的阿尔布雷希特中尉（Albrecht）决定在桥梁北边找个合适的地方当作阵地。他们据守阵地，对桥梁进行扫射，在晚上击溃了几波攻上来的苏军，并遏止了苏军的炸桥行动。10月14日拂晓，阿尔布雷希特无法和团里其他单位取得联系，传令兵过不去，伤员无法撤离，他们的阵地面临着极大危险。[31]

对于第479团的其他单位到了哪里，阿尔布雷希特中尉只有模糊的想法，就算他可以多收到一些信息，也不能缓解他的紧张情绪。第479团大部早在10月14日早上就发起了进攻，但进展比较缓慢，泥泞的地面非常阻碍行动，不过德军认为这也同样会妨碍苏军，或许带来出其不意的机会。[32]

苏德双方谁都没能出其不意，但479团还是从泥塘之中跋涉而过，在10月14号晚些时候解救了那两个危在旦夕的连。阿尔布雷希特中尉的人据守阵地，设法保住了那座大桥。下午六点半，第479团报告桥梁已被完好地占领了，博罗夫斯克的大部分也已经被德军占领，但苏联守军依然还在死守南部城区。到了晚上，第479团成功与右侧的友邻部队建立了联系。[33]

* * *

像第258步兵师在行动第一周的这种行动，实际上推进距离并没有多远。德国人还在忙着肃清维亚济马和布良斯克的两个大包围圈，泥泞是最大的问题，它使得把补给品送上前线格外艰难。在第258步兵师南边投入作战的第20装甲师，其作战情况也和第258步兵师差不多。[34]

第20装甲师的大部分车辆还在博罗夫斯克西南的道路上磨蹭着，它们和第19装甲师正前往小雅罗斯拉韦茨的一部分部队一同在污泥之中挣扎。第20装甲师的装甲单位是第21装甲团，它和该师的其他部队一样，都散布在相当广阔的地区之中。巴尔斯中士（Bahls）是第21装甲团第12连的一辆四号坦克的车长，他回忆起10月13日是一个阳光明媚但却冷飕飕的日子，低温让地面变得坚实，相比前几天，他的坦克行动起来会顺利得多。[35]

四号坦克是德国当时最重型的坦克，其余的大部分坦克都是像二号坦克和捷克造38（t）一类的轻型坦克。鉴于后者的战斗力都较为低下，上级就派巴尔斯负责对这么一个轻型坦克连进行支援。这个轻型坦克连将要执行一次沿着全师即将要通过的道路进行侦察的任务，巴尔斯注意到团长和营长都在跟随这个连一同行动。[36]

道路周围丛林密布，但两侧分布着小块的空地。装甲兵们因此可以在道路两侧驾驶坦克行进，这样如果有坦克受损的话，也不会堵住后面车辆的去路。还有，德军由此可以让更多的坦克并排推进，这样对准敌人的炮口就更多了一些。巴尔斯的坦克在道路的右边，沿着丛林边缘向前推进。[37]

一开始并没有发生什么特别的事情。德军的队伍开到了公路转弯的地方，从这里可以看到一公里开外的布托沃村（Butovka）。车长们纷纷让自己的驾驶员停住车，这样他们就可以更好地集中注意力观察四周。德国人现在还不知道村子里有没有敌人，车长们透过双筒望远镜仔细观察着村子和村子周围，炮长们也在用带有放大倍率的瞄准镜来搜寻敌人踪迹。他们的努力有了回报，在800米的距离上观测到了两辆苏军轻型坦克。时间不容浪费，德军炮手开了火，但却招来了更多的苏联坦克。从村子里开出了三辆较大的坦克，德军辨认出它们都是T-34坦克，正向德军径直冲过来。[38]

巴尔斯和别的装甲兵都知道T-34的火力和装甲要强于德军坦克，不过除了和它们打一仗之外也没什么别的选择。训练有素且久经沙场的德军炮手们向正在接近的敌坦克开火，纷纷命中目标。车长们继续从车长指挥塔向外观察，但看到的景象却令他们深感不安，虽然他们都知道T-34的装甲防护水平卓越，但命中的炮弹全部都被倾斜的车首装甲弹到一边的景象，还是令他们目瞪口呆。[39]

德军的坦克炮威力严重不足，不但不能敲掉这些苏联坦克，甚至都不能吓住车里那些决心奋战到底的苏联坦克兵。这些T-34以一种在巴尔斯看来发了疯的速度逼近了德国坦克连，根本没有理会那些德国坦克，而是直接开了过去。巴尔斯转过身去，看着那些苏军坦克就这么消失在视线之外。[40]

苏军的这一行为让德军倍感迷惑，他们这么嚣张，难道是因为村子里还有更多的苏军等着德国人送上门吗？德国人因此放弃了进攻村庄的计划，在考虑了一阵之后，他们决定退回到森林里的小路上。在往回开了一会儿之后，他们看见一辆T–34困在了沼泽之中。一个德军士兵抓住机会，把手榴弹丢到了坦克里面，敲掉了这辆坦克。又往回走了一会儿之后，德国装甲兵们看见第二辆T–34，它的履带已经被打断，动弹不得。[41]

正在后撤的德国装甲兵看到了这两辆T–34都已经被击毁之后，显得大为振奋，很快就又传来了第三辆T–34已经被炮兵击毁的消息。苏联的这一次反攻没有产生任何值得夸耀的结果。德军的前锋连的确是被逼退了，但苏军为之付出的代价却和这么一点小小的胜利并不相符。[42]

一些没见过T–34的德国坦克乘员钻出坦克来看热闹，上级还没重新下令进攻村庄，所以德国装甲兵们下车聊起天来，并对T–34仔细研究了一番。结果就在这时又来了两辆T–34，打破了这一刻的寂静，那些大惊失色的德国装甲兵甚至都没时间重新钻回坦克里面，但巴尔斯认为回不回到车里可能区别不大，反正德国坦克的火炮也打不动它们。[43]

巴尔斯和其他的装甲兵待在冰冷的地面上冻了好一会儿，地上凉得几乎没法趴下去。苏军坦克的机枪响了，他们这才反应过来应该做点什么，但在苏联坦克消失在远方之前，他们什么都没做成。这两辆T–34顺着公路没开出多远就被击毁了。造化弄人，一位德军少尉在这时候被一枚从T–34上面弹开的反坦克炮弹击中身亡。[44]

德国装甲兵们自然会对T–34的坚固程度印象深刻。然而苏联的坦克乘员训练水平不足，不能很好地运用他们的坦克。巴尔斯说他的敌人只会像一群公猪一样埋头往前冲，这个说法还是很贴切的。从战术角度看来，这一次战斗中，苏军对坦克的运用水平可谓惨不忍睹。

这一次，德军已经早已不是初次遭遇苏联的重型坦克了。早在战争开始的第一周，德国坦克就曾和KV重型坦克交战，它的装甲就和T–34一样显得坚不可摧。德军也曾在很多的战斗中遇到过T–34，这对于巴尔斯来说也不是头一遭。虽然在性能上占有优势，但装备了T–34和KV的苏军部队很少能取得什么胜利，这可能要归罪于指挥拙劣和训练不足，而这两个因素一定程度上又是因为很多苏军部队都是匆匆组建起来，用来弥补苏军之前的惨重损失的。组建匆忙也并不是战斗力低下的唯一的理由，战前组建的苏军部队表现也同样糟糕。据一位叫作阿列克谢·博德纳尔（Aleksandr Bodnar）的坦克兵中尉回忆，在战时就连军官都没接受过多长时间的训练：

10月份，在军校里训练了18个月之后，我就被任命为中尉，而规定的学习时间却是24个月。我被派到正在弗拉基米尔（Vladimr）组建的坦克第20旅那里。我们只有一个星期的时间来完成组建工作，10月1日我们的部队开始组建，到10月9日就被装上火车，运到莫斯科地区去了。[45]

这个坦克旅接收了属于自己的坦克，并在10月11日时抵达博罗季诺（Borodino）。一开始，它被留作预备队，但很快就投入了战斗。六周之内，博德纳尔经历了激烈的战斗，他的部队在此期间损失惨重。博德纳尔这种被快速提拔的军官并不是个例，在战前，一位坦克军官要接受24个月的培训才可以获得中尉军衔，但在战争期间，课程就被压缩到了18个月，这点时间根本就不够掌握包括维修保养在内的所有坦克作战知识。

坦克的驾驶员可以在坦克生产厂那里的训练营接受为期三个月的训练，而装填手和机电员只需要接受一个月的训练。在被送上前线之前，坦克乘员需要进行50公里的行驶训练，一些相当简单的战术熟悉，还有几次实弹射击。和新坦克一起来到前线的乘员组可能会被拆开，让老兵来担当车长和驾驶员的职责，在这种情况下，那些新手车长和驾驶员常常会回到工厂去接收另一辆坦克。[46]

在另外一些情况下，例如像博德纳尔所经历过的那样，那些新手乘员组可能会被分配到完全新建的部队里面去。在战争的这个阶段，很多坦克旅都是利用解散的机械化军留下的基干人员组建的。在姆岑斯克作战的米哈伊尔·卡图科夫上校的坦克第4旅就是这样的一个例子。乌克兰战役期间，卡图科夫还在指挥坦克第20师，那时，这个师还是罗科索夫斯基的机械化军的一个组成单位。在8月行将结束之时，马上就要过41岁生日的卡图科夫被召回总汽车装甲坦克兵局来接受新的安排，费多连科少将接待了他，这两个人已经是老相识了，30年代末，他们都在基辅军区工作。卡图科夫不可避免地注意到，经过几个月的战事之后，费多连科看起来老了许多，而且还变瘦了。

"长话短说吧，卡图科夫。"费多连科在寒暄几句之后说道，"你就要去指挥坦克第4旅了。"

"就一个旅啊？"

"没错，就是一个旅，现在工厂都在往东搬迁，坦克产量下降，机械化军和坦克师都要被解散了。我们没有那么多的坦克来维持那么大规模的部队，所以上级决定要建立坦克旅。"[47]

此时，卡图科夫的新建坦克旅还不存在，费多连科让他自己去建立这个旅并做好作战准备，这一工作将在拥有大型坦克生产厂的斯大林格勒进行。[48]卡图科夫出发前往斯大林格勒，天空中阳光灿烂，而公园中绿荫遍布，伏尔加河之上的航船汽笛鸣响。除了医院那被涂上油漆的窗户之外，竟看不出什么战火正在如火如荼的迹象。卡图科夫就这样静静地开始了建立一个能经得起战火考验的坦克旅的艰难任务。

* * *

德军第258步兵师和第20装甲师在10月13—14日之间进行的战斗，相比"台风"行动第一周的那种大范围的战斗更加局限在小范围内。这两个师所在的地方，正是德军离莫斯科最近的地方。它们从西南方向发动攻击，可以被认为是德军向苏联首都进攻时候的右翼部队。

现在还不能确定由哪些德军部队担任左翼，最实际的选择应该是第10装甲师和武装党卫队"帝国"师（Waffen-SS Division "Das Reich"），它们正沿着维亚济马和莫斯科之间的公路行进，这两个师的各级指挥系统都在紧密合作。10月13日，"帝国"师的步兵搭乘着第10装甲师的坦克一道向东进攻。[49]

武装党卫队和常规军队经常会被说成是竞争对手的关系，某种程度上的确如此，但矛盾主要集中在高级指挥官这一层面，双方士兵在战场上经常展开合作。事实上，早在战争打响的第一天，第10装甲师的装甲单位——第7装甲团就曾经和后来成为武装党卫队一部分的某些单位展开过合作。[50]

10月14日早上7:45，第7装甲团的第2营载着"帝国"师的官兵一起出发，一路上只遇到了微弱抵抗，一直打到了科洛索科耶（Koloskoe），他们在那里接到命令停下休息，并派出一个连对通向格洛夫基（Golovini）的道路进行侦察，德军的侦察机在那里发现了苏军阵地。在侦察部队提供的信息的帮助下，德军坦克和步兵攻破了苏军阵地。[51]

战斗持续时间不长，但却比较吃力。团长在战斗结束之后命令装甲营营长再向往北25公里的一个地方派出侦察部队。这个任务没费多少事就完成了，但到了下午4点，这个装甲营被召回装甲团，之后他们转而向西，去接受新的任务。[52]

＊　＊　＊

苏军指挥官们在努力建立莫扎伊斯克防线，但在如此之短的时间内，他们没有办法克服最大的一个问题——苏军部队糟糕的训练水平，这将严重降低苏军在德军发动一场决定性的进攻时，能够成功守住莫扎伊斯克防线的概率。

第4集团军和第4装甲集群的位置比其他任何德军部队都更适合用来发动针对莫扎伊斯克防线的进攻。第258步兵师、第20装甲师、党卫队"帝国"师和第10装甲师的战斗，是德军为打破莫扎伊斯克防线所做计划的一部分，然而德军这时候并不清楚还存在这么一条防线，他们只是单纯地冲着莫斯科攻过去，如果有苏联防线挡住去路，就必须攻破它。

10月13日，第4装甲集群报告称其序列内大部分部队都已经为新任务做好准备。正如我们之前所见的那样，第10装甲师在10月13日向莫斯科方向发动进攻，但道路泥泞这个此时已经众所皆知的难题，使得这个师没能马上就打破莫扎伊斯克防线，直奔莫斯科而去。[53]

晚上的霜冻会让路面冻结起来，但到了白天还是会化成烂泥一摊。第4装甲集群指挥部在10月13日向格扎茨克调动时就领教了泥泞究竟有何等影响——在通常情况下，75公里的路程只需要几小时，但泥泞的道路严重耽误了行程，这个指挥部花了12小时才移动到目的地。[54]

烂泥不只会拖慢个别车辆的车速。随着车辆减慢速度，它们在任何路段都会消耗比之前更多的时间，同时让估算部队到底要多久才能完成调动的工作变得难上加难。这些因素使得交通管理工作更加难以实施，又进一步导致调动所需的时间被拉长。地区指挥官经常会因此濒临崩溃，并会尝试使用上级指定的道路以外的一些路径。第4装甲集群投诉第9集团军的单位侵占了自己防区之内的重要道路，不过值得注意的是，这个装甲集群也告诉自己的部队"必要的时候可以越界"[55]。

德军将要用于进攻莫斯科的那些部队所面临的现状对其影响并不算大，因为它们还不能马上就开始行动。大多数的部队还没在战斗中遭受明显的损失，第11装甲师可能是一个例外，但它的情况也不是特别糟糕。很明显，第4装甲集群掌握着足以支持进攻的资源，但糟糕的路况阻碍了他们东进的步伐。[56]

虽然存在着一些不利状况，但德军还是在十月份的第三周利用第4集团军和第4装甲集群发动了进攻，虽然只是在局部发力，但第4集团军的进攻依然极其重要。在这个阶段，第57装甲军被从第4装甲集群调拨给第4集团军，赋予了第4集团军更强的攻击力和机动能力，不过，路上的泥巴还是和上一周同样黏滑，依然会阻滞部队行动。[57]

晚上的气温明显低了下来，让德军感到了寒意，就像约瑟夫·施密特下士（Josef Schmidt）在他的信中所写的那样。他没等把这封信寄出去就被苏军抓了俘虏，信上写着：

"寒冷已经来袭，在老家不到一月份是不会冷成这样的，可现在才是十月中旬啊。那等到冬天会冷成什么样子呢？我觉得我们熬不过苏联的严冬……"[58]

10月13到19日期间，以第57装甲军为代表的第4集团军部队针对包括莫扎伊斯克和小雅罗斯拉韦茨在内的莫扎伊斯克防线中段发动了几次卓有成效的进攻。天气条件不利，路面化冻，无法将大量弹药送到前线部队，导致炮兵弹药出现短缺。泥泞的路面也妨碍了进攻部队机动性发挥。虽然受这些条件制约，德军还是在小雅罗斯拉韦茨的这段莫扎伊斯克防线上面撕开了大窟窿。在更往北的第4装甲集群进攻地带，德军也沿着维亚济马到莫斯科的道路突破了莫扎伊斯克防线，因为苏联援军赶到了这一带，所以这里的战斗较为激烈，一连持续数天。

在10月11日傍晚，迪米特里·列柳申科少将在近卫步兵第1军的军官陪同下来到莫扎伊斯克地区，来接手这里的第5集团军。谢苗·波格丹诺夫上校（Semen Bogdanov）迎接了他们，这名开朗的军官和列柳申科一样都是坦克部队出身。在战争爆发之时，波格丹诺夫还在指挥坦克第30师。当时他发现自己正在和古德里安指挥的装甲集群对阵，他的师有211辆坦克，但全都是T–26轻型坦克，不能和德军坦克相提并论。这个师在7月份解散，波格丹诺夫在此之后负责指挥莫斯科军区的装甲部队，直到他被派往莫扎伊斯克。

在列柳申科的主防线上部署着步兵第32师，这支部队是从远东调到莫扎伊斯克地区的。它的历史可以追溯至1922年，还保持着战前的组织结构，共有15000余名官兵。最重要的是，该师官兵曾经在远东参加过对日作战，作战中共有大约1700名官兵获得勋章。[59]

在莫扎伊斯克之战期间，第50集团军共有4个坦克旅，共计有244辆坦克可以投入作战，其中一半是T–34坦克。因此，仅在这一地区T–34坦克数量就已经超过了10月2日时科涅夫西方面军拥有的T–34坦克总和。其中的坦克第18和第19旅于10月9—10日间到达，被用来阻挡从格扎茨克向莫扎伊斯克方向运动的德军。14日时这两个旅成为莫扎伊斯克的第一道防线，苏军希望这两个坦克旅可以在德国40装甲军打到由步兵第32师据守的、列柳申科位于博罗季诺的主防线之前，拖慢德军的进攻节奏。防线侧翼则由一个摩托车团和若干民兵部队掩护。这一地区还有4个反坦克炮团，其中3个被配属给步兵第32师，第四个则被部署于莫扎伊斯克防线上面。预备队则由坦克第20旅和一个反坦克炮团组成。[60]

接下来就是一场苦战。德军逐渐逼近莫扎伊斯克，但10月14日对于党卫队"帝国"师而言不是一个好日子。该师指挥官保罗·豪塞尔将军（Paul Hausser）紧跟着从前出阵地出发的进攻部队。苏联坦克打出的炮弹在四周纷纷开花，党卫队上尉埃里希·文迪希（Erich Windish）在将军负伤时就在他旁边："将军突然用手掌捂住右眼，我们都吓坏了，马上就冲过去救他。"将军的右脸这次伤得不轻，在经过急救处置之后，他被费斯勒"鹳"式联络机送往后方。[61]

战斗还在继续，德国坦克在10月16日打到了第50集团军司令部，参谋们被迫卷入肉搏战。与此同时，列柳申科预备队中的坦克旅也开上了战场。列柳申科本人在战斗中受了重伤，失去意识。他后来在回忆录中提到，在他醒来时，有人告诉他防线还没有失守，他觉得"从来没有像这一刻那样高兴过"[62]。

列柳申科在10月18日晚上被送往后方，住进了莫斯科以东400公里处高尔基市的一家医院。44岁的列昂尼德·戈沃罗夫中将接替他指挥第50集团军。他是炮兵出身，从8月起一直在指挥预备队方面军的炮兵部队，直到这个方面军在10月解散为止。就在这一天，党卫队"帝国"师和第10装甲师联手攻陷了莫扎伊斯克。第50集团军为了夺回莫扎伊斯克，使用了包括坦克、火炮和火箭炮在内的部队发动了几次反攻。第40装甲军指挥官格奥尔格·施图姆将军（Georg Stumme）向第4装甲集群报告称，如果不把第5装甲师加强给他，那就无法继续发动进攻。[63]

第4装甲集群一开始没有痛快地把第5装甲师派给施图姆的装甲军，而是计划将其放在更往北一些，位于进攻重点的第46装甲军那里。不过，第5装甲师还是在10月19日傍晚出现在了施图姆的前线，击退了戈沃罗夫组织的几次反攻。参战双方都蒙受了惨重损失，党卫队"德意志"步兵团每个连只剩下30—100人不等，不过需要注意的一点是，这个部队早在莫扎伊斯克之战之前实力就已经大为折损。在它建制内的五个步兵连中，已经没有一位军官还能履行指挥职责。[64]

苏军高层本来指望在莫扎伊斯克防线挡住德军，他们的希望化为了泡影。莫斯科现在看来还真有可能没救了，直到后来苏联人才明白过来，德国人不得不停在他们达成突破的地方。德国人现在即便拼尽全力，也无法克服后勤问题，冯·博克元帅虽然很不情愿，但也不得不接受自己在行动之前的担忧已经成真的事实。在经历了开头的巨大成功之后，攻势现已深陷泥潭。[65]

德国士兵和前线军官都已经明白过来，攻占莫斯科的机会可能要溜走了。在地面结冻到足以支撑车辆通过之后，他们或许还会有另外一次机会，但谁都不知道，究竟什么时候才会结冰。

苏联的决策者们还没有发现德国人正在努力克服的后勤问题已经严重到了何等程度。当然，像朱可夫这样的将军肯定对此洞若观火，他们也怀疑泥泞已经严重影响了德国继续推进攻势，但他也不敢做出威胁已经暂时解除这样的假设。相反的是，朱可夫还必须要继续玩命工作，来把莫斯科以西的防御工作重新组织起来。

除了大本营之外，没几个人对形势的了解程度能和朱可夫相提并论——即使是那些国家机关的代表们都没有他知道得多。莫斯科的市民也不太知道前线究竟发生了什么，不过关于10月初大溃败的消息还是渐渐地泄露了出去。各种各样的谣言和真相混杂在一起，在这样的特殊情况下，真实的信息看起来就是一种大凶之兆，这导致在德军打破了莫扎伊斯克防线之后，莫斯科城内发生了很多令人难忘的事情。

朱可夫在报告中提及了前线可用的部队情况，还有莫扎伊斯克防线已在多处被攻破，卡卢加在10月13日已经丢失的事实，这份报告引发了要不要把莫斯科疏散一空的讨论，这里的防御可能坚持不住——所有的苏联领导人都知道那段历史，在1812年，拿破仑和库图佐夫在博罗季诺大战，一礼拜之后的9月7日，拿破仑的大军列队走进了莫斯科。苏联高层下令，做好疏散莫斯科和摧毁重要设施的准备，不过这也不是什么新鲜事了，其实自打战争开始，莫斯科城里的人就一直在向外疏散，随着前线离首都越来越近，疏散的工作也越来越加紧了。疏散出去的不只有妇女儿童，还有工厂连同工人一起搬迁到了乌拉尔。这么大规模的疏散行动非常复杂、困难。一列列火车把士兵和装备送上前线，再把重要的设备送往东方。当疏散出来的男人、妇女和孩子们到达目的地的时候，住处和工厂未必会已经准备妥当。著名作曲家德米特里·肖斯塔科维奇（Dmitri Shostakovich）于10月1日从列宁格勒疏散到莫斯科，但到了10月16日就不得不再次上路，这次的目标是古比雪夫（Kuybyshev）。在那里，作曲家和家人只得和其他14个人一起睡在教室的地板上，过了一阵子，上面分给了肖斯塔科维奇一家一个里面放有大钢琴的房间。[66]

外交使节们和作为政府代表的莫洛托夫也被送到了古比雪夫。内务人民委员部总部也开始往古比雪夫搬迁，但贝利亚还留在莫斯科。在10月16日，之前在1937年6月的大清洗中丧生的伊耶罗尼姆·乌博列维奇将军（Yeromin Uborevich）以及米哈伊尔·图哈切夫斯基元帅（mikhail tukhachevskiy）的遗孀，尼娜·乌博列维奇（Nina Uborevich）和尼娜·图哈切夫斯卡娅（Nina tukhachevskaya）遭到处决。贝利亚继续下令处决更多的人，他一开始允许把一些重要的犯人押送到古比雪夫，但后来他转变了想法，派出刽子手在10月结束之前处决了一部分犯人。[67]

沙波什尼科夫总参谋长和总参谋部的一部分工作人员在10月16日得到命令离开莫斯科，这座城市可能会和列宁格勒一样惨遭包围。华西列夫斯基负责领导总参谋部继续留在莫斯科的那一部分。就在这前途未卜的状况下，华西列夫斯基跑到斯大林那里，问他能不能让自己去火车站给自己的沙波什尼科夫老师送行，斯大林没有让他去，他需要华西列夫斯基在总参谋部坐镇。[68]

　　不安在莫斯科蔓延，《真理报》在10月13日报道维亚济马已经失陷，两天之后又登载了德军已经逼近莫斯科的消息，造成了更严重的动荡。那些有能力的人开始动身往东逃跑。新的犯罪形式开始抬头，例如针对东去的机动车辆实施的暴力抢劫，很多人利用这个机会来洗劫金钱和贵重物品。在商店排队的人也能打起来，每个人都意识到食物和其他商品都会变得稀少。警察对此根本不加干预，他们的理由是上面没有对此下达指示。[69]

　　斯大林也在考虑离开莫斯科吗？据他的亲信之一，阿纳斯塔斯·米高扬（Anastas Mikoyan）所讲，斯大林在10月15日说过，政治局应该在当天离开莫斯科，而他自己在第二天也会离开。这有可能只是他们的闲聊，斯大林通晓历史，列宁格勒曾是沙皇时期的首都，但在布尔什维克夺权后，布尔什维克党人将莫斯科又变成了国家的中心，那么，他这位伟大的领导人，应不应该放弃布尔什维克的首都呢？[70]

　　斯大林曾经经历过混乱和困难并存的时光，那时候全世界似乎都团结起来和布尔什维克政权作对。这一次，他们有了强有力的盟友，根据《租借法案》提供的武器、弹药和装备已经开始交付，新的苏联部队也正在组建。

　　到了这时候，斯大林还没有表明自己的立场，他的很多幕僚都劝说他做好撤退的准备，随着德军离莫斯科越来越近，他们的信念也开始动摇。但在10月16日，斯大林宣布他将和莫斯科同在，大家的心态也为之改变。亚历山大·谢尔巴科夫（Aleksandr Shcherbakov）在10月17日发表了旨在恢复治安和秩序的讲话，但还是有骚乱事件继续出现。10月20日，莫斯科开始戒严，这回再也没人怀疑斯大林的立场了，他将继续待在莫斯科，而莫斯科将战至最后一发子弹。[71]

莫斯科——斯大林的权力中心

　　莫斯科不仅仅是苏联的政治中心，它还扮演着许多其他的重要角色。这里是通信网络的枢纽，也是很多铁路的交汇之处。伏尔加运河赋予了莫斯科内河航运方面的重要地位，苏联国内有很多可以通航的河流，所以内河航运就显得非常重要。莫斯科也是很多重要工厂的所在地，1940年，苏联生产的汽车中差不多有一半是在莫斯科组装完成的，莫斯科同时还包揽了差不多一半的制造业机床生产份额，大概有40%的电力设备也是在莫斯科生产的。475家大企业集中在首都地区，其中的一些在7月份向东搬迁，但直到10月份，搬迁企业的工作才开始加紧进行。在10月、11月两个月，差不多有21万名工人连同企业一起迁往东部地区。[72]

1927年，莫斯科的人口还只有200万，到了30年代，这里的人口急剧膨胀，到1940年年底时，莫斯科人口已达430万。1935年时，第一条地铁线路开始运行。[73]

对莫斯科市民的疏散工作在德国入侵苏联之后就开始了，到7月26日已经疏散130万余人，之后苏联当局仍在以相同的速度继续疏散群众。截至9月10日，共有220万人被疏散出来。从莫斯科疏散出来的人们并不全是战前的莫斯科居民，从苏联西部逃出的难民也在首都集中起来，所以，虽然进行了疏散工作，但在9月时城里仍然还有420万人。1941年大约有80万名莫斯科市民被送上前线，这多少抵消了一部分人口增长。10月，被疏散的人数开始超过来到莫斯科的人数，到这一年结束的时候，莫斯科城里只剩下210万人。[74]

莫斯科城里还有一系列苏联的标志性建筑，例如列宁墓，这里停放着经过防腐处理的苏联开国领导人的遗体。列宁是不能落到敌人手里的，也不可以加以摧毁，如果当局没能保住列宁的遗体，那么当局的执政合法性将不可避免地受到影响。苏联当局在6月末决定转移列宁遗体，并在7月将其转移至西伯利亚的秋明市（Chumen），这里距离莫斯科有2144公里，转移行动并没有公开进行。一些工厂也搬迁到了秋明，那里是重要的铁路、公路和电话枢纽。[75]

1941年，莫斯科的医生数量从差不多1.6万名减少到了5000名。很多医生都被征召进了军队。7月17日，当局决定在城内实施配给制度，并在工作单位发放配给卡，儿童和其他人员的配给卡则从居委会领取。布料也开始按照配给供应，很多人从此不再轻易穿着他们最体面的衣服。[76]

莫斯科的消防系统在早些时候得以加强。城市里有很多木质建筑，德国的轰炸将会造成严重后果。战争开始之前，莫斯科的防空也被加强了，增添了许多高射炮和战斗机。但在战争爆发以后，更多的注意力被放在了市民防空上面，为此建造了很多防空洞，并对平民进行了相关训练。市民们学习如何处理燃烧弹，电影院在播放正片的同时也放映了教学片。7月中旬，防空专家们从伦敦赶来，分享他们在"闪电战"期间得到的知识。[77]

　　莫斯科以文化生活丰富著称，但现在却要发生变化了。斯大林在10月13日下令让四个最负盛名的剧院撤离莫斯科，分别疏散至古比雪夫、萨拉托夫、高尔基和鄂木斯克（Omsk）。为此动用了43节客车车皮和35节货运车厢。[78]

　　莫斯科的顶级建筑师们拟定计划，设法对广场、道路和建筑实施伪装，好让德军机组难以发现目标。除此之外，还在离城市有些距离的无人居住地区建造了假的工厂。在战前，莫斯科的夜生活非常繁荣，酒吧和俱乐部要一直营业到晚上两点，但德国轰炸机造成的威胁迫使当局实施灯火管制，晚上就不再灯火通明了。[79]

注释

1. 蒂斯，《中央集团军群在东线战争：陆军总参谋部作战处的大幅态势地图集》，第96页。

2. 同上。

3. 伦杜利克，《帝国倾覆时的战士》，第271—271页。

4. 罗尔夫·施托弗斯，《第1装甲师1935—1945》，第257页。

5. 同上。

6. 同上。

7. 德拉贡斯基，《坦克里的岁月》，第74—76页。步兵第242师的实力情况请见《莫斯科会战：编年史，真相，重要人物，单卷本》，第302页。

8. 德军装甲师的组织结构和装备情况请见利·涅霍斯特尔的《二战德国编制丛书》第三卷第一册。

9. 施托弗斯，《第1装甲师1935—1945》，第257页。

10. 同上。

11. 同上。

12. 同上。

146

13. 同上。

14. 同上。

15. 同上。

16. 同上。

17. 同上。

18. 同上。

19. 同上。

20. 同上。

21. 朱可夫，《回忆与思考》第二卷，第199—200、206页。

22.《伟大卫国战争军事历史资料集，第7册》，第16—18页。加利耶夫，西蒙诺夫，《1941—1945年的胜利将帅》，第260—261页。Tsamo: fond 213，oP2002，delo 31，list 1‑3.—加里宁方面军1941年10月。

23. 加里宁方面军1941年10月17日的战斗序列请见附录16。两个方面军的边界划分记载在如下资料内，《俄罗斯档案，伟大卫国战争，第16册（5—1）：最高统帅部大本营档案集》，第248页。

24. 蒂斯，《中央集团军群在东线战争：陆军总参谋部作战处的大幅态势地图集》，第96页。

25. 同上；《第258步兵师师史，第2卷》，第96—115页。

26.《国防军第258步兵师师史第2册》，第115页。

27. 同上。

28. 同上。

29. 同上。

30. 同上。

31. 同上。

32. 同上。

33. 同上。

34. 蒂斯，《中央集团军群在东线战争：陆军总参谋部作战处的大幅态势地图集》，第98页。

35. 同上；《第21装甲团在东线战事中 1941—1945》，BA-MA RH 39/562。

36.《第21装甲团在东线 1941—1945》，BA-MA RH 39/562。

37. 同上。

38. 同上。

39. 同上。

40. 同上。

41. 同上。

42. 同上。

43. 同上。

44. 同上。

45. 阿尔捷姆·德拉布金，奥列格·舍列梅特，《战斗中的T-34》，第45—47页。

46. 同上，第5—10页。

47. 卡图科夫，《主要突击的矛头》，第17—18页。

48. 同上，第19—20页。

49. 蒂斯，《中央集团军群在东线战争：陆军总参谋部作战处的大幅态势地图集》，第98页。第7装甲团战争日志，BA-MA RH 39/99。

50. 第7装甲团在1939年波兰战役时曾是所谓的"肯普夫装甲支队"（Panzerverband Kempf）的一部分，这一临时分队还包括一些党卫队单位，见M. 斯梅德伯格与泽特林合著，《二战爆发前夕》，第110页，以及泽特林的《闪电战1939—1941》，第50页。

51. 第7装甲团战争日志，BA-MA RH 39/99。

52. 第7装甲团战争日志，BA-MA RH 39/99。

53. 第4装甲集群作战处战争日志，1941年10月13日，NARA T313，R340，F8622700ff。

54. 同上

55. 第4装甲集群作战处战争日志，1941年10月14日，NARA T313，R340，F8622706ff。

56. 第4装甲集群作战处战争日志，1941年10月14—15日，NARA T313，R340，F8622706-10。关于第11装甲师的实力反馈可见于BA-MA RH 27-11/24，Bl. 86ff。

57. 第4装甲集群作战处战争日志，1941年10月14—15日，NARA T313，R340，F8622706-10；《第4集团军对苏作战首年战史 1941年6月22日—1942年6月22日》，BA-MA RH20-4/1158；蒂斯，《中央集团军群在东线战争：陆军总参谋部作战处的大幅态势地图集》，第98页。

58. 《莫斯科会战：编年史，真相，重要人物，单卷本》，第333页。

59. N. I. 克留洛夫，N. I. 阿列克谢耶夫，I. G. 德拉甘，《向着胜利：第5集团军的作战历程》，第10—11页。有关波格丹诺夫的更多细节请见理查德·阿姆斯特朗，《苏联红军坦克指挥员：装甲近卫军》，第104—112页。

60. 科洛米耶茨，《莫斯科战役：1941年9月30日—12月5日》，第20—25、32页。N. I. 克留洛夫，N. I. 阿列克谢耶夫，《向着胜利：第5集团军的作战历程》，第10—11页。伊利亚·莫斯特扬斯基，《莫斯科战役中的坦克T-34/76和T-34/57》，第69—70页。

61. 奥托·维丁格，《"帝国"师师史第三卷1941—1943》，第136页。

62. 列柳申科，《莫斯科—斯大林格勒—柏林—布拉格》，第37—39页。

63. 关于第40装甲军，请参阅第4装甲集群作战处战争日志，1941年10月19日，NARA T313，R340，F8622719。关于戈沃罗夫，请见加利耶夫，西蒙诺夫，《1941—1945年的胜利将帅》，第83—86页。

64. 关于第5装甲师，请见第4装甲集群作战处战争日志，1941年10月19日，NARA T313，R340，F8622719ff。关于党卫队"帝国"师，请见维丁格《"帝国"师师史第三卷1941—1943》，第164—165页。

65. 冯·博克在10月21日的日记中提到"苏联人给我们造成的妨碍比雨水和泥巴要小得多。"（出自冯·博克，《战争日记1939—1945》），他对当时情况的这番描述和部队的战争日志以及形势报告都是可以对应的。

66. 关于肖斯塔科维奇的经历，请见罗德里克·布雷斯韦特，《莫斯科1941：战火中的城市和人民》，第271—273页。

67. 关于莫斯科疏散工作，详见萨姆索诺夫，《莫斯科1941：从失败的悲剧到最终胜利》，第111—112页。关于贝利亚，请见布雷斯韦特，《莫斯科1941：战火中的城市和人民》，第258—259页。

68. 华西列夫斯基，《毕生的事业》，第156页。

69. G. V. 安德烈耶夫斯基，《斯大林时代的莫斯科日常生活》，第142—145页。

70. 关于米高扬，请见萨姆索诺夫，《莫斯科1941：从失败的悲剧到最终胜利》，第109页。

71. 西蒙·蒙蒂菲奥里，《斯大林——红色沙皇的宫廷》，第400—404页；V. P. 普罗宁，《莫斯科会战》，第461页。指示全文可见于萨姆索诺夫，《莫斯科1941：从失败的悲剧到最终胜利》，第115页。

72. 有关工业的内容请见布雷斯韦特，《莫斯科1941：战火中的城市和人民》，第22页；有关于疏散的内容请见《战争中的莫斯科1941—1945》，第10页；航空器生产情况请见萨姆索诺夫，《莫斯科1941：从失败的悲剧到最终胜利》，第51页；莫斯科运河在西顿，《莫斯科会战：1941—1942》，第121页中有过相关讨论。

73. 布雷斯韦特，《莫斯科1941：战火中的城市和人民》，第24、29页。

74. 《战争中的莫斯科1941—1945》，第14—16页；《最伟大的战争》，第168页。

75. 布雷斯韦特，《莫斯科1941：战火中的城市和人民》，第94—95页。

76. 《战争中的莫斯科1941—1945》，第17页。

77. 《战争中的莫斯科1941—1945》，第184—188页；《二战中的莫斯科》，第54—56、74—80页。

78. 克里斯·贝拉米，《绝对战争：二战中的苏联》，第288页。

79. 《二战中的莫斯科》，第56、80页。

第十一章
图拉之路

德军步兵单位已经鏖战数月，人员和装备都出现了一定损失。战斗还在日复一日地进行，他们没有时间停下来休息和恢复实力

第4装甲集群和第4集团军已对莫斯科形成了直接威胁，他们离莫斯科只有60公里了。在更往南的地方，古德里安的第2装甲集团军还要再推进200公里才能到达莫斯科的郊区。

10月6—7日间，德国人只是漫不经心地从奥廖尔向着图拉打了一阵子，之后的一段时间内，古德里安在忙着封闭布良斯克的包围圈，糟糕的天气让德国人别无选择。古德里安让第4装甲师继续留在奥廖尔—姆岑斯克一带，第3装甲师也要很快在那里加入他们的行列。[1]

保罗-海因茨·弗莱明在第3摩托化步兵团的第11连服役，隶属于第3装甲师。第11连是一个重武器连，拥有15厘米重型步兵炮，这种步兵炮的射程要比一般的榴弹炮近得多，但也明显要轻，这在天气不佳的时候是一个优势，但也完全谈不上可以在泥泞之中轻松地移动它。

10月6日，驻守在克罗梅以南的第11连接到命令开拔，他们刚一做好上路的准备，雨就下起来了。谁都说不好这雨到底要下多久，但不管如何，连队还是要上路。路况比他们所设想的要好一些，一阵强劲的东风吹走了积雨云，雨下到了别的地方。但东风带来了一个令人不舒服的伙伴——那就是寒冷，摩托车兵们最先感到了寒意。没过多久，路面就结了冰，变得很滑，有一条100多米的上坡道，因为实在太滑了，弗莱明他们全都上不去，只得驾车离开公路在野地里爬坡，那里不像路上那么滑，他们就这样费力地把车辆都慢慢开了上去。[2]

在越过这道难以逾越的山坡之后，第11连的士兵们又面临着另一次来自老天的挑战。天降大雪，车辆即便是在平地上行驶都非常困难，刚脱困的车辆经常走出还不到25米就又陷进了雪里。整个连费尽力气挣扎向前，到晚上九点才最终到达克罗梅。克罗梅还在奥廖尔的南边，这意味着他们还有好长的一段路要走。[3]

在晚上，官兵们并没有太多的睡眠时间，他们在凌晨4点就被叫了起来，没过多久就要继续行军。路况毫无改善，而通向奥廖尔的公路上拥挤着大量部队，更使得路况雪上加霜。一些车辆已经快要没油了，但谁都不知道还得磨蹭多久才能到地方。奥廖尔和克罗梅之间只有40公里，在天气好的时候，像弗莱明他们这样的摩托化连只需两个小时就能走完这段路程。不过，10月7日的情况实在太过糟糕，第11连的官兵们忙活了一整天，弄得一身泥巴，到傍晚才抵达奥廖尔。[4]

到了奥廖尔之后，士兵们终于可以吃饭、洗澡，还可以住进房子里舒服过夜——已经同老天斗争多日的士兵们该是多么高兴啊。弗莱明和他的战友们可以在奥廖尔停留数日，来进行休整和保养车辆。弗莱明非常高兴可以在室内工作，正如平常一样，从周一到周六全都是工作日，而在10月12日星期天的时候，弗莱明喜出望外地得到了一天假期。[5]

除了休假之外，弗莱明在10月12日这天还有一个惊喜，他的连长康姆贝格中尉（Comberg）告诉他，他即将被调到第2排担任士官职务，并在经验足够丰富之后成为炮长。[6]在战斗进行期间，这样的人事调动并不罕见，相反，为了替补人员伤亡，这样的提拔就显得更为关键。连长必须要保证在军官们死亡或受伤之后有合适的人来接替他们留下的位置。

10月13日，第11连离开了奥廖尔，向北前往位于第4装甲师左翼的博尔霍夫（Bolkhov），在这一路上，路面要相对坚实一些，虽能通行，但却相当颠簸。这个连被苏联守军阻拦在博尔霍夫北边，德军开始进行迂回，弗莱明和战友们又一次把车开进野地里面。地面会在晚上冻结，但白天升温之后就又是一片泥塘。弗莱明一开始坐在摩托车上，弄得满身泥巴，没过多久他又改乘汽车，但这却是个糟糕的决定，因为汽车也陷进了积水的弹坑里。弗莱明和其他战友找来了稻草垫在车轮下，使出吃奶的劲儿把车子往前推，但地上的泥巴就是不肯罢休。[7]

很多车辆都遭遇了同样的命运，士兵们只能放弃，纷纷开始找地方过夜。下午六点，他们到达了一座名叫卡兰达科夫（Karandakov）的小村庄。弗莱明对这个村子的印象并不好，但屋里还算温暖，尽管外面很冷，大家还是睡了个好觉。弗莱明在早上发现，经过了一夜，地面已经冻结，他还听到了远处的炮声，他认为这是第4装甲师正在作战。后来他又看见苏联飞机从村子上面掠过，但飞行员并没看到地上的德国人，接下来的几天双方一直相安无事。这个排就这么困在了卡兰达科夫，弗莱明只得连着好几天变着法做土豆吃。[8]

弗莱明他们之所以会停滞在小村里面，是德军行动的大背景导致的，第3装甲师起初在第4装甲师的南边行进，但第4装甲师取得的成果导致德军高层决定将第3装甲师往北调动。他们的行军路线因此必须更改，发生在西边的一些事情对第3装甲师也造成了一定影响。10月7日，中央集团军群将图拉定为第2装甲集团军的下一个进攻目标，但古德里安拒绝执行，他的理由是糟糕的路况和燃油短缺不足以支持对图拉发动进攻。他想把精力集中于不是那么远期的任务上来，例如完成对布良斯克方面军的合围行动。虽然第3和第4装甲师已经是第2装甲集团军中推进得最远的部队了，但它们目前还在合围地点东边很远的地方，行动陷入僵局，近期的这些事情让弗莱明和战友们可以消停几天。[9]

燃料不足、道路泥泞以及布良斯克的合围战亟待完成，这些都是德军不能继续向图拉进军的理由，但除此之外还有一些其他的因素。10月8日，古德里安乘飞机前往奥廖尔，与第24装甲军的指挥官们见面，第4装甲师的师长也在其中。在会上，大家的很多注意力都放在了如何对付突如其来的苏军重型坦克上面——例如在姆岑斯克那次，德国的坦克炮和反坦克炮对这些重型坦克的作用实在有限，德军只得依靠8.8厘米高射炮和10厘米加农炮来摧毁它们，这两种火炮的初速很高，即使在远距离也能击毁T-34坦克，但它们的数量却比较有限，而且它们专用的穿甲弹供应也很紧张。古德里安和装甲军的指挥官们都主张要等到这两种火炮凑够数量，且弹药供应充足之后再继续发动攻势。然而，考虑到目前的路况，这在短期内是无法实现的。[10]

10月9日，第4装甲师继续向姆岑斯克发动进攻，但没有发挥出什么决定性的作用。该师的先头部队在前进到离姆岑斯克还有10公里的时候被苏联的坦克部队所阻。在同一天，第3装甲师收到命令，从西边进攻姆岑斯克。后来，位于奥廖尔东北方向的第4装甲师先头部队终于收到了送上来的燃料，该师在10月10日占领了姆岑斯克。[11]

虽然送上来了一些燃料，但燃料补给情况依然不稳定。德方希望可以依靠布良斯克到奥廖尔的铁路线来给第2装甲集团军输送弹药、燃料、食物、冬用物资和其他的各类补给品，但这条铁路线预计在20日之前还不能使用。与此同时，姆岑斯克一带的战斗还在进行，第4装甲师还不能牢固地控制住这座城市，苏军进行了反攻，两军在姆岑斯克的北部外围发生了激战。路况还是在每况愈下，地面到现在都没有冻硬，雪花在落到地面之后全都融化了，让道路几乎无法通行。尽管如此，第4装甲师还是在10月12日时拼命守住了姆岑斯克。[12]

姆岑斯克的战斗看来该结束了，坦克第4旅旅长卡图科夫上校在回忆录中表示，在那几天的战斗中，想要正确地认识形势是十分困难的。高级指挥人员常常无法协调部队，有时候他都不知道自己两翼的部队番号是什么。当卡图科夫的部队在10月10日撤过苏沙河（Susha）时，他吃惊地发现这里还有其他苏军部队在活动。很快他就搞清楚了，这是从南边的包围圈里设法逃出来的第13集团军的官兵。[13]

近卫步兵第1军的军长列柳申科少将被召回了莫斯科，这也是姆岑斯克地区的战斗即将偃旗息鼓的一个信号。阿列克谢·库尔金少将（Aleksey Kurkin）在10月10日时接手指挥了由近卫步兵第1军扩编而成的第26集团军。回到莫斯科之后，列柳申科见到了斯大林，沙波什尼科夫和莫洛托夫也在场。莫洛托夫瞪着列柳申科，问道："你为什么没把敌人撵出奥廖尔？"列柳申科的回答也是一肚子苦水，而斯大林一挥手打断了莫洛托夫。斯大林为列柳申科在姆岑斯克所做的努力向他道谢，并给他一个新任务。就像上次一样，还由沙波什尼科夫向列柳申科作简要的介绍。这一次列柳申科要接手的是新建立的第5集团军，没过多久他就出发前往莫扎伊斯克防线去了。[14]

*　*　*

中央集团军群在10月12日向第2装甲集团军发布新命令。第2装甲集团军和第2集团军都收到了新的任务，这意味着两者都需要横穿对方的交通线路。古德里安的部队将要从现有的位于中央集团军群南翼的战场出发向东北方向移动，与此同时，马克西米利安·冯·魏克斯上将的第2集团军则需要一直往东去，这次调动将会占用一段时间，这不只是因为他们正在对付包围圈里面的苏军部队，更是因为第2集团军目前位于合围部队中"错误的那边"。鉴于目前的情况，中央集团军群的这道命令只能作为远期目标来执行。[15]

第2装甲集团军10月13日的作战日志中记载道路过于泥泞，已经无法通行。在寒潮冻硬地面之前，什么样的行动都无法为胜利奠定基础。第4装甲师在姆岑斯克的防区看起来一片平静，集团军群10月7日时所透露出的，想要进攻图拉的打算，因为遍地泥泞的关系，到现在还只是个白日梦。此外，第3装甲师仍在往西的地方执行作战任务，但他们的作战任务和糟糕的路况相比只是不足挂齿的小事而已。现在完全没办法把继续进行攻势所需的物资送上前线。[16]

中央集团军群司令部在10月15日发给第2装甲集团军的电传电报中对形势进行了评估，并对未来的行动做出指导。司令部认为位于该集团军正面的苏军部队已被彻底打垮，余部正在往东方逃跑，至多只有能力在某一地区发动反攻。所以，他们给予第2装甲集团军从南边和东边切断莫斯科一带敌军的任务，同时需要占领图拉和卡希拉（Kashira）两座工业城市。[17]

来自集团军群司令部的指示促使第2装甲集团军将从姆岑斯克向图拉发动突破定为主要任务。当突破成功之后，古德里安的部队将在伏尔加河的支流——奥卡河（Oka）对岸建立桥头堡，也就是需要着眼于在梁赞（Ryazan）与谢尔普霍夫之间的地区占领一些渡口。正如往常一样，这一次的先锋还是由第24装甲军担当，机械损耗和战损已经导致很多坦克不能投入作战，他们的坦克将全部集中在埃贝巴赫战斗群之中。这一次攻势将于10月20日发动，如果事情出现了出人意料的进展，那么攻势的发动时间就要提前。[18]

在布良斯克和奥廖尔之间有一条合适的补给线路，奥廖尔和图拉之间也存在一条主要的公路。这样一来，第2装甲集团军的多数补给工作将仰赖于这么一条公路进行。此外，前锋部队和后续部队也需要使用这条公路向前推进。在路面泥泞的现状下，部队将会不可避免地形成拥堵，古德里安和他的幕僚们已经对此见怪不怪。他们没法改善路况，只能把公路分成若干区段，每个区段派驻专人负责。区段指挥官要负责维持交通顺畅，还要保证执行高优先级任务的部队可以优先通过。[19]

动用空军向前运输补给品要简单一些，因为从空军基地到铁路终点站之间的距离通常都不长。在这个泥泞的季节，空军所发挥的作用可能要比"巴巴罗萨"行动早期时候要大得多。第2航空队的司令凯塞林元帅在10月17日拜访第2装甲集团军，来一同探讨如何进行空中支援。他准备调集两个刚刚得到人员和装备补充的俯冲轰炸机大队，以及两个装备双引擎梅塞施密特BF-110驱逐机的驱逐机大队来支援第2装甲集团军。第2装甲集团军近期虽无大战，但手头的燃料和弹药储量却一直在下降，他们非常欢迎空军能够提供支援。[20]

10月18日，古德里安见到了第24装甲军的指挥官里奥·盖耶·冯·施韦彭堡将军，两人讨论了即将进行的攻势，将重点放在了估计敌军实力和揣测敌人意图上面。空中侦察显示，在姆岑斯克到图拉的公路两侧出现了大量的车辙，这表示可能已经有大量的苏联援军到来，并沿着公路占据了阵地。由此，可以预料苏军将会激烈抵抗，这可能会加速消耗德军宝贵的弹药储量。[21]

古德里安遇到了问题，但苏联的指挥官们也在更为难办的问题之中挣扎。布良斯克方面军已被德军的攻势切成数段，其北边的一部分（第50集团军）撤往图拉，中间的一段（大部分为第3集团军）还在试图往叶列茨（Elets）方向突围，南段部队（第13集团军和叶尔马科夫集群）则一路往库尔斯克方向缩回去。糟糕的天气使得德军前进的速度超不过苏军后撤的速度，而苏军也顾不上那些马拉大车、汽车和大炮了，他们把这些没法快速移动的大家伙悉数丢弃。此外，在德军离自己的铁路终点站和后勤线路越来越远的时候，苏军部队却在向着还在自己控制下的这些设施后撤。布良斯克方面军那些受重创的步兵师大部分设法逃出生天，其序列下的25个步兵师中，只有8个被全歼或解散。剩下的那些步兵师虽然状况不佳，但仍可以继续作战，这些逃过一劫的部队几乎丢失了包括122毫米榴弹炮在内的全部重型火炮。[22]

10月13日，叶廖缅科负了伤被飞机运回莫斯科，加剧了前线的混乱局面。叶廖缅科当时是去视察部队，他来到步兵第269师司令部所在的一间护林员小屋时，小屋遭到了德国俯冲轰炸机的袭击，一枚炸弹掉在离他不远的地方，叶廖缅科因此负伤。布良斯克方面军的参谋长格奥尔基·扎哈罗夫少将接替他履行职责。[23]

现在已经很难将四散的乱军集结起来，凑成一条团结的防线了。南边的那些部队一边在拖延敌军，一边在往东边跑。在北边，布良斯克方面军必须要保住图拉，他们把一切能搜罗来的部队都码在了图拉外围。阿列克谢·库尔金少将的第26集团军负责守住图拉西南的地区，而图拉西侧则由几个内务部队来防御，由此来拖住从卡卢加和科泽利斯克（Kozelsk）打过来的德军部队。与此同时，第50集团军还在拼尽全力向图拉后退，但布良斯克方面军司令部并不太清楚第50集团军究竟遇上了什么事情，无线电通讯非常糟糕，在10月17日，布良斯克方面军还暂时无法和第3、第13集团军取得任何形式的联系。[24]

大本营认为在卡卢加—图拉公路一带的德军已对图拉形成严重威胁，因此，他们把刚从中亚的阿拉木图（Alma-Ata）调来的，齐装满员的步兵第238

师放到了阿列克辛（Aleksin），来守护正受威胁的地区。防线上的这一部分是由朱可夫的西方面军下属的第49集团军来负责防御的。[25]

＊　　＊　　＊

在上级确定于10月20日向图拉发动攻击之后，古德里安认为，如果苏联的防御松懈，那么他可以早些发动攻势。不过与此相反的是，因为后勤线路的路况凄惨，进攻部队接收不到足量的燃料和弹药，他的攻势不得不往后推迟了。古德里安为此在痛苦中煎熬数日，但到了10月22日晚上，第3和第4装甲师都进入了预设的出发阵地。[26]

关于总体形势，最基层的官兵只能得到一些零散信息，弗莱明不知道第3装甲师会接到什么样的指示，在10月15日时，他起码还是知晓了一些集团军群防区的总体情况。他还听说第2、第5这两个装甲师已经从法国赶来，并在10月2日投入了进攻，除了这些之外，他就只能猜测战局和听信谣言了。弗莱明对战局没得可写，于是他日记中关于日常琐事的内容就多了起来，例如他第一次发现有虱子咬了他，而且这虱子还已经产下了一些卵。[27]

没完没了的雨和泥沼一样的路，都让弗莱明觉得攻势应该不会很快进行。但在10月21日，他的部队得到命令进入出发阵地，从这里将要进行的是针对图拉的进攻。这一天，弗莱明抬头看见了太阳，这在连绵的阴沉天气中难能可贵。他们的部队到22日才开始行动。[28]

在攻势开始之前，弗莱明负责用马车将弹药运上前线。马车走得很慢，直到晚上10点他才到达目的地，第二天，他们的步兵炮将从那里开火，为进攻部队提供火力支援。在夜幕的掩护下到达前出阵地虽然是必须的，但弗莱明的姗姗来迟却纯粹只是因为路面泥泞不堪。[29]

因为进攻就要在一大早上开始，人们正忙活着将一切东西准备就位。马匹已经筋疲力尽，而且在过去的几天没有吃到什么饲料，因此士兵们就得靠人力完成工作，最终费尽九牛二虎之力才把步兵炮弄进发射阵地。弗莱明还是不得休息，在大家往发射阵地上扛炮弹的时候，他又赶往炮兵观察员的哨位，折腾到晚上11点才完成所有的准备工作。没剩下几个小时能用来休息了，弗莱明一头扎进一个又小又闷热的小房子去睡一会儿，虽然屋子里面非常拥挤，但他还是找到一个角落，睡了一两个小时。[30]

＊　＊　＊

这次攻势开始于10月23日凌晨，弗莱明的排负责攻打一个有苏军掘壕据守的农庄。这项任务艰苦异常，步兵炮射程太近，也就刚刚能打到敌军而已。炮组成员无法判断打击效果究竟如何，但他们一在规定的时间停火就看见德军步兵起来往前冲。[31]

弗莱明和炮火观察员在完成一个任务之后，就马上赶往下一个位置，来观测新的目标。因为马的数量不够，所以一次只能移动一门步兵炮，下一门就得再等一会儿。弗莱明陪着一门步兵炮赶去渡河，苏联的火炮趁他们忙活的时候开火了，但没怎么影响弗莱明等人的工作，马匹过于瘦弱才是更大的问题，这些可怜的牲畜都快要拖不动炮了。不过，就在这最要命的时候，出现了一辆机动车，帮助他们对火炮进行牵引。[32]

弗莱明他们在泥泞的路上艰难跋涉，终于到达了河边。河边有一艘用橡皮艇捆成的渡船在等待着他们。渡船载着这些德国兵渡过了河，但刚一靠岸他们就不得不趴在地上。苏联的炮弹在他们附近炸开了花，弗莱明的一个战友因此挂了彩，不过万幸，并不严重。[33]

在被苏联火炮唐突地"欢迎"了一下之后，弗莱明和战友们继续努力将步兵炮向前移动，这实在是太费时间了，他们为此一直忙乎到天黑。在这一天就要结束的时候，弗莱明看到了远处的一场坦克战，他想要跟着看热闹，但却很难看清，只能看见双方坦克发射的曳光弹飞来飞去。在这一幕好戏结束之后，弗莱明回到了他要过夜的房子里面，这栋房子的窗户全都坏了，晚上的寒气灌了进来，让人很难睡得着觉。[34]

弗莱明在10月23日这一天的经历在第24装甲军当天的进攻行动中是很具有代表性的。只有第3装甲师在斯图卡的支援下率先发动进攻，但却被路况严重阻碍，虽然占领了一些阵地，但在苏沙河上搭建桥梁的工作却要比之前预想的更为耗时。德军决定在稳固的前沿阵地形成之前，先让第4装甲师按兵不动。因此造成的延误，对维利巴尔德·冯·朗厄曼–埃伦坎普少将（Willibald von Langermann und Erlencamp）指挥的第4装甲师产生了一定影响，因为他们要从南边更远的地方推进过来。[35]

泥泞耽误了第3装甲师的行动，直到中午都未能达成既定的作战目标，冯·施韦彭堡中将认为不能再让第4装甲师继续等下去了，他命令第4装甲师参与进攻，不再等候友邻部队。12：40时，第4装甲师的火炮开始射击。目标是姆岑斯克东北的丘陵，炮火准备持续了30分钟。火炮停止射击之后，斯图卡出现在天空，向地面俯冲过去，飞行员们在最后一刻丢下炸弹，然后开始拉升。考验苏联第26集团军的步兵和坦克兵们的时刻到来了。[36]

这将是第26集团军的最后一战，斯大林已经决定将该集团军解散，余部并入第50集团军，投入图拉地区的防御，但这样的命令现在还没有正式发布。[37]

这里的地势并不能给第4装甲师的进攻部队提供什么掩护，但负责引领进攻的18辆坦克给步兵带来了些许安慰。这又是一次苦战。一些坦克困在雷区动弹不得，成了苏联反坦克炮的靶子。工兵们开始排除地雷，虽然德军做了诸多努力，但直到下午3点，进攻仍旧处于停滞状态。伤亡人数一直在上升，但苏联炮火并不猛烈，否则会惨重得多——这要归功于之前的弹幕射击和空袭已经削弱了苏军的火力。[38]

到10月23日傍晚时分，第4装甲师进攻区域内的战斗仍在持续，例如在姆岑斯克东北三公里方向的高地上，苏军坦克拒不让步。第3装甲师的成果要大一些，他们在苏沙河对岸建立桥头堡，并将其纵深扩大到6公里之多。第2装甲集团军的战争日志上，有一段内容就记录了地面泥泞难行，坦克只能挂一挡慢慢往前蹭，后勤车辆的移动则要更加艰难。[39]

让古德里安忧心忡忡的不只是攻势尚未取得重大胜利这一件事情。第1骑兵师早在"巴巴罗萨"行动之初就一直参与作战，多数时间都在第2装甲集群序列之内。现在上级要把该师从东线战场召回，德军仅剩的这一个骑兵师将要改编成第24装甲师，要等到1942年夏季才能再回到东线。[40]

为了抵御德军进攻，苏联步兵第290师被部署在位于先科（Shchenko）的阵地上，来保护图拉的南部。该师已被严重削弱，在10月23日仅剩下差不多2100人。但它得到了预备队步兵第58团的加强，军属炮兵第447团也将用152毫米榴弹炮为他们提供支援。[41]

德军在10月23日的进展非常有限，这让古德里安感到失望，他和冯·施韦彭堡争执起来——古德里安认为第4装甲师没有按照第2装甲集团军的安排来行动，但冯·施韦彭堡则认为是苏联的防御阵地过于隐蔽，才让他们没法取得什么像样的进展。苏军阵地的情况使得炮火观察员很难执行任务，坦克乘员和步兵也很难锁定苏军阵地，而苏军阵地上还有碉堡一类的野战防御设施。[42]

毫无疑问的是，如果把冯·施韦彭堡的说辞，与天气不佳导致部队机动性受限的实际情况结合来看，倒也是在情理之中。援军已在路上，精锐的大德意志步兵团将要加入第24装甲军的行列。这个团在后来先是被扩编为一个师，再往后则成了军级部队，但这个时候它还是一个加强团。因为路况糟糕，大德意志团直到10月24日晚些时候才参与到作战之中。这时的道路可以描述为深不见底且灌满泥浆的沟渠，在这黏滑的烂泥之上，即便是用双脚走路，都会寸步难行。[43]

10月24日，除了迎来援军之外，第24装甲军没有什么更大的进展，这可以部分归咎于大德意志团在泥泞的道路上耽搁太久。直到中午时分，攻势才得以发动，一场猛烈的炮击为其拉开序幕。来自第4装甲师和大德意志团的步兵们蜂拥向前，但苏联守军的火力太过猛烈，他们的进攻没能取得什么实际效果。[44]

下午四点，德军重新发力，包括火箭炮在内的炮兵武器再一次开火，看到这一幕的德军士兵都认为落在苏军阵地上的炮弹就像下雹子一般，在步兵再次发动冲锋之前，目标区域腾起了一股股黑色的烟云。虽然弹幕比上一次还要来得猛烈，但第4装甲师还是没能推进多远来，大德意志团的成绩要好看一些，他们啃进了苏军防线，不过也没能取得决定性的战果。[45]

24日，第3装甲师将其战线北部的苏联守军成功逼退三公里之远，他们的先头部队在傍晚与苏军坦克部队交上了手。南翼的单位推进的距离也差不多，第3装甲师还抓获了很多俘虏。[46]

到了傍晚，第2装甲集团军又收到一份来自中央集团军群的电传电报，电报中对战场形势做如下评估：沃罗涅日（Voronezh）西部区域的苏军部队的抵抗行为估计会比之前所想的要更加激烈。集团军群认为苏联红军将会为了保住连接莫斯科和罗斯托夫两地的铁路，在该区域严防死守。还有，苏军可以利用此地作为部队集结点，来给中央集团军群、南方集团军群的侧翼制造威胁。[47]

以上情况使得第2集团军的任务显得更为重要、更为紧迫。为了完成这个变得更加具有挑战性的任务，第2集团军将接收从第2装甲集团军转过来的第57装甲军。如此操作并不会对古德里安的作战行动产生太大影响，因为由第9装甲师、第16和第25摩托化步兵师组成的第57装甲军已经在往沃罗涅日的方向进攻了。这一决策并不需要重新部署部队，更大程度上是两个集团军隶属关系的交换。古德里安将把注意力集中到图拉地区，而第2集团军则重点进攻库尔斯克—沃罗涅日地区。[48]

古德里安对图拉的进攻在最初两天只取得了很小的成效，到了傍晚，他和他的幕僚们都为后勤状况深感担忧。弹药严重短缺，攻势很有可能因此无以为继。更令人心焦的是，埃贝巴赫带领的坦克已经没有燃料了，如果不能重新加油的话，那它们第二天就会统统趴窝。[49]

10月24—25日夜间，前方的德军单位发现苏军火力开始减弱。夜幕之下很难看得清楚究竟发生了什么，太阳升起之后，大雾又阻碍了视线。虽然如此，德军过了一会儿还是得出了苏军正在后撤的结论。这样的一个机会按说应当加以利用，但没了燃料的德军没办法从这种情况中占到什么便宜。对于德军地面部队而言，幸运的是空军伸出了援手。只有12立方米的燃料通过空运送到了前锋部队手中，但这至少已经足够支持一部分坦克继续向前了。[50]

在这一片烂泥之中，轮式车辆几乎动弹不得，不过埃贝巴赫使用了一个装甲营的坦克，用拖车拖着油料来给其他坦克加油。坦克在泥地上面也开不快，但起码能够动弹，而且在奥廖尔还有可资利用的燃料。这让埃贝巴赫战斗群一直打到了姆岑斯克东北差不多30公里处的切尔尼（Chern），他们在那里占领了两座完好的跨河桥梁。[51]

在苦战两日之后，到了10月25日，德军向图拉的进攻势头明显变得迅猛起来。古德里安满心欢喜，但他也意识到本来就已经不堪重负的补给路线又被抻得更长了。后勤状况过于糟糕，连位置在前锋后面老远的单位都需要动用空投才能吃得上饭。切尔尼和姆岑斯克之间有大量桥梁被毁，进一步妨碍了车辆行动，此外，苏联守军还在许多地方都留下了雷场。[52]

苏军的撤退使得德军可以向图拉推进，但路况和路况导致的后勤问题让德军没法像"台风"行动第一周那样侵掠如火。10月25—26日晚间，德国工兵一直在忙着在姆岑斯克和切尔尼之间的道路上面施工。26日中午之前，修路工作初见成效，不过切尔尼以北的道路还是几乎无法通行，这很大程度上要归咎于桥梁被毁，轮式车辆无法逾越这样的障碍，在地面泥泞的情况下，它们是无法在公路之外行驶，自行开到渡口去的。[53]

10月26日的一份报告内容显示，从10月23日攻势开始算起，第24装甲军已经擒获2481名战俘，战俘差不多都来自近卫步兵第6师。德国一方的损失要小得多，遭受抵抗程度最强烈的第4装甲师在10月23—25日间也只记录有27人阵亡，135人受伤。整个第24装甲军在10月21—31日期间，共计有136人阵亡，580人受伤，3人失踪。[54]

在工兵清扫了雷场，修复了被炸毁的桥梁，并把道路上的障碍物移除之后，车辆就可以在从姆岑斯克通往切尔尼的道路上行驶了。不过这条路的路面是碎石铺成的，无力承载过大的交通流量，很快就被压坏了，到10月27日就再次无法使用。德国人只得设法从临近的铁路路基"偷取"碎石垫在公路上，好让它能够继续通车，但这种做法也支持不了多久。这件事情促使古德里安和他的幕僚们认识到，在1∶300000比例的地图上标出的那些看似是阳关大道的公路，实际上充其量也就是羊肠小道而已。[55]

第2装甲集团军在这一带遇到的麻烦还不只有这条碎石路那么简单。他们的参谋长警告称不要在路况如此差劲的情况下在图拉以东展开行动，古德里安同意他的看法，并且主张在考虑在图拉以东展开行动之前，要先把奥卡河南岸地区肃清。[56]

在古德里安和他的参谋们为以后的攻势做打算的时候，第24装甲军的先头部队已经向着图拉打过去了。讽刺的是，装甲军指挥部的车辆在集结的时候，就陷在了通向图拉的所谓的"公路"上边。空军的运输机为打头的坦克运来燃油，以支持他们继续向东北推进。虽然如此，德军能做到的也就是跟着正在撤退的敌人后面亦步亦趋。[57]

类似的场景在10月28、29两日频频上演。10月29日一大早，古德里安从切尔尼飞到奥廖尔，那里是第2装甲集团军的指挥部所在地。他在奥廖尔见到了第43军的指挥官戈特哈德·海因里奇将军，后者向古德里安汇报了后勤工作的现状。他带来的消息令人感到相当沮丧，但也没什么好吃惊的。[58]

海因里奇的军队从10月20日往后就没收到面包或者其他什么像样的食品，他的手下只能在作战区域内就地取食，燃油库存也耗尽了。他们手里还有点饲料，但这么点饲料用不了多久就会被马匹吃干嚼尽。苏军之前已经基本把这块地方的饲料给消耗光了，所以可以找到更多饲料来喂养德国军马的可能性并不大。古德里安答应帮助他们，不过海因里奇他们离铁路枢纽太远，地面也太过泥泞，古德里安也使不上什么劲儿。[59]

傍晚，古德里安收到了好听得多的消息——下午三点，包括第6装甲团在内的第3装甲师前锋部队已经到达离图拉还有5公里的地方。德军的空中侦察显示，城市外围基本没什么防御阵地。图拉依旧是德军的首要目标，他们希望发动一场奇袭来控制这座城市，但他们也知道在城区的守军可以很容易地躲过空军侦察机的眼睛。此外，在第3装甲师的先头部队身后，一些苏军部队还在坚持抵抗。[60]

晚些时候，来自陆军武器局（Heereswaffenamt）的两位代表前来拜访古德里安，这一单位负责为陆军开发、采购各类弹药和装备，他们想根据德军在对抗苏联重型坦克时得到的经验，来讨论德国坦克未来的发展问题。古德里安着眼于四个主要问题：第一个问题是对三号和四号坦克的武器进行改进，为了增加这两款坦克所装备的5厘米和7.5厘米火炮的穿甲能力，他希望可以加长火炮身管，使用更大的推进药筒，并对弹药进行改进。这些措施将会把这两款坦克的生产周期延长一段时间。[61]

第二个问题是开发一种与T-34高度相似的中型坦克。德国人非常清楚苏联坦克被内部布局不合理、观测能力有限和指挥困难等问题困扰。古德里安所关注的第一个问题将在大约六个月之后得以解决，第二个问题则通过开发两种不同的坦克原型车来解决——其中之一由戴姆勒—奔驰公司提出设计方案，差不多就是个T-34的复制品；其二则为MAN公司的设计，比奔驰的方案更大，动力更强。在经过测试和评估之后，德国人选定MAN公司的设计投入大批量产，它将在1943年的库尔斯克战役经受战火洗礼，这就是后来的"黑豹"（Panther）坦克。

古德里安强调的另外两个问题并不直接与坦克相关，但和装甲师关系甚大。他希望反坦克营可以装备8.8厘米和10.5厘米口径的高射炮，以对付敌军的重型坦克。古德里安还认为现有的8.8厘米炮弹不足以对抗最为重型的苏军坦克。[62]

古德里安针对8.8厘米炮弹的新要求还不能满足，但德军的装甲师可以继续保留本来只是临时列入组织装备表中的防空营。古德里安最后还希望升级炮兵装备，将装甲师的牵引榴弹炮换成自行火炮。后来，在装甲师序列中的一部分火炮实现了自行化。[63]

傍晚，第2装甲集团军收到了由东线外军处编撰的敌军分析报告。东线外军处是陆军总司令部下属机构，负责研究来自东欧国家的情报。10月22日的这份报告透露出了相当积极的信号，报告中总结称苏联红军已不具备充足的后备力量。[64]

前文提到斯大林已经下令成立十个预备队集团军，按照计划，到12月初应陆续建立完毕。到11月时，已经组建了59个步兵师、13个骑兵师、75个步兵旅和20个坦克旅，这些部队被部署在维蒂格拉—雷宾斯克—高尔基—萨拉托夫—斯大林格勒—阿斯特拉罕一线，但到那时都还没有形成战斗力。此外，在10月有12个整备完毕的步兵师被送到前线，以充实莫斯科以西的防御力量，同期还有两个摩托化步兵师、3个骑兵师、20个炮兵团和28个反坦克团赶到前线。

最终苏联这边一共来了17个坦克旅，这已经超过了在10月1日德军发动进攻时，与德军的中央集团军群对阵的坦克旅的数量。每一个坦克旅下辖的坦克数量和10月1日时的那些坦克旅都差不多，但最近新来的这些坦克旅与之前的老部队有一个明显的不同，就是T-34坦克所占的比例要大得多，而两者的训练水平还是相差无几。虽然已经把这么一大批后备力量送上前线，但正如我们之前所见，斯大林还远未将自己的预备队消耗干净。德国人开始在想，自己是不是正在和杀不死的海德拉（Hydra，希腊传说中的九头蛇）战斗，从此以后，他们就再也无法摆脱这种感觉。虽然损失惨重，斯大林却仍然在源源不断地把新部队送到德国人的面前。[65]

* * *

10月30日，德国国防军第3装甲师向图拉发动进攻，当时只有两个步兵营和两个装甲营可以投入战斗，原以为图拉的防御较为松懈，所以这么些人马应该也足够了，但现实却不是这样。苏军一方包括下辖3个营的内务部队第156团、4个营编成的图拉工人团、装备了40门85毫米高射炮的高射炮第732团，还有坦克第32旅的一部分都参加到了图拉的防御战之中，他们还可以得到军属炮兵第447团的152毫米榴弹炮的支援。[66]

几小时之后，希特勒向第2装甲集团军下达命令，让他们占领位于谢尔普霍夫的跨越奥卡河的桥梁，并切断莫斯科以南的铁路线。这一命令完全是凭空幻想，希特勒并没有考虑到从奥廖尔到图拉之间的公路早已沦为灌满了深达膝盖的泥水的沟渠，德国的前锋部队完全仰赖空运提供补给。希特勒声称一支小型分队就能完成这些任务，这个看法是极度荒谬的。实际上，第2装甲集团军已经前进到了他们在现实之中所能达到的最远距离，10月30—31日两天，德军反复试图夺取图拉，但苏联那边投入战斗的部队却越来越多，德军显然需要投入更大规模的部队才能占领这座城市。[67]

又一支来自西伯利亚的部队——编有12000人的步兵第413师来到战区，并在图拉以东的斯大林诺格尔斯克（Stalinogorsk）地区占领阵地。他们可以威胁到古德里安的右翼，同时可以阻挡想要到达图拉周围的德军。这个师于1941年8月在远东地区组建，兵员多数为从当地招募而来，例如来自多所军事院校的一些官兵。10月1日，该师被判定已形成战斗力，并被运往西部。[68]

图拉的防御越来越坚固了，撤退过来的苏军部队几乎和德军的前锋部队同时到达。波波夫少将（Popov）在10月30日时被任命为城防司令。位于图拉西北的阿列克辛—阿廖什尼亚（Aleksin–Aleshnaya）则由第49集团军负责把守，它是西方面军的下属部队。而图拉地区的总体防御则由阿尔卡季·叶尔马科夫少将（Arkadiy Ermakov）负责，他在彼得罗夫死后接下了第50集团军司令的职位。叶尔马科夫的集团军下辖十个师，还有可以加强给这些师级部队的各类支援部队，以及航空部队。他手下几乎所有的部队都是残缺不全的，但他们负有保住图拉以及图拉向东和东北两个方向的交通线的重任，同时还要防止图拉遭到敌人的包围。直接发动突击攻占图拉需要大量的军事资源支持，但值得注意的是，叶尔马科夫和他的助手们在未经大本营和布良斯克方面军允许的情况下，在10月30日时擅自把司令部从图拉迁到了图拉东北8公里的地方。虽然如此，叶尔马科夫却好像并未遭到批评。[69]

虽然面临着巨大的困难，但古德里安的装甲集团军事实上却是整个中央集团军群中在十月的最后十天中取得进展最大的一支部队，其他的部队在这段时间基本都毫无建树。如果瞥一眼10月末的局势图，人们就会发现古德里安的装甲集团军分散在连接克罗梅、奥廖尔、图拉三地的公路上——或者说在地图上显示为公路，事实上却是烂泥塘的地方。来自各个师级部队的车辆和士兵就像珍珠项链上面的珠子一样，沿着这条路线绵延不绝。在大地封冻之前，德军应该是拿不出什么冲劲来的。[70]

莫斯科的近卫军

“近卫”这个头衔是一个荣誉称号，授予那些在战斗中表现出众的部队。长久以来，“近卫”称号意味着精锐部队，早期的近卫军是前线指挥官用来应对危机形势的有力工具，他们通常都是一些值得信任的部队。

最早的四个近卫步兵师是在1941年9月18日从四个步兵师改编而来的，8天以后，又有3个步兵师获得“近卫”称号，同一天，摩托化步兵第1“莫斯科”师也获得了“近卫”称号。10月1日，8个近卫师当中有两个已经部署在莫斯科周围的防御阵地上，还有三个很快就要到达。[71]

10月1日以后，近卫步兵第6、第7师，以及近卫摩托化步兵第1师到达战场。近卫摩托化步兵第1师部署在姆岑斯克，而近卫步兵第7师则担当“消防队”职责。他们一开始被派往库尔斯克地区，后来又赶赴谢尔普霍夫，最终在11月25日索尔涅奇诺戈尔斯克（Solnechnogorsk）失陷之后加入了罗科索夫斯基的第16集团军。对于一支苏军部队而言，近卫步兵第7师的历史已经算得上非常悠久了，它的前身是内战时期建立的步兵第64师，这支摩托化的步兵师主要在第33集团军序列之下作战。

近卫部队官兵的伤亡率非常高，以近卫步兵第2师为例，到11月7日，其原有编制内的官兵只剩下3189人。近卫步兵第6师在同一日报告仍有5130人。一开始在西方面军，后来调往南边在卡卢加作战的近卫步兵第5师，在10月15日报告已经折损50%的实力。[72]

在莫斯科的防御战期间，只有两支部队被授予"近卫"称号，它们是步兵第78师和步兵第316师，在11月分别更名为近卫步兵第9师和近卫步兵第8师。这两个师都是调拨给罗科索夫斯基的第16集团军的西伯利亚部队。步兵第316师的官兵在听说自己的部队成为近卫军的一员时都大为振奋，但11月18日，广受官兵爱戴的师长伊万·潘菲洛夫少将阵亡了，师长之死为这条喜讯蒙上了一层阴影。[73]

并不是只有步兵师才能获得"近卫"称号，例如由别洛夫（Belov）和多瓦托尔（Dovator）指挥的骑兵军以及下辖的师级部队就都在1941年11月26日获得了"近卫"称号。还有卡图科夫上校指挥的坦克第4旅，在姆岑斯克的战斗过后，也在1941年11月11日获得"近卫"称号。[74]

在卡图科夫的坦克旅获得"近卫"称号的时候，苏军向各方面军、集团军、坦克师、坦克旅下发通报，重点表扬了该旅在10月4—11日的姆岑斯克之战中的表现。这条通报的内容揭示了当时苏联红军内部存在的一些情况，例如下文所讲：

该旅取得的骄人成绩要归结于：

·持续进行侦察行动

·坦克、摩托化步兵和炮兵相互配合作战

·坦克部署于伏击位置之上

·坦克旅官兵作战英勇

·该旅的作战表现为红军全体单位树立了好榜样，大家要学习他们，为从法西斯侵略者手中解放我们的国家而战[75]

前三点其实都是作战时的常规步骤，算不上什么了不起的成就。但是红军认为，至少有必要再把它们强调一遍。因此，可以从这条通报上看出，战前的苏军军官培训存在严重的不足。

注释

1. 蒂斯，《中央集团军群在东线战争：陆军总参谋部作战处的大幅态势地图集》，第98页。

2. 弗莱明的日记，BA-MA mSg 2/4304。

3. 同上。

4. 同上。

5. 同上。

6. 同上。

7. 同上。

8. 同上。

9. 第2装甲集团军作战处战争日志，1941年10月7日，NARA T313，R86。

10. 第2装甲集团军作战处战争日志，1941年10月8日，NARA T313，R86。

11. 第2装甲集团军作战处战争日志，1941年10月9日，NARA T313，R86。

12. 第2装甲集团军作战处战争日志，1941年10月10—12日，NARA T313，R86。

13. 卡图科夫，《主要突击的矛头》，第52—53页。

14. 列柳申科，《莫斯科—斯大林格勒—柏林—布拉格》，第31—33页。

15. 同上。

16. 第2装甲集团军作战处战争日志，1941年10月13—19日，NARA T313，R86。

17. 第2装甲集团军作战处战争日志，1941年10月15日，NARA T313，R86。

18. 同上。

19. 同上。

20. 第2装甲集团军作战处战争日志，1941年10月17日，NARA T313，R86。

21. 第2装甲集团军作战处战争日志，1941年10月18日，NARA T313，R86。

22. 布良斯克方面军在1941年11月7日的兵力和编成，收于《伟大卫国战争军事历史资料集，第43册》。

23. A. I. 叶廖缅科，《战争开始的时候》，第360—361页；桑达洛夫，《在莫斯科方向上》，第223页。

24. 阿列克谢·萨福诺夫，弗拉迪米尔·库尔诺索夫，《图拉之战》，第15、25页。桑达洛夫，《在莫斯科方向上》，第224页。

25. 第003048号命令，发布于1941年10月17日凌晨2：00，《莫斯科会战：编年史，真相，重要人物，单卷本》，第348页。

26. 第2装甲集团军作战处战争日志，1941年10月18—22日，NARA T313，R86。

27. 弗莱明的日记，BA—MA mSg 2/4304。

28. 同上。

29. 同上。

30. 同上。

31. 同上。

32. 同上。

33. 同上。

34. 同上。

35. 第2装甲集团军作战处战争日志，1941年10月23日，NARA T313，R86。

36. 约阿希姆·纽曼，《第4装甲师1938—1943》，第330页。

37. 对布良斯克方面军发布的第004037号命令，1941年10月22日凌晨2：50，《莫斯科会战：编年史，真相，重要人物，单卷本》，第388页。

38. 同上。

39. 第2装甲集团军作战处战争日志，1941年10月23日，NARA T313，R86。

40. 同上。关于第1骑兵师/第24装甲师的更多信息，请见费迪南德·冯·森格尔-埃特林著，《第24装甲师（原第1骑兵师），1939—1945年》。

41. 萨福诺夫，库尔诺索夫，《图拉之战》，第22—23页。

42. 纽曼，《第4装甲师1938—1943》，第331页。

43. 同上。

44. 第4装甲师作战处，《第4装甲师1941年10月8日—10月25日期间作战报告》，BA-MA RH 39/373。

45. 同上。

46. 第2装甲集团军作战处战争日志，1941年10月24日，NARA T313，R86。

47. 同上。

48. 同上。

49. 同上。

50. 第2装甲集团军作战处战争日志，1941年10月25日，NARA T313，R86；第4装甲师作战处，《第4装甲师1941年10月8日—10月25日期间作战报告》，BA-MA RH 39/373。

51. 同上。

52. 同上。

53. 第2装甲集团军作战处战争日志，1941年10月26日，NARA T313，R86。

54. 同上；第4装甲师作战处，《第4装甲师1941年10月8日—10月25日期间作战报告》，BA-MA RH 39/373；第2装甲集团军高级指挥部副指挥官，《1941年10月21—31日期间损失报告》，NARA T313，R108，F7332784。

55. 第2装甲集团军作战处战争日志，1941年10月27日，NARA T313，R86。

56. 同上。

57. 同上。

58. 第2装甲集团军作战处战争日志，1941年10月28—29日，NARA T313，R86。

59. 同上。

60. 同上。

61. 同上。

62. 同上。

63. 同上。

64. 同上。

65. 关于新建10个集团军的决定，见华西列夫斯基，《毕生的事业》，第159页。11月初预备队的实力请见《伟大卫国战争，1941—1945年，第一册：严酷的考验》，第239—240页。坦克旅中T-34的数量参见科洛米耶茨，《莫斯科战役：1941年9月30日—12月5日》，sida 6‑8，40。新到团级部队的数量是根据10月1日和11月1日的战斗序列总结得出，见《苏军作战序列，第一卷》。

66. 萨福诺夫，库尔诺索夫，《图拉之战》，第30—33页。

67. 第2装甲集团军作战处战争日志，1941年10月30—31日，NARA T313，R86。

68. 总参谋部1941年10月31日上午8：00的报告请见《莫斯科会战：编年史，真相，重要人物，单卷本》，第453页。

69. 叶尔马科夫手下的师级部队为步兵第154、217、258、260、290、299和413师，骑兵第31和第41师，以及坦克第108师，萨姆索诺夫，《莫斯科1941：从失败的悲剧到最终胜利》，第238页。叶尔马科夫的擅自行动见桑达洛夫，《在莫斯科方向上》，第231页。

70. 蒂斯，《中央集团军群在东线战争：陆军总参谋部作战处的大幅态势地图集》，第99页。

71. 9月18日，原来的步兵第100、127、153和161师分别被重新授予近卫称号，而在9月26日，步兵第64、107以及120师也被授予近卫称号，参见V. A. 安菲洛夫，《粉碎希特勒1941年莫斯科攻势》，第245页。在10月1日，近卫步兵第5师在西方面军，而近卫第2步兵师则在布良斯克方面军，见M. 萨姆索诺夫，《莫斯科1941：从失败的悲剧到最终胜利》，第235—236页。

72. 关于近卫第2和第6步兵师，参见《布良斯克方面军在1941年11月7日的兵力和编成》，收录于《伟大卫国战争军事历史资料集，第43册》。关于近卫步兵第5师的损失状况，请见《莫斯科会战：编年史，真相，重要人物，单卷本》，第334页。

73. 夏普，《二战苏军作战序列，第4册：红色近卫军》，第45页。关于潘菲洛夫，参见《莫斯科会战：编年史，真相，重要人物，单卷本》，第120—121页。

74. 夏普，《二战苏军作战序列，第5册：红色马刀》，第74—79页。

75. 卡图科夫，《主要突击的矛头》，第68—69页。

第十二章

十月行将结束——"台风"行动已半

古德里安的坦克部队已经到达了图拉外围,但这只是他的装甲集团军的先遣队。在中央集团军群的左翼,苏联第9集团军加固了自己的防线,10月19日,他们的防线形状还是一道弧线,到11月2日时就变成了从佩诺(Peno)拉到加里宁的一条更为平直的防线。科涅夫的加里宁方面军虽然在向后退却,但并没有丢掉什么关键的阵地。它还是盘踞在加里宁近处,并在阻挡德军攻占托尔若克(Torzhok)的同时,还能在局部发动反击。援军的到来和德军防御力量的软弱,可能会给科涅夫指挥加里宁方面军夺回他们为之得名的加里宁市创造机会。[1]

朱可夫的新建西方面军主要承受着来自第4装甲集群和第4集团军的攻击。沃洛科拉姆斯克—莫扎伊斯克—小雅罗斯拉韦茨—卡卢加一线的防线已经被洞穿多处。德军拿下了除了沃洛科拉姆斯克之外的三个城镇,但沃洛科拉姆斯克也撑不住太长时间了。

第2装甲师派出了由装备了坦克、装甲运兵车和其他履带式车辆的机械化单位组成的战斗群向沃洛科拉姆斯克发动攻击。该师一共有16个步兵连,但其中只有一个连装备了装甲运兵车,这种情况在当时的德军装甲师中并不算少见。第11装甲师也对这座城市发动攻击,在它稍微再往南的地方,第35步兵师也直接向沃洛科拉姆斯克发动了进攻。[2]

沃洛科拉姆斯克的城防由苏军步兵第316师负责,该师由潘菲洛夫少将带领，是罗科索夫斯基第16集团军的下属部队。大量的反坦克炮被奢侈地配属给该师，炮手在战斗中伤亡惨重，几乎要战至最后一人。在战斗期间，有作为预备队的民兵营和民兵连从莫斯科赶了过来。[3]

在沃洛科拉姆斯克的战斗期间，从维亚济马包围圈中脱身的博尔金将军带着一队人马赶赴战场。博尔金又一次从德国人的大锅里逃出生天，但这一次的经历就没有上一次那么富有传奇色彩了。博尔金在战斗中挂了彩，马上就被送进了莫斯科的一家医院。

潘菲洛夫和他的部队因为在沃洛科拉姆斯克之战表现英勇，为自己赢得了英雄的称号，不过他们也没能把德国人打退。10月25日，位于城市南部的沃洛科拉姆斯克火车站被第2装甲师的坦克占领，两天之后，第35步兵师占领全城。伊斯特拉（Istra）的南部也受到了第10装甲师的威胁，但这座城市还能再坚持一个月。第4装甲集群停下了进攻的步伐，他们每天都需要1000—1500吨的补给品，但现在每天只能送上来200吨，这完全不足以支持他们继续向前进攻。[4]

朱可夫只好在克林（Klin）—伊斯特拉—多罗丘沃（Dorochovo）—沃罗夫斯克（Vorovsk）—谢尔普霍夫一线重新组织新的防线，但10月份时，德国的第4集团军已在多罗丘沃和沃罗夫斯克达成突破，冯·克卢格和他的部队已经打到了第二道防线所在的纳罗福明斯克，但糟糕的天气状况、后勤跟不上以及两军僵持不下的局势迫使冯·克卢格取消了下一步的进攻行动。

在10月下旬，越来越多的德军报告提到敌人的实力似乎正在增长。仗越来越不好打，敌人似乎是要打到最后一人一弹。鉴于朱可夫那里有从莫斯科派过来作为援军的民兵部队，德国推断苏联的人力资源应该是越打越少了，他们认为对方的正规军已经所剩无几，苏联正在把工厂里的工人送上前线。德国人不知道斯大林手里还留着一些新的部队，他在等时机成熟再放出这些部队。[5]

朱可夫决定将之前作为预备队的第33集团军司令部置于第50集团军和第43集团军之间的前线地带。这样一来，每个集团军就都可以单独把守一条通向莫斯科的主要道路。他倾向于设置纵深防御，认为这样的防线有利于让单个司令员来盯紧一条主要的进攻路线。米哈伊尔·叶夫列莫夫中将被任命为第33集团军的司令，他之前是一个预备队集团军——也就是第10集团军的司令，这个集团军的司令部被抽调用于建立加里宁方面军的司令部。44岁的叶夫列莫夫是一位很有经验的司令员，他在夏季的战斗中领导第21集团军作战。在战前他还曾是红军的步兵总监。朱可夫的司令部有3个集团军在莫斯科的正面战斗——它们是第5、第33和第43集团军——两翼则由北边的第16集团军和南边的第49集团军负责保护。[6]

德国陆军总司令部坚信胜利已经近在眼前。在维亚济马—布良斯克战役结束之后，它将一个军级指挥部、四个步兵师和那唯一的一个骑兵师从前线抽调出来送到西线，此举明显削弱了冯·博克一部的实力。还有，根据上级的部署，冯·博克手里其余的部队也遭到了"稀释"，第9和第2集团军被调到两翼执行任务，前者接到命令和第3装甲集群一起，与北方集团军群进行联合行动，但冯·博克还是设法把第3装甲集群捞了出来，没有参加联合行动。第2集团军则被部署到沃罗涅日，参加该联合行动。[7]

糟糕的天气状况已经把德国人手里最为宝贵的一样东西抢掠一空——那就是他们的机动能力，之前他们凭借这一能力快速集结部队，并利用快速机动将敌人打垮。德军的指挥决策速度要比红军的快上很多，这很大程度上要归功于德军的机动能力和进击速度。德国人在运动战中占有支配地位，但泥巴让一切都放慢了脚步，之前那流畅的进攻行动正在变成类似于第一次世界大战的那种对峙僵局。迅速的行动对后勤也有要求，而德国的后勤系统运转不再顺畅无阻。第43军的指挥官戈特哈德·海因里奇将军在10月23日写道，36小时过去了，汽车只往前行驶了35公里。同一天第137步兵师报告他们的三辆卡车用了53小时的时间只开出40公里。多数的苏联公路都不会比碎石路更高级，大雨过后就变成了灌满泥浆的沟渠，车辆和马匹干脆就沉入了泥浆里。更糟糕的是，这里的路网密度要比西欧稀疏得多，所以就没什么别的路线可选，而且地区之间的距离也比西欧更远。第3装甲集群参谋部的卡尔·瓦格纳（Carl Wagener）说，假如苏联的道路情况好一些的话，那莫斯科就失去了它借以对抗现代化军队的最佳屏障。[8]

路上的泥浆至少深达50—75厘米，为在硬化路面上行驶而设计的德军机动车辆频频陷入泥浆之中。雪上加霜的是，这样的艰难跋涉会使燃油消耗急剧增加，妨碍了大型进攻行动的实施。举例来讲，10月17日时，在从加里宁到格扎茨克之间150公里的公路路段上，到处都瘫痪着第6装甲师那些耗尽燃油的车辆，大规模的进攻行动更是提都不要提了。[9]

德国第9军的指挥官赫尔曼·盖尔（Hermann Geyer）将军的经历则提供了又一个烂泥之上寸步难行的例子。他的座车是一辆桶车（Kübelwagen），此车很难在泥泞的道路上开动，所以将军经常要下车步行。他后来搭乘一辆重型半履带车前往某地，但这辆车开到半路就没有油了。一般来讲，重型半履带车的价值要体现在将其他车辆从泥潭中拖出来的事情上。[10]

德军为解决交通混乱的状况，采取了一些非常严厉的举措。第5步兵师是被调离前线派往西线的部队之一，该师派出了师部人员、工兵和反坦克营的人员来应对亚尔采沃—维亚济马这段公路上面的混乱局面。这些人着手加固路面，疏导交通。该师师长卡尔·阿尔门丁格尔少将（Karl Allmendinger）因此得到了"高速路暴君"的绰号。该师其余的单位则前往斯摩棱斯克的火车站进行装车。该师大部分单位都在11天之内赶到了斯摩棱斯克，但一些负责后勤服务的部队还要再等等。11月6日，第一列运载该师部队的列车出发前往法国，并在11月14日到站卸车。这一路上火车时不时要停下，好让人把运输期间死掉的马匹尸体从车厢里弄出来，这些苦命的牲口在前线被使唤得太狠，已经都累得不行了。第5步兵师的炮兵团把他们的火炮和马匹全都留在了东线，它们会被再分配到其他的部队里去。[11]

* * *

维亚济马—布良斯克这场浩劫过后，那些苏联指挥官的命运究竟如何呢？——三个方面军指挥官有两个遭到解职，剩下一个还躺在医院里。布琼尼再没能捞到指挥方面军的机会，科涅夫又得到了任命，但这一次他被派到了一个不是那么重要的战线上去，并在那里一直待到1943年开春。科涅夫那时会接过一个更为重要的职位，并会在库尔斯克战役中发挥作用。

叶廖缅科养好伤之后，在1941年12月又被任命为突击第4集团军的司令。后来他又在南方前线出任方面军指挥官，并参加了斯大林格勒战役。方面军下面的15个集团军司令则命运各不相同——两人阵亡，三个被德军俘虏，三人在十月份遭到解职，一人在十一月份遭到解职，剩下六人则继续留任。[12]

雨水导致路面湿软，如果坏天气一直持续下去，路况还会急剧恶化。道路化作泥沼之后，冯·博克的进攻也陷入停顿

在四位被撤职了的集团军司令当中，有三个是来自内务部队的军官，还有一个是第43集团军司令彼得·索边尼科夫少将（Piotr Sobennikov）。他在开战时是波罗的海沿岸军区第8集团军的司令员，在7月4日时又被任命为西北方面军司令，他在这个位置上待到8月23日被解职为止。9月8日，他又被委任指挥第43集团军。10月16日，苏军针对索边尼科夫在担任指挥官期间的行为展开调查，他被判决进入劳改营服刑五年，剥夺军衔并收回一切荣誉。他对这一判决提出上诉，但他作为前线指挥官的生涯就这么结束了。不过，从1942年开始，他又开始担任一个集团军的副司令员。[13]

现在看来，其他的那些司令员的表现也没有比索边尼科夫好到哪里去。索边尼科夫手里有83000人可以对抗霍普纳的装甲集群，他们手里可用的重武器包括476门火炮与迫击炮、70门反坦克炮和88辆坦克，其中只有一小部分是T-34。这个集团军要负责把守长达60公里的战线，对面是4个德军装甲师，2个摩托化步兵师，还有4个步兵师。如果再把德军训练水平更好和基层指挥更加有效的因素考虑进去的话，那么我们可以认为索边尼科夫根本没有能力挡住霍普纳，对他打了败仗的指责其实应该落到他的领导头上。[14]

总参谋部的副总参谋长华西列夫斯基在回忆录中坦言，总参谋部和方面军司令部都没能准确地判断敌人的意图，这导致那三个方面军都把部队部署到了错误的地方，西方面军和预备队方面军尤其严重。华西列夫斯基认为这种情况给指挥工作带来困难，而且也影响了方面军之间的协同作战。[15]

斯特潘·阿基莫夫中将（Stepan Akimov）接替索边尼科夫出任第43集团军司令一职，却不幸在10月29日死于空难。阿基莫夫死后，这一职位又由康斯坦丁·戈卢别夫少将（Konstantin Golubev）接任，他在这个位置上一直坐到了1944年5月。第33集团军的司令旅政委德米特里·奥努普里安科后来被召回后方进修，并在1943年夏季出任近卫步兵第6师的师长，后来还获得了"苏联英雄"荣誉称号。在1945年苏军进攻柏林的时候，奥努普里安科担任的是第24步兵军军长。瓦西里·多尔马托夫少将和他的参谋长、政治委员因为丢掉了勒热夫，一同遭到了军法审判。第29集团军的司令马斯连尼科夫（Maslennikov）明白勒热夫是守不住的，多尔马托夫及其幕僚被他当成了替罪羊。军事法庭没有发现马斯连尼科夫使坏的证据，反而还从多尔马托夫的指挥上挑出了毛病，他后来被降职去指挥步兵第134师。[16]

第30集团军的司令瓦西里·霍缅科少将（Vasiliy Khomenko）于1941年11月被解除职务，但1942年8月又在高加索地区指挥一个集团军，他后来于1943年末在梅利托波尔（Melitopol）的战斗中丧生。[17]

红军离莫斯科市西边的边界已经不远，他们没有多少地方可以后退。每一米的空间都非常宝贵，朱可夫对其部下实施严厉措施，让他们领会现在的形势已经严峻到了何等地步。举例来讲，他起码处决过两个未经允许擅自撤退的指挥官。其一是10月22日被处决的P.S.科兹洛夫上校（Kozlov），他是步兵第17师的师长，连同师政委一起掉了脑袋。其二则是步兵第133师副师长A. G. 格拉西莫夫中校（Gerasimov），他负责领导一个战斗群，连同政委G.F.沙巴洛夫（Shabalov）一起在11月3日被处决。朱可夫让军事主官接受惩罚，政治主官也同样要承担责任。[18]

* * *

十月的终结可以认为是"台风"行动进程过半的标志。德军击溃了中央集团军群战线前方的苏军部队，取得了辉煌的胜利。德军宣称抓获战俘673098名，绝大多数都来自之前所述的三个方面军。还有来自这片区域的一些其他部队，例如当地驻军、防空部队和内务部队的人员，同样也沦为了德军的阶下囚。

维亚济马—布良斯克战役是东线战场上最大的一场合围战，苏军为之付出了沉重代价。至少有36个步兵师和7个坦克旅被从苏军战斗序列上移除，那些没被全歼的部队经常就只剩下个1500—3000人的空架子，如122毫米火炮这样的重装备则丢弃一空。在朱可夫的部署下，预备队和补充兵员匆匆赶赴前线，防御力量又逐渐充实了起来。

截至10月27日，德军已经完全占领了沃洛科拉姆斯克—莫扎伊斯克—小雅罗斯拉韦茨—卡卢加的这一道防线，但天气和德军后勤问题的共同作用给红军留出了时间，得以再构筑一条防线，11月初的时候，防线已经准备妥当。朱可夫已经掌握了能让他在目前的天气状况下守住防线的资源，而且还有更多的部队正在赶来。[19]

有趣的是，早在9月末德国人开始进攻的时候，三个方面军一共有13个坦克旅和一个坦克师，10月份的时候起码又调来了17个坦克旅，到了10月末的时候，莫斯科西部的战场上一共有两个坦克师和23个坦克旅。一少部分后来赶到的坦克旅在10月9—10日间就已经参加了战斗，他们在战斗中产生的损失被冯·博克计算到了维亚济马—布良斯克合围战的数据之中。那些新建坦克旅的训练水平和装备水平未必就一定比那些老部队要差，事实上，如T–34这样比较先进的坦克在新建坦克旅中更为常见，一个齐装满员的新建坦克旅共有61辆坦克，某些旅装备的T–34数量有29辆之多。然而论起已经参战过（截至10月2日）的那些坦克旅，它们要是有22辆T–34就已经算是顶天了，一般也就有10辆左右。鉴于德国反坦克炮对T–34的效果非常有限，所以这一型号坦克数量占比上升，就意味着苏军坦克旅的战斗力出现了明显提升。[20]

在国防军第31步兵师附属反坦克营服役的埃里希·邦克中尉这样评论当时的情况：

现在急需一种能穿透T–34厚重装甲的反坦克炮，我们不能指望能弄来8.8厘米高炮，而且这东西实在是太难隐蔽了，杵在地上像仓库大门一样显眼。[21]

还有一次，苏军坦克部队对德军第6步兵师下属的一个步兵营发动了攻击。德国人连忙把两门3.7厘米反坦克炮推上阵地，并在短时间内多次命中一辆来自坦克第8旅的T-34。炮弹一发接着一发地打在上面，但就是没有什么明显的效果。苏军坦克一直朝着德国反坦克炮开去，把它们碾成了废铁。[22]

T-34的数量越来越多，在很多德军部队的报告中，都提到了与这种威力强大的坦克的首次遭遇。德军只好组织坦克猎杀小组，在近战之中使用炸药包摧毁敌军坦克。3.7厘米反坦克炮明显已经不能满足需要，而5厘米反坦克炮至多也只能说作用有限而已。8.8厘米高炮和10厘米野战炮数量太少，能指望上的时候并不多。[23]

这阶段的战斗与战役早期相比，另外一个明显的不同之处就是苏联空军愈发活跃起来。苏军的作战飞机数量一直在增加，而德军东线的空中力量则因为第2轰炸机联队和第27战斗机联队被调离前线而不如之前那般强大。而且随着德军越来越深入苏联腹地，支持机场运转的工作也越来越难办，很多德国飞机因为缺少零配件，只能待在地面上，天气也妨碍着空军执行任务。与之相反的是，苏联空军可以依靠莫斯科地区那些条件良好的航空基地执行任务，从莫斯科市中心到莫扎伊斯克也就80公里而已，到谢尔普霍夫也只有100公里，而到沃洛科拉姆斯克只有110公里，这点距离对于飞机来说根本算不上什么。[24]

德军也经受了一些损失，但其规模远不能和苏联那样巨大的伤亡数字相提并论。不过，德军从6月22日以来就几乎一直在征伐不休，导致部队人困马乏，装备也亟待维护保养，补充人员和新到装备的数量也远远不足以弥补日积月累的损失。举例来看，第98步兵师在侵苏战役开始之时，按照规定人数共有15000人。该师从7月31日投入作战开始，截至10月31日共损失5881人，其中1388人阵亡，209人失踪。截至10月31日，该师下属第282步兵团损失了1723名官兵，432人阵亡，61人失踪。这个师下属的所有步兵团事实上都已经萎缩成了和加强营差不多的规模。另外一些步兵师的情况要比第98步兵师乐观一些，例如第6步兵师的损失就没有这么多。[25]

党卫队"帝国"师的损兵折将已经严重到了一定程度，师部决定将党卫队第11步兵团解散，将其人员补充到"元首"和"德意志"两个团之中，且不再

德军的 MG-34 机枪既可以在步兵班中当作轻机枪使用，也可以当作重机枪使用。在扮演重机枪的角色时，它会被安装在大型的三脚架上面，而不是靠两脚架支撑。它可以被放在进行"远程射击"的位置，在三脚架前面用连续的火力扫射出一道弧线

保留该团的团部，团部的军官和士官被用于补充其余两个团的相应职位缺额。[26]

　　第6装甲师下属的装甲团主要装备的是捷克造轻型坦克，他们现在只有相当于一个营规模的坦克可以继续作战，这导致团里的一些人员无所事事，这些"冗员"被组织起来执行特殊任务。10月24日，装甲团团长里夏德·科尔上校（Richard Koll）被任命为加里宁城防司令，没有坦克可开的装甲兵们被送到维亚济马，在那里组建了格莱斯根（Glässgen）步兵连。[27]

　　第18装甲师师长瓦尔特·内林少将在10月31日报告称该师的战斗力差不多还剩下齐装满员状态的一半。11月6日时的另一份报告也揭示了东线战场德军部队战斗力的损耗情况。一共17个装甲师的战斗力加起来相当于6个满编装甲师，而136个步兵师的实力也就和83个新建步兵师的实力差不多。[28]

　　10月份结束了，冯·博克元帅和他手下的将军们，还有希特勒都在等待着天气好转。支持德国东线作战行动的后勤系统已经不能再承载新的错误了，

秋季的凄风苦雨扼杀了一切有关发动大规模攻势的希望，弹药和燃油的短缺导致大型的进攻行动无以为继。显然现在最需要的就是停下来。参战双方都在研讨着下一步的行动，大本营和朱可夫都认为德军现在肯定不会善罢甘休，所以他们还是更倾向于采取防守态势。在另一边，德军认为斯大林已经打光了手里的牌，他们想趁着冬季降临之前尽快发起进攻。

我们要燕麦

到现在已经写了这么多关于德国装甲部队的内容，差点就忘记了再提一下，二战期间的德军究竟使用了多少马匹——每个德军步兵师有5400匹马，10月1日时，中央集团军群共有47个步兵师，这就意味着整个集团军群的军马多达25万匹。都算起来，整个德军差不多有100万匹马。苏军也有很多马，这不仅是因为他们的骑兵师数量较多。一个苏军步兵师应该有2500匹马，在"台风"行动开始的时候，负责保卫莫斯科的三个方面军应有军马22.6万匹。[29]

10月严峻的后勤问题不仅影响了弹药和燃料的供应，同样也影响了饲料的供应，这些物资的供应量都急转直下。如果没有马，步兵师的榴弹炮就会寸步难行。每匹马每日的饲料定额为5公斤燕麦、5公斤干草和5公斤秸秆，也就是一个齐装满员的步兵师每天得需要80吨的饲料。10月19日，德国第8集团军报告称他们手中的燕麦储备仅够一天使用。一天之后，第4装甲集群也向中央集团军群报告，宣称他们的燃料、燕麦和食物已经严重短缺。[30]

德国第98步兵师的例子非常有意思。在11月末他们组织了50名官兵，到该师后方130公里的地方搜集食物和饲料。因为后方常常有游击队出没，这项工作的风险很大。德国第6步兵师也是一个好例子，他们报告自己的炮兵单位成立了燕麦收集分队，因为炮兵离不开马匹，收集分队忙得不可开交。虽然有这样的特殊分队，但前线单位还是得自己克服困难。不管怎么努力，饲料短缺的情况还是难以缓解，而且一点都没有改善的迹象。德军不放过自己周围的每一堆秸秆，每一捆干草。越来越多的草原马被德军征用——这是一种个头较小，吃苦耐劳的马匹，在苏联被用于农业用途。这种马连桦树皮和屋顶上的茅草都能吃下肚去，但它们比德国马要小，拖曳能力不如德国马。[31]

德国第137步兵师的马匹过得应该是最惨的了，它们的饲料供应已经完全崩溃了。鉴于铁路运输面临诸多困难，装在车里很占地方的饲料获得了最低的运输优先权。茅草屋顶和没人住的木屋都被拆了用来喂马，而兽药和铁匠用具等物品供应量也在下降。这种情况带来的问题不会马上爆发，但时间一长就会显现出来，再加之以饲料短缺，使得这些马匹都成了短命畜生。1942年3月，137师的马匹死亡率达到峰值，这月死了至少650匹马，其中一半死于饥饿劳累，40%被游击队弄死，还有10%死于伤病。[32]

步兵营会不定期地从前线撤下来，好让士兵们进行休整。休整的地方一般都会离前线很近，但总比窝在散兵坑里悲惨度日要强多了。马匹和人一样也需要进行休整，随着战事陷入停滞，第6步兵师在距离前线30公里处建立了一处马场，把那些不是非常急需的马匹全都赶进去休息。[33]

苏军也发现让马匹保持膘肥体壮不是什么容易的事情，但好在苏军部队是顺着后勤路线往后撤退的，因此他们受到的影响没有德军那么严重。不过，苏军在下雪时要更多依靠马拉爬犁进行运输。红军的马匹也同样只有屋顶的茅草可吃，他们也在费劲地到处搜罗干草。苏联第49集团军官兵在秋天发现东边的奥卡河谷里还有不少夏天留下的干草垛，集团军后勤主任安季片科向那里派出队伍搬运干草。12月一次年1月，差不多有5000吨干草被下发给集团军各单位。虽然采取了这样的措施，但他们的马匹还是饿得够呛。1940年共有2100万匹马为苏联的农业部门服务，但到1945年就只有1070万匹了。[34]

在这一战区使用马匹还需要面临别的一些问题。11月时，罗科索夫斯基中将的第16集团军接收了四个骑兵师，这些部队都是从高加索调来的。但这一战区的地面已经被白雪覆盖，河流也已经结冻，而这四个骑兵师都还没有冬季用的马掌。[35]

注释

1. 蒂斯，《中央集团军群在东线战争：陆军总参谋部作战处的大幅态势地图集》，第96—104页。

2. 弗朗茨·约瑟夫·施特劳斯，《来自维也纳的第2装甲师师史》，第94—95页。

3. 罗科索夫斯基，《军人的天职》，第66—70页。

4. 第4装甲集群作战处战争日志，1941年10月23日，NARA T313，R340，F8622732。

5. 莱因哈特，《莫斯科城下的转折》，第85—95页。

6. 加利耶夫，西蒙诺夫，《1941—1945年的胜利将帅》，第260—261页。朱可夫，《回忆与思考》第二卷，第210—211页。

7. 将要被撤回国内的单位包括第8军，第5、8、15和第28步兵师，以及第1骑兵师，见莱因哈特，《莫斯科城下的转折》，第82—84页。

8. 许尔特，《德国将军在东线：戈特哈德·海因里奇通信日记集 1941/1942》，第96页。迪特林，《在东线中部的第137步兵师》，第216页。瓦格纳，《莫斯科1941——对苏联首都的进攻》，第29页。另参见第4装甲集群作战处战争日志，1941年10月23日，NARA T313，R340，F8622731，宣称路况问题比敌人带来的问题还要严重。

9. 关于泥浆的深度，见维丁格的《"帝国"师师史第三卷1941—1943》，第186页。关于第6装甲师所遇到的问题，见保罗·沃尔夫冈的《焦点：第6装甲师（第1轻装师）师史1937—1945》，第154页。

10. 赫尔曼·盖耶，《第9军在1941年东线战役中》，第147—150页。

11. 莱因哈特，《莫斯科城下的转折》，第81页。阿道夫·莱尼克，《第5猎兵师》，第153—156页。

12. 第50集团军司令彼得罗夫中将、第24集团军司令拉库津中将、第19集团军司令米哈伊尔·卢金少将（Mikhail Lukin）死亡（译者注：原文有误，卢金中将实际上是被俘）。第20集团军司令叶尔沙科夫少将和第2集团军司令谢尔盖·维什涅夫斯基中将被俘。

13. 加利耶夫，西蒙诺夫，《1941—1945年的胜利将帅》，第403—404页。

14. M. I. 哈米托夫，《莫斯科战役》，第34—35页。卢普霍夫斯基，《维亚济马大灾难1941》，第93—95页。莱因哈特，《莫斯科城下的转折》，第317—318页。

15. 华西列夫斯基，《毕生的事业》，第151页。

16. S.格拉希莫娃，《勒热夫真理报》2002年10月24日。

17. 加利耶夫，西蒙诺夫，《1941—1945年的胜利将帅》，第208—209、243—244、255—256、351—352、432—433页。

18. 参见西方面军第43集团军指挥员在10月22日的指令，以及西方面军司令员第54号令，1941年11月3日。收于G. K. 朱可夫（编），《莫斯科战役文件汇编》。此外参见《伟大卫国战争，1941—1945年，第一册：严酷的考验》，第229页。

19. 师级部队的实力见《布良斯克方面军在1941年11月7日的兵力和编成》，收于《伟大卫国战争军事历史资料集，第43册》。

20. 新建的坦克旅为坦克第4、第8、第9、第11、第17、第18、第19、第20、第21、第22、第23、第24、第25、第26、第27、第28和第32旅，苏联坦克部队的发展参见科洛米耶茨，《莫斯科战役：1941年9月30日—12月5日》。

21. 埃里希·邦克,《我们的宿命是东方1939—1944》,第427页。

22. 霍斯特·格罗斯曼,《莱茵一威斯特法伦第6步兵师战史1939—1945》,第81—82页。

23. 具体事例参见马丁·加瑞斯,《法兰克尼亚—苏台德意志第98步兵师的战斗和命运》,第154页。恩斯特-马丁·莱茵,《莱茵一威斯特法伦第18步兵团/掷弹兵团1921—1945》,第104—105页。

24. 威廉姆森·默里,《德国空军1933—1945：失败的战略》,第88—94页。莱因哈特,《莫斯科城下的转折》,第88—89页。汉斯·林,维尔纳·格里贝格,《第27战斗机联队》,第75页。《文件与资料：数字中的莫斯科会战》,第72—73页。

25. 对步兵军损失的总体评价见盖耶,《第9军在1941年东线战役中》,第142—144页。对第98步兵师损失的总体评价见加瑞斯,《法兰克尼亚—苏台德德意志第98步兵师的战斗和命运》,第82、153、161页。对第6步兵师损失的总体评价见格罗斯曼,《莱茵一威斯特法伦第6步兵师战史1939—1945》,第84—85页。

26. 维丁格,《"帝国"师师史第三卷1941—1943》,第169页。

27. 保罗,《焦点：第6装甲师（第1轻装师）师史1937—1945》,第154—155页。

28. 保罗,《第18装甲师师史1940—1943（附第18炮兵师史1943—1944）》,第112页；11月6日的报告见西顿的《莫斯科会战：1941—1942》,第128—129页。

29. 布赫纳,《德军步兵手册1939—1945》,第8—9、81—82页。夏普,《二战苏军作战序列,第9册：红潮》,第118—119页。《文件与资料：数字中的莫斯科会战》,第70—71页。

30. 布赫纳,《德军步兵手册1939—1945》,第74页。第4装甲集群作战处战争日志,1941年10月19日,NARA T313,R340,F8622721—22。

31. 加瑞斯,《法兰克尼亚—苏台德意志第98步兵师的战斗和命运》,第167页,格罗斯曼,《莱茵一威斯特法伦第6步兵师战史1939—1945》,第86页。

32. 德特林,《第137步兵师在东线中部》,第198页。

33. 格罗斯曼,《莱茵一威斯特法伦第6步兵师战史1939—1945》,第87页。

34. 安季片科,《在主要方向上》,第78—79页。亚力克·诺夫,《苏联经济史》,第269页。

35. 罗科索夫斯基,《军人的天职》,第73页。

第十三章
11 月 7 日阅兵式

安德烈·克拉夫琴科上校（Andrei Kravchenko）11月4日收到了一条非同寻常的命令，上级下令让他的坦克旅做好参加检阅的准备，而不是直接开上前线。他的坦克旅为此将在红波利亚纳（Krasnoy Polyani）完成集结。

克拉夫琴科以前是机械化第18军的参谋长，1941年9月被任命为新建坦克第31旅的旅长，这支部队在西南方面军建立完毕之后被调往莫斯科东北的弗拉基米尔。此时此刻，他们突然得到了参加十月革命纪念庆典的光荣任务。[1]

每一年的11月7日，苏联当局都会在莫斯科的红场上举行声势浩大的阅兵仪式，以此纪念布尔什维克党人掌握政权的十月革命。在11月6日傍晚一般都会召开一次党代会，斯大林很清楚，在德军兵临城下的危局之中，这场阅兵式会有什么样的重要意义。不过这场阅兵式的举办并非易如反掌，德军很可能采取措施对其进行干扰。虽然可能会遇到困难，10月斯大林还是决定照常操办十月革命纪念庆典，但他还是想和阿尔捷米耶夫及朱可夫一起再研究一下。斯大林在11月1日召见朱可夫，朱可夫告诉他，现在这个时候，德军没办法发动能直接威胁到莫斯科的大规模攻势。糟糕的天气会一直持续下去，朱可夫最近还得到了来自西伯利亚的部队支援。不过他也指出，德国空军可能会活跃起来，他建议从附近的方面军抽调战斗机，来加强莫斯科的空防力量。斯大林告诉朱可夫，他已经决定安排莫斯科军区司令兼莫斯科防御区司令帕维尔·阿尔捷米耶夫中将全权负责阅兵式。[2]

阅兵式往年会在上午10点开始，但这一年斯大林允许阿尔捷米耶夫决定最合适的开始时间，不到最后一刻不会对其他人公布，而斯大林本人则希望在11月6日周四傍晚的党代会上自己的讲话结束之后得知确切时间。斯大林决定在莫斯科市中心高尔基大街的马雅可夫斯基（Mayakovskiy）地铁站里面举行这次会议，他在随从的伴随下，于举行会议的前一天视察了这座地铁站。

工农红军总汽车装甲坦克兵局（GABTU）的坦克兵政治委员尼古拉·比留科夫（Nikolay Biryukov）在他11月4日的笔记中写道，除了坦克第31旅之外，坦克第1旅也要参加检阅。检阅的时候，坦克将按照型号列队行进。打头的是69辆T-60轻型坦克，三辆一组并排行进，后面是队形相同的BT-7快速坦克。轻型坦克方队后面是T-34坦克方队，两两一组行进。排在最后的，但和坦克方队同样重要的是30辆装甲汽车和300辆各类机动车组成的检阅方队。[3]

阅兵式上并不是只有坦克和其他机动车辆，还有一些其他的兵种也接到了受阅的命令。莫斯科卫戍司令库兹马·西尼洛夫（Kuzma Sinilov）试图对频繁的训练活动本来的目的进行保密，他告诉部队，他们正在为11月中旬的一次大型视察活动做准备，视察过后他们将被派往前线。虽然如此，很多官兵还是猜到了训练的真实目的，因为每年11月7日的庆祝活动早已家喻户晓。参加检阅的人员包括来自步兵第332师的步兵，还有来自多所军事院校的学生，以及海军人员，他们都为受阅做好了准备，防空部队的高射炮单位也参与到了阅兵之中。最后，还有内务部队和所谓的"独立特别机动旅（OMSBON）"参加阅兵，后者可以认为是在40年代时期类似于俄罗斯特种部队（Spetsnaz）的一种单位。将要参加阅兵的是独立特别机动旅的两个营，还有内务部队的炮兵与骑兵单位。[4]

相对于24小时之前在党代会上的讲话而言，斯大林11月7日在红场上发表的讲话要大为简短，用词也更为华丽。不过在两场讲话中，他都提到了从进攻苏联至今，德国的伤亡已经高达450万人，而苏联损失170万人，要比德国少得多。这样的说法显然无法说服任何一个富有洞察力的观察家，因为没有哪个侵略者——当然不是就德国人而言——能够在出现这么庞大的伤亡数字和这么不利于自己的交换比之后仍然维持进攻态势。

两次讲话中，斯大林都强调了自己的国家并非在与德国孤军奋战，因为英国和美国站在他这一边。他还强调说红军正在进行一场旨在解放同胞的正义之战。斯大林还在11月7日的讲话中提到了历史上的一些能征善战的英雄人物，例如亚历山大·涅夫斯基（Aleksandr Nevskiy）、德米特里·顿斯科伊（Dmitriy Donskoy）、库兹马·米宁（Kuzma Minin）、德米特里·波扎尔斯基（Dmitriy Pozharskiy）、亚历山大·苏沃洛夫（Aleksandr Suvorov）以及米哈伊尔·库图佐夫（Mikhail Kutuzov）。

斯大林的演讲结束之后，他面前的听众爆发出热烈掌声，在红场四周经久不息。部队行军礼致意，乐团紧接着开始演奏《国际歌》。奏乐完毕之后，部队开始列队接受检阅，鼓手奏响军乐，之后则是内战时期流传下来的军歌。按照阿尔捷米耶夫的回忆，整场检阅持续了差不多有一个小时。[5]

所有的广播电台都转播了斯大林的演说和这一次阅兵式，由著名的发言人尤里·列维坦（Yuri Levitan）对现场的盛况进行解说。总体来讲，十月革命24周年的庆祝活动以及斯大林在11月6日和7日的讲话都取得了非常好的反响。莫斯科最具影响力的人物之一瓦西里·普罗宁（Vasiliy Pronin）在11月6日写道，斯大林的讲话结束之后举行了一场音乐会，著名艺术家们在音乐会上表演了根据俄罗斯历史上那些重要片段创作而成的作品。[6]

鉴于阅兵式的准备工作是在高度保密的状态下进行的，所以记录斯大林讲话的影片也只留下了默片，而阅兵式则被平时拍摄游行庆祝活动布置的摄影机记录了下来。虽然莫斯科电影制片厂事前并没有接到通知，他们还是派出工作人员就位，来录下这一历史事件，不过平时负责为斯大林讲话录音的那位工作人员却不在场。后来在克里姆林宫的圣格奥尔基厅补拍了讲话，算是解决了问题。斯大林在类似于列宁墓顶平台的建筑前方把讲话重复了一遍，效果很难称得上理想，因为他并没有在寒冷的雪天站在列宁墓上讲话。有谣言传出，说斯大林11月7日并没有在红场露面，类似于这样的谣言多次被后世的历史学家们信以为真。[7]

有说法称接受检阅之后，受阅的作战部队就都直接开上了前线，但其实并不尽然。步兵第332师继续作为卫戍部队待在莫斯科，直到1942年1月，该师才在突击第4集团军序列内于列宁格勒附近投入作战。克拉夫琴科的坦克第31旅倒是被派到了莫斯科以南的前线，配属到由别洛夫指挥的第49集团军麾下骑兵第2军作战。[8]

在古比雪夫和沃罗涅日也举行了阅兵式，很多被疏散到古比雪夫的政府部门人员以及外国使领馆人员都到场观看。驻苏联的英国代表团团长弗兰克·诺埃尔·梅森-麦克法兰中将（Frank Noel Mason-MacFarlane）于11月7日向英国政府报告了古比雪夫的阅兵情况，他对此印象深刻，认为无论从哪个方面来看，这都是一次一流的阅兵式。

按照麦克法兰的说法，超过15000名士兵参加了阅兵式，他们都装备精良，军服整齐。包括100辆坦克在内的一些重武器也出现在阅兵场上。他还报告称在阅兵式上出现了20辆装甲汽车、70门火炮，还有36门反坦克炮。古比雪夫当时天气晴朗，不像莫斯科那般大雪漫天，这给空军参加阅兵式创造了条件。[9]

三个地方的阅兵式各有一位元帅出席，这三位元帅自从内战时期就在骑兵第1集团军伴随斯大林征战。[10]在莫斯科的是布琼尼，伏罗希洛夫出现在古比雪夫，铁木辛哥元帅则出席了在沃罗涅日的那场规模相对较小的阅兵式。

第二天11月8日，《真理报》（Pravda）用很大篇幅报道了这一次阅兵式。首页是一张苏联领导人在列宁墓上的大幅合影，斯大林站在中间，两边是布琼尼、贝利亚、谢尔巴托夫、马林科夫（Malenkov）、米高扬和卡冈诺维奇（Kaganovich）这些大人物。文章中提到这一天莫斯科降下了今年第一场雪，这场暴风雪导致之前计划中让300架飞机从红场上空飞过的活动无法进行。总参谋部11月7日上午8点的报告显示，这一天因为天气原因，没有进行空中行动，这与执行了1300架次空中任务的前一天形成了鲜明的对比。站在列宁墓上面的斯大林用手指着天空说道："布尔什维克是幸运的，老天也站在我们这边。"天气使得德国空军无法起飞干扰阅兵式，老天就这样帮助了苏联人。[11]

红军骑兵的进攻

1941年6月22日，德国陆军只有一个骑兵师，这显示德国并不像苏联那样重视骑兵。虽说1937年时，苏军的骑兵师数量从32个压缩到了13个，但他们的骑兵人数还是要远远超过德军。苏联红军裁撤骑兵的现象，显示了新建的主要机械化部队即将代替骑兵去执行很多以往由骑兵来完成的任务，这已经是大势所趋。

　　战前的组织装备表规定，一个骑兵师要编有9000余名官兵，还有64辆坦克、32门压制火炮、20门高射炮以及16门反坦克炮。这样的骑兵师是一支强大的力量，但又需要大量的资源支持。1941年夏秋新组建的骑兵师规模要小得多，只有3500名官兵、20门火炮、8门重型迫击炮、6门反坦克炮，还有31辆轻型坦克，但是真正能接收到坦克的骑兵师并不多，这是因为要优先满足坦克部队对坦克的需求。

　　红军发现处于开阔地带的骑兵师非常容易遭到敌机袭击，需要出动战机和高射炮进行保护，在骑兵师的编制中没有高射炮之后更是如此。在1941年下半年至少建立了82个骑兵师，其中20个将会在12月6日之前参加莫斯科的战斗。两位骑兵司令员后来成了传奇人物，他们分别是帕沃·别洛夫中将（Pavel Belov）和列夫·多瓦托尔中将（Lev Dovator）。11月时，随着德军进展陷入停滞，而苏军的实力则在不断积聚，斯大林非常想发动几次攻势，他想借此彻底挫败或延缓敌军的进攻企图。

　　斯大林打电话给朱可夫："我和沙波什尼科夫想要发动反击，来对敌军先发制人。"一场进攻行动将在第16集团军和德军第4装甲集群对峙的沃洛科拉姆斯克地区进行，还有一次攻势则将由苏联第49集团军在谢尔普霍夫针对德军第4集团军的南翼展开。朱可夫对此抱有怀疑态度，他问斯大林需要把哪些部队投入进攻，他手头已经没什么多余的部队了。斯大林建议让多瓦托尔的骑兵军和坦克第58师从北边进攻，而别列夫的骑兵军和坦克第112师则从南边进攻。朱可夫又一次拒绝了，但斯大林对他的不同意见不予理会，觉得事情就该这么定了，朱可夫应当在当天傍晚拿出作战计划来。早在内战和1919—1920年的苏波战争年间，斯大林就曾带领著名的骑兵第1集团军作战，他对骑兵部队还是很有感情的。[12]

　　那两个坦克师都是最近从西伯利亚调过来的，每个师有大约6200名官兵和210辆坦克，但没有装备T-34或者KV坦克。另外两个从高加索赶来的骑兵第17和第24师则将代替多瓦托尔那从7月份以来一直不得休息的骑兵军，在北翼发动攻击。掩护侧翼的任务则交给被严重削弱的步兵第126师进行。

11月16日从北方发动的进攻遭受了彻底失败，他们直接和一个已经做好战斗准备，并且开始向苏军发动进攻的德国装甲集群撞了个满怀。经过两天恶战，坦克第58师的198辆坦克损失了129辆，师长亚历山大·科特利亚罗夫少将（Aleksander Kotlyarov）举枪自杀。骑兵第17师就像英雄一样战斗，按照苏联资料所称，他们在遭遇德军坦克的进攻时损失了75%的人员。[13]

几天过后，在11月21日，朱可夫发布命令，逮捕骑兵第17、第24师的师长和政委，并对他们的擅自撤退行为进行军法审判。这样的过失已经足够判处当场处决。指挥官名单显示这两个师都换了新的师长和政委，但没有说明之前的师长、政委究竟命运如何。[14]

在南边的谢尔普霍夫地区发动的进攻，是针对包括德军第34步兵师在内的德国第4集团军步兵单位进行的，除了别洛夫的骑兵第2军和坦克第112师之外，最近刚从西伯利亚赶来的步兵415师，还有来自近卫步兵第5师的老兵们也参加了战斗。沙波什尼科夫称，骑兵军与坦克师配合糟糕的问题很快就在行动中暴露无遗。坦克师在两天之内损失了三分之一的坦克，没能取得什么像样的战果。德国守军牢牢守着阵地，打得骑兵军无法前进，苏军部队在11月20日再次转为守势。[15]

注释

1. 阿姆斯特朗，《苏联红军坦克指挥员：装甲近卫军》，第386页。

2. 布雷斯韦特，《莫斯科1941：战火中的城市和人民》，第278—279页。朱可夫，《回忆与思考》第二卷，第211页。

3. 他的笔记中对T-34和KV究竟每一排该有多少辆记载得并不清楚，可以理解为要么每排两辆，要么每排三辆，不过照片显示每行有两辆。A.热列别洛夫（编），N. I.比留科夫，《坦克—前进！苏联将军笔记》，第48页。

4. 布雷斯韦特，《莫斯科1941：战火中的城市和人民》，第282页。《莫斯科会战：编年史和事实》，第202—203页。A. J.祖克，《莫斯科战役：被遗忘的一页》，第338页。

5. V. A.安菲洛夫，《粉碎希特勒1941年莫斯科攻势》，第295—296页。《莫斯科会战》，第117页。《莫斯科会战：编年史，真相，重要人物，单卷本》，第528—532页。布雷斯韦特，《莫斯科

1941：战火中的城市和人民 》，第280—286页。

6.《莫斯科会战 》，第456页。萨姆索诺夫，《 莫斯科1941：从失败的悲剧到最终胜利 》，第153页。

7. 见布雷斯韦特，《莫斯科1941：战火中的城市和人民 》，第287—288页。关于莫斯科电影制片厂的细节见A. J. 祖克，《 莫斯科战役：被遗忘的一页 》，第338页。以理查德·奥弗里的《 俄国的战争 》（第115页）为代表的一些资料记载斯大林没有出席阅兵式。

8. P. A. 别洛夫，《 我们身后就是莫斯科 》，第47页。M.萨姆索诺夫，《 莫斯科1941：从失败的悲剧到最终胜利 》，第253页。夏普，《 二战苏军战斗序列，第9册：红潮 》，第79页。

9. 英国国家档案馆皇家植物园馆，陆军部WO 178/25—1941年11月7日密电，麦克法兰致军情局局长的急件。

10. V.A.安菲洛夫，《 粉碎希特勒1941年莫斯科攻势 》，第296页。A. J. 祖克，《 莫斯科战役：被遗忘的一页 》，第210页。

11.《 莫斯科会战：编年史，真相，重要人物，单卷本 》，第528—532页。布雷斯韦特，《 莫斯科1941：战火中的城市和人民 》，第284页。《 真理报 》头版图像见《 战争中的莫斯科1941—1945 》，第65页。

12. 朱可夫，《 回忆与思考 》，第211—213页。

13. 坦克第58师的资料见叶夫·根尼德里格，《 红军机械化作战部队 》，第650—651页。《 莫斯科会战：编年史和事实 》，第208—209页。

14. 第50号文件《 1941年11月21日西方面军司令致下属各集团军军事委员会的命令 》，收于G. K. 朱可夫主编的《 莫斯科战役文件汇编 》。指挥官名单参见萨姆索诺夫的《 莫斯科1941：从失败的悲剧到最终胜利 》，第232—233页。

15. B. M. 沙波什尼科夫，《 莫斯科战役：西方面军在莫斯科方向的行动1941年11月16日—1942年1月31日 》，第142—143页。

第十四章

奥尔沙会议，11 月 13 日

10月10日，弗朗茨·哈尔德在骑马散心的时候被马给甩了下来，伤势严重，右胳膊要暂时吊起来好让骨头愈合。受伤之后，这位总参谋长还是继续在为总参谋部的很多事务忙碌着，一直到11月他的伤势才完全恢复过来。

11月3日，哈尔德评估了东线的战局，德军在两翼并没有取得什么像样的

T-34 坦克的装甲和火力都优于德军坦克，在德军向着莫斯科推进的同时，它们的数量也日渐增长。T-34 的质量自然会让德国坦克手们留下深刻印象，然而很多苏联坦克手都缺乏训练，无法有效运用他们手中的武器

进展。南线的第11集团军占领了克里米亚半岛的大部分，列宁格勒以东的德国部队则正在向季赫温（Tikhvin）推进。不过这些地方在哈尔德眼里都算不上是最关键的，决定性的胜利只能从莫斯科那里获取，而泥泞则把德军前进的速度拖慢到了近乎爬行的地步，德军在乌克兰那里的推进速度也是大不如前。[1]

在中央集团军群的南翼，第2集团军正向库尔斯克进发，并接到了在拿下那里之后，再继续攻占沃罗涅日的命令，这意味着他们需要横渡顿河。哈尔德认为，想要横渡顿河纯粹是痴人说梦，泥泞严重限制了部队的机动，光是把食物送到前线官兵手里就已经够费劲了。除非奇迹出现，否则德军是无法打到沃罗涅日的。[2]

第4集团军和第4装甲集群的后勤状况要稍微乐观一些，但依旧岌岌可危。在斯摩棱斯克—莫斯科的公路主干道北段，交通状况已经一塌糊涂。这种情况之下，第4集团军和第4装甲集群即便是已经打破了卡卢加和莫扎伊斯克之间的防线，也并不能起到多大的作用。[3]

苏军防线的存在让德军很难再绕行其他路线，哈尔德相信苏军手里的资源至多也就能满足采取措施扼守莫斯科地区的需要，他把在沃洛格达（Vologda）和坦波夫（Tambov）之间的地区，以及南边高加索地区附近的地区也包括在内。哈尔德认为坦波夫到北高加索一带的苏军防线薄弱，还觉得莫斯科和列宁格勒之间的那段地方也不会出现什么像样的抵抗。哈尔德推测斯大林将会节约使用手中的部队，从而可以在1942年将从乌拉尔地区调过来的部队投入作战，转入攻势。他还认为，因为高加索地区易守难攻，那里将会继续由目前驻扎的苏军部队把守，英美部队也有可能被投放到高加索地区，来支援那里的苏军部队。[4]

如今看来，哈尔德的推测与现实情况实在是相去甚远。他正确地推断出多数的苏联后备力量都会加强到莫斯科地区，但他显然低估了斯大林手里预备队的数量。哈尔德后来还会一次接一次地低估苏联的战争潜力，其他的那些德国决策者们也都是一个模样。莫斯科当然是重中之重，却没有像哈尔德所想的那样，削弱了莫斯科南北两侧的防线。

哈尔德知道后勤问题将会对日后的作战行动产生极大影响，尤其是铁路更是显得至关重要。这位总参谋长认为在后勤问题出现明显改善之前，是无法发动大型攻势的。哈尔德据此总结，在如今这种泥泞遍地、寸步难行的时候，应当停下来权衡一下今后应作何选择，他对敌军做出的评估也没有显示出什么紧迫性。[5]

接下来的一周给那些掌握决策权的指挥官们留出了充足的时间来进行讨论——其中一些指挥官认为自己在决策方面有很高的话语权。特别是冯·博克元帅，因为进攻莫斯科的事情必须由他的集团军群来完成。他并不是一个人，冯·勃劳希契元帅作为总参谋部的顶头上司和陆军总司令，显然对这件事情也相当感兴趣，希特勒自然也要插一杠子。其他两位高级指挥官——冯·莱布元帅（von Leeb）和冯·龙德施泰特元帅（von Rundstedt）对此也非常关注，他们分别是北方集团军群和南方集团军群的总司令。他们清楚认识到，现在是冯·博克在唱主角，这很可能会影响他们获得援军和物资，而且上级可能还会让他们调拨大批部队来支援中央集团军群。

那些掌管着军工生产的官员们也很关注事态发展。在德国筹划"巴巴罗萨"行动的时候，他们估计斯大林在1941年结束之前就会一败涂地。对苏作战的胜利将会改善原材料的供应情况。届时因为已经不存在可以与德国陆军匹敌的陆地武装，德国军事工业因此就能够专注于空军和海军武器装备的生产。到了十月份，东线战役已经越来越没有能够快速完结的意思，由此产生了非常严峻的问题，因为那时德国的工业系统已经开始压缩陆军所需武器弹药的产量。[6]

因此，不少人对莫斯科城外的战事该做何发展都怀有不同的见解。在遇到类似情况的时候，大家很难统一意见，但这一次，这些德国人都认定其中的风险并没有那么突出。因为德国掌握的情报让他们坚信苏联的后备力量已经消耗得差不多了，作战上不太可能发生什么大的挫折。因此，大家的讨论都集中在目标的宏大程度，以及如何能更完美地达成目标上面。如何更完美地达成目标主要是冯·博克的事情，但哈尔德也责任重大。

11月一开始，冯·博克的多数部队都还是裹足不前。诚然第2集团军已在11月2日拿下了库尔斯克，但除此之外再无进展。冯·博克和第4集团军指挥官冯·克卢格的谈话则更具有代表性。他们都认为第4集团军可以继续向前进攻，但这么做却是在白费力气。部队往前走几公里就得停下来，因为火炮、弹药和其他各种补给品都难以送上前线。他们两个认为待在目前的位置，准备好等到天气适宜的时候再往前走是更加明智的做法。[7]

陆军总司令本可能会在这么重要的军事行动上施加很大的影响力，但冯·勃劳希契的身体不好，10月9日还犯了一次心脏病。哈尔德在11月11日傍晚前去看望他，并和他讨论了战局。第二天一早，哈尔德乘坐火车前往东线战场。[8]

哈尔德在路上费了好长时间，这一定程度上是因为他在明斯克中途下车。哈尔德参观了这座城市，看到了城市的损坏情况严重到了什么地步。虽然如此，有一半的居民还是留在城里，委身于废墟和那些逃过一劫的建筑物里面。参观结束之后，哈尔德又继续乘火车赶往奥尔沙。11月13日他将在那里主持召开一场会议。[9]

三个集团军群的参谋长，以及中央集团军群下属各集团军、装甲集群的参谋长接到通知出席会议，来研讨接下来的作战计划。德国陆军总参谋长一般会在总体规划上有很强的影响力，而前线指挥官们则和他们自己的参谋长密切配合。像这样的会议之前会先行展开一系列的讨论，指挥官和参谋长们都会参与其中。11月11日，冯·博克和哈尔德在电话上探讨了一些事情。冯·博克提到现在每天只有23列列车可以到达中央集团军群的情况，他觉得这是个大问题。这种频率只能满足他的部队日常所需，没有余量可供积蓄。[10]

哈尔德主张的目标恰好和苏联在梁赞—弗拉基米尔—卡利亚津（Kalyazin）一带的防线重合，这条防线位于德军目前的战线以东250公里处。冯·博克元帅认为这些目标值得一搏，但他手下那些劳损过度、后勤状况糟糕的部队无法完成任务。冯·博克提出他的集团军群应该去夺取近一些的目标，但仍应该按照希特勒一个月之前的指示，对莫斯科进行包围。冯·博克认为，这个目标远不如哈尔德的主张那般野心勃勃，只要铁路可以高效运转起来，会更容易实现。[11]

冯·博克建议将莫斯科到伏尔加河之间的运河当作第一个目标，德军将在那里建立桥头堡。这条运河将莫斯科河和伏尔加河连接起来，从首都向北通往加里宁以东大概70公里的杜布纳（Dubna）。相关的集团军级部队报告称他们将很快做好执行这一任务的准备，冯·博克认为，如果后勤状况还是如同现在这样左支右绌的话，那么德军最远也就能打到那儿了。[12]

作为中央集团军群的指挥官，冯·博克觉得现在这副情形之下，已经无法再弄出什么"大师级的战略杰作"。在泥泞之中，部队的机动性严重受限，如果说这种情况在降雪之后会有所改善，那未免太过草率。深深的积雪一样会严重影响机动性。因此，真正适合发动攻势的时间很可能只有很短的一个窗口。[13]

哈尔德仔细考虑了冯·博克的观点，他问到第2装甲集团军的情况如何，因为苏军已经在向古德里安麾下的部队发动反击了。哈尔德想知道，这会不会威胁到冯·博克的右翼。但是冯·博克元帅对此并不是特别担心，他觉得不管怎么着，古德里安都能为冯·克卢格的第4集团军侧翼提供保护，并且还能继续发动攻击，只要天气和后勤条件允许就没问题。[14]

冯·博克的参谋长汉斯·冯·格赖芬贝格少将（Hans von Greiffenberg）之前已经参加了多场讨论，在11月13日上午十点开会的时候已经对情况了然于胸。在会议开始的前两个小时，大家详细讨论了目前形势。来自东线外军处这一情报部门的埃伯哈德·金策尔（Eberhard Kinzel）对敌军情况进行了预估。[15]在研究完形势之后，聚在一起的长官们又把话题引到战术问题和后勤状况上面来，在下午两点休会之前，他们还讨论了冬用物资的问题。

一小时之后，哈尔德与来自各集团军群和集团军级单位的代表们分别展开讨论，这一谈就谈到了晚上七点，已经到该吃晚饭的时候了。各位长官用餐完毕之后，哈尔德组织他们继续开会，散会之后他乘坐火车赶回德国本土。[16]

因为集团军群和集团军级单位的指挥官都没有出席会议，所以大家没能在这次会议上达成统一意见，冯·格赖芬贝格很快就向冯·博克做了报告。虽然形势非常严峻，但冯·格赖芬贝格的报告还是让冯·博克多少放下心来。会上所说的事情多数都在他的意料之中，而胃口最大的目标也已经被束之高阁了。[17]

这时候莫斯科地区开始降温，11月13日记录到了零下15摄氏度到零下20摄氏度之间的低温，很多德国坦克的引擎都无法启动，而那些深陷泥潭的卡车则很快被冻在原地动弹不得。最糟糕的事情则是德国官兵此时还穿着破旧而单薄的制服苦苦煎熬。[18]

正在挨冻的不只有德国士兵。哈尔德从奥尔沙回来的时候，在莫洛杰奇诺（Molodechno）稍作停留。这里建有多处战俘营，在其中一座之中正在流行伤寒，差不多有2万名苏军战俘因此病死，一些德国医生也感染了这种疾病，生命垂危。在其他的战俘营中，有一些战俘饥饿而死。哈尔德觉得这副景象实在是凄惨至极，但他没有任何办法对此进行改善。[19]

指挥官们做出的一些决定是基于对猜测和个人见解的研讨得出的，而在其他的一些情况下，他们需要在几个不同选项中做出选择。1941年11月的中央集团军群没什么可选的，在原地不动等待冬天过去的选项已经被排除在外了。如果原地据守的话，前线部队就可以待在防备完善的阵地之上，有限的铁路运力可以集中在向前运输冬季所需的各类装备和其他物资上面，以备持续数月的严冬所需。

被确定采用的选项是让中央集团军群在条件允许的情况下，能往前走多远就往前走多远。德军希望此举足以对莫斯科形成包围，更远的目标则显得不切实际。所以要么待在原地，要么包围莫斯科，别的实在是没得可选。

德军为何要选择向前进攻，而不是停下来过冬呢？看起来这和他们低估了苏军的后备力量有很大关系。他们不相信苏军有能力将大量援军快速投入战斗，所以向前推进显然没有太大风险。如果天气状况恶化，德军就可以简单地停下然后采取防守态势。在没什么靠谱选项的情况下，考虑到他们所掌握的情报，德国人做出的选择显得非常有理有据。而后来那不理想的后果与其说是决策本身的错误，还不如说是虚假情报造成的。

注释

1. 哈尔德的日记。

2. 哈尔德的日记。

3. 哈尔德的日记。

4. 哈尔德的日记。

5. 哈尔德的日记，1941年11月4日。

6. 见图兹，《崩溃边缘》，重点关注第12—15章。

7. 冯·博克，《战争日记1939—1945》，第346—349页。

8. 哈尔德的日记，1941年11月10—11日。

9. 同上，1941年11月12日。

10. 冯·博克，《战争日记1939—1945》，第354页。

11. 同上。

12. 同上。

13. 同上。

14. 同上，哈尔德的日记，1941年11月11日。

15. 同上，1941年11月13日。

16. 同上。

17. 冯·博克，《战争日记1939—1945》，第358页。

18. 同上。

19. 哈尔德的日记，11月14日。

第十五章
最后的冲击

在高级指挥官正在讨论接下来的作战行动的时候，格奥尔格·霍夫曼中尉和他第14连的手下们还继续待在前线。作为第34步兵师下属第80步兵团的一部分，他们从10月中旬就一直驻扎在小雅罗斯拉韦茨东北偏东的阵地上。11月4日时有两个补充士官到来，这一天霍夫曼强撑着来到急救站，他要在那里待上两天，好让自己从疲劳和营养不良之中缓过来。[1]

11月5日对霍夫曼来说没什么特别之处，但他总算是有力气捉住虱子了。第二天急救站的人告诉他，他还得继续在这里待上三天，在此期间要按医嘱进食。就在他离开急救站的那天，他的哥们儿黑特里希少尉（Hettrich）给送了进来，黑特里希腿部中弹，将要被送回德国接受治疗[2]，失去这么一位最值得信赖的战友让霍夫曼很不好受。

霍夫曼回到前线之后，一连好几天都平静无事。但在11月13日这一天就好像天突然塌下来了一般——苏联火炮一大早上就往第14连的阵地上倾泻大量炮弹，没过多久苏军坦克和步兵又攻了上来，一场持续数日的恶战就此开始，一直到11月16日战火方才减弱下去。霍夫曼只好重新安排反坦克阵地，这时有人承诺要在他的掩蔽部里安一个火炉，但这个火炉却没能让他暖和多久，11月19日，他的连又被转移到了另一处阵地上。[3]

他的连没有转移出太远，士兵们一到新阵地上就开始构筑工事。11月20日，在霍夫曼前去为制定防御方案勘测地形的时候，他的新掩蔽部也建好了。

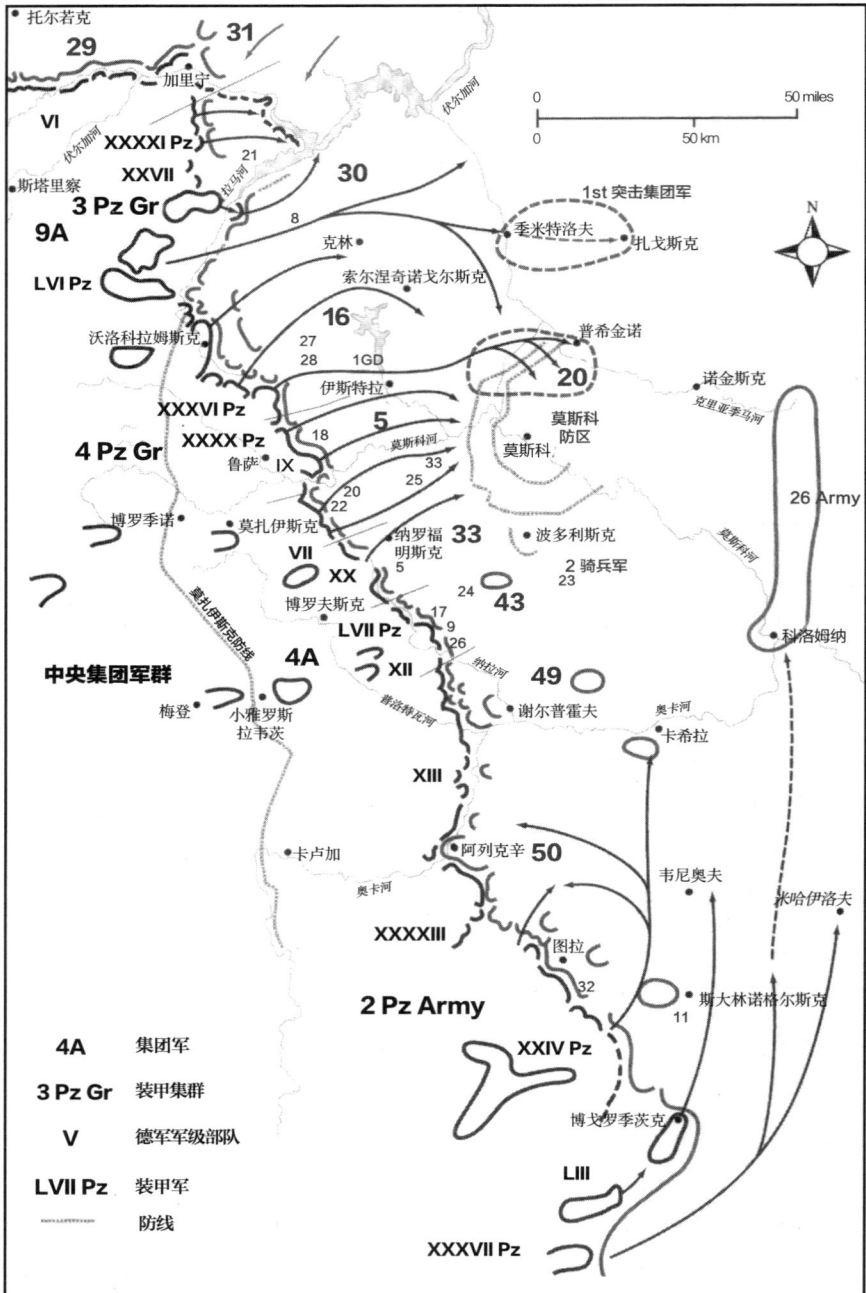

托尔若克
29 31
加里宁
VI
XXXXI Pz
斯塔里察 XXVII
3 Pz Gr 30
9A 8
克林 1st 突击集团军
LVI Pz 歪米特洛夫 扎戈斯克
索尔涅奇诺戈尔斯克
16 普希金诺
沃洛科拉姆斯克 27 诺金斯克
28 1GD
XXXVI Pz 伊斯特拉 20
4 Pz Gr XXXX Pz 5 莫斯科
鲁萨 IX 18 莫斯科河 防区
20 33 莫斯科 26 Army
博罗季诺 22 25
莫扎伊斯克 纳罗福
VII 33 明斯克 波多利斯克
XX 5 2 骑兵军
中央集团军群 博罗夫斯克 24 23 科洛姆纳
17 43
LVII Pz 9
4A XII 26 49
梅登 小雅罗斯 谢尔普霍夫
拉韦茨 奥卡河
XIII 卡希拉

卡卢加
阿列克辛 50 韦尼奥夫
奥卡河 米哈伊洛夫
XXXXIII 图拉
2 Pz Army 32 斯大林诺格尔斯克
11
4A 集团军 XXIV Pz
3 Pz Gr 装甲集群
V 德军军级部队 博戈罗季茨克
LVII Pz 装甲军 LIII
防线
XXXVII Pz

前线态势和进攻计划，1941 年 11 月 15 日作为一名反坦克连的连长，他必须保证他的连已经做好准备，来应对日后的挑战。因为他不可能预知自己的部队会在目前的位置待多久，所以只要有可能，他和他的手下都不会采取临时凑合的手段。[4]

霍夫曼的日记中没有显示出他已经听说了什么有关于即将发动的攻势的消息。与之相反的是，他的日记中只有如何为防守阵地进行准备工作的内容，此外他还写到上级承诺给他们发放冬季装备。在11月最后十天的内容里，看不到霍夫曼对战事有什么见解，而且在12月开头几天，他也没有参加什么作战行动。[5]霍夫曼的连是冯·克卢格第4集团军下属部队，部署在莫斯科西南方向。第34步兵师位于小雅罗斯拉韦茨和波多利斯克之间的公路以南。他们的经历可以表明冯·克卢格当时没有进攻的打算。[6]

*　*　*

中央集团军群共有三个集团军、两个装甲集群和一个装甲集团军。其中两个集团军——第2和第9集团军在侧翼位置，他们离莫斯科太远，很难对近期的战事产生什么明显的影响。第4集团军距离莫斯科要比其他的德军部队都要近，但冯·克卢格无意进攻，冯·博克也没有向他下达这样的命令，这位集团军群司令让冯·克卢格自行判定，自己的集团军何时能做好进攻准备。这样一来，可以用来包围莫斯科的部队只有第2装甲集团军和第3、第4两个装甲集群。

在奥尔沙会议过后的几天里，古德里安的第2装甲集团军右翼部队开始向前推进，看看是不是能从图拉东部发动进攻。德国人认为图拉外围和北边的防线要比南边、东边的难啃一些。古德里安在11月18日发动的进攻证实了德国人之前的推测是正确的。[7]

11月17日，保罗－海因茨·弗莱明听到了即将发动攻势的流言，其中提到第3装甲师也会参与进去。他还注意到，之前那些热烈盼望换防的士兵们再也不谈论这件事情了。他们全都认为这场攻势明显旨在包围图拉，并切断从莫斯科东边延伸出来的铁路线。还有在那天傍晚，工兵们在乌帕河（Upa）上面搭了一座桥，这是用来给第7连明天使用的。[8]

弗莱明和他的战友们在傍晚时着手将步兵炮推进新的发射阵地，但此时他们还不知道攻势究竟意欲何为。不管怎么讲，之前的传言还是相当靠谱的。坦克和其他的战斗车辆被部署在更往前的地方，并被隐蔽起来。弗莱明认为这就是攻势即将开始的证据。[9]

弗莱明在凌晨4点醒来，这时候步兵已经先行动身，一小时之后他来到了他的炮位上，但结果却是一个上午几乎无事可做。雾太大，重武器连所有的步兵炮都没法射击。最终还是在步兵和坦克发起进攻的时候打出了几发炮弹。[10]

第3装甲师的坦克都属于第6装甲团。11月18日，他们有52辆可以作战的坦克，其中的主力是37辆三号坦克。

凌晨3点时，装甲兵们就开始把他们的坦克向前开往出发阵地。路上结了冰，使得履带难以抓牢车辆下方的地面。直到6：15时，打头的第3装甲连才开到出发阵地，其他的装甲连还在后面慢慢磨蹭着。还有一个装甲连被调走，支援攻击特鲁什基诺（Trushkino）的一个步兵营。[11]

第6装甲团大部抵达乌帕河畔并夺取一个桥头堡，但针对特鲁什基诺的进攻行动却没有达成预期目标。装甲团长又派出两个连从北边对特鲁什基诺进行迂回机动，在差不多中午时终于取得胜利。装甲团在下午继续推进，在停下过夜之前又夺取了一些村庄。[12]

第3装甲师是从东南进攻图拉的，但它现在比别的装甲师离图拉都更近一些。在这种情况下，可以预料到它将遭遇强烈抵抗，事实也是如此。11月19日，第6装甲团被苏联重型坦克所阻，虽然没有损失坦克，但却未能取得进展。[13]

再往南，第4和第17装甲师到达了图拉东边的铁路线。第17装甲师在接下来的几天之内继续向北推进，于11月23日到达图拉东北50公里处的韦尼奥夫（Venev）。这一次胜利给了古德里安期盼可以对图拉完成合围的理由。[14]

11月18日，德军从中央集团军群防线北段也发动了进攻，第56装甲军向加里宁以南进攻，在拉马河对岸占领桥头堡。按照该军的态势评估来看，这时的条件非常有利，他们建议步兵单位尽快跟上。在56装甲军的南翼，第5军也发动了进攻，但遭遇苏军坚决抵抗，进展缓慢。第41装甲军在加里宁地区进攻，但他们的目标都没那么重要，因为该军即将要被从目前的位置抽调出来重新部署，和第56装甲军并肩作战。[15]

冯·博克在进攻中投入了这么多的军级部队，很显然他正在对莫斯科做最后一搏。苏联的首都北方面临的威胁最为严重，第3和第4装甲集群正在奔着莫斯科运河滚滚而来。这两支部队要比古德里安的人马离莫斯科近得多，这使得北方的威胁在斯大林和其他苏联高层领导看来要显得更为危急。对于苏联人来说，更不利的是在11月20日，德军的进攻面又扩大了——又有6个装甲师和2个摩托化步兵师开始对着克林地区推进。[16]

莫斯科周围仍有三个方面军在把守，但保卫首都的重任多半都落在了朱可夫的西方面军上面。德国对其他方面军发动的攻击都离莫斯科太远，算不上火烧眉毛。第30集团军多少算个例外，它是加里宁方面军下面的部队，位于莫斯科水库的南边，负责保护朱可夫的右翼。考虑到战术上的情况，把它划给西方面军要更加合乎情理。大本营最终认识到了这个问题，并把第30集团军在11月17日转交给朱可夫指挥。与此同时，列柳申科接替来自内务部队的霍缅科将军（Khomenko）指挥第30集团军。

列柳申科是一位资深的坦克部队军官，在他被召回莫斯科的时候，他还在高尔基市验收英国按照《租借法案》提供的坦克。斯大林在11月17日召见了他，问道：“你想指挥哪个集团军呢？”列柳申科试图不做正面回答，但斯大林硬是要问。他最后选了第50集团军，这是他在受伤前负责指挥的部队。斯大林却毫不客气地答道：“我们想把你送到第30集团军去，那里的情况比较复杂。”列柳申科只有从命的份儿。他离开莫斯科，到前线找到了第30集团军。斯大林有时候心里已经做好决定，但还是要问一问。他可能知道列柳申科一定会说想要第50集团军，这其实是斯大林展示自己权威的一种方法，朱可夫也曾经有过和列柳申科一模一样的经历。[17]

想一想十月的时候都发生了什么，就很容易得出苏联的处境已经糟糕透顶的结论。然而，和德国人不一样的是，朱可夫已经接收了为数众多的后援力量，而冯·博克手里却还是9月30日的那些师级部队，还有几个被抽调走了。换句话说，朱可夫已经建立了一支全新的生力军。如果想要对苏军和德军的力量进行更准确的对比，那就需要把朱可夫方面军里面的第30集团军也考虑到对抗中央集团军群的苏军部队之内。第30集团军把守着一段重要的前沿阵地，很快就要从科涅夫麾下转到朱可夫那里，这样一来，在德国人发动最后一次攻势的时候，朱可夫手里就有7个集团军了。还有一支不容忽视的部队是负责保卫图拉的第50集团军，它在11月10日也被转给朱可夫指挥。从图拉到莫斯科水库之间的战线长约400公里，而德军此时离莫斯科只有75公里了。[18]

11月15日时，朱可夫有大约940辆坦克，这一数字要低于三个方面军在10月1日时保有的坦克数量。但此时朱可夫的战线长度只有一开始那760公里防线的一半多。此外，朱可夫的T-34和KV坦克有200来辆，比十月初的数量要高多了。这使得苏联坦克部队的战斗力有很大提升，这些坦克如果使用得当的话，将会给德军造成很多麻烦。[19]

平均来算，朱可夫的步兵师中官兵人数要小于9月30日前线上的那些步兵师，但每个师负责防守的战线长度平均都比之前短了三分之一，平衡了数量上的劣势，每公里战线上面的士兵数量则和之前差不多。11月时，大本营从预备队里调拨若干骑兵师加强给朱可夫。这几个骑兵师战斗力有限，但机动性比步兵师要强得多。[20]

除了整支部队之外，朱可夫还接收了很多补充单位，这让他得以重建许多已经快被打光的部队。有时候他接收的是一整个全由新兵组成的步兵团，其他时候，新兵则被随机分配进部队里。第49集团军的后勤主任安季片科去集团军后方看望了伤员，并与他们交谈。他注意到很多士兵直到受伤，都不知道自己究竟属于哪一支部队。在前线没法给这些伤兵填写证明身份的卡片，直到他们被转移到后方，需要进行入院登记时才需要做这件事。

安季片科很快就弄明白了这些士兵不知道所属部队的原因，他们被当作补充兵拉到这个方面军来，然后很快就负伤了。举例来讲，第49集团军每天都要接收到两个排的补充兵。在晚上，这些补充兵会被用卡车拉到前沿阵地上面去。在第二天他们参加战斗的时候，他们可能连自己的班长叫什么都不知道。他们只知道他们是在莫斯科城外打仗时负的伤[21]，成千上万的士兵都是这么一种情况。

* * *

时间一天一天过去，白昼越来越短，1941年11月德国空军为莫斯科准备的飞机也不像一开始那么多了。与此同时，苏联空军却是越来越强，朱可夫每公里防线上面的高射炮与9月30日时相比要多出一倍。在防线更往后的地方，还部署着苏联防空第1军。

虽然如此，朱可夫的防线上还是出现了裂缝。无论是从绝对数量看还是从每公里战线上面的密度来算，他的火炮、迫击炮和反坦克炮相比9月30日都要更少，但重型坦克数量较多，多少掩盖了反坦克炮短缺的问题，大量的重型高射炮的存在也能弥补反坦克炮的数量不足。和德国陆军一样，苏联红军有时也会使用重型高射炮来对付敌军坦克。

不同单位之间产生的摩擦会使得高射炮难于或者不能被用来执行其他任务。例如11月22日接过第50集团军指挥权的伊万·博尔金中将就认为85毫米高炮在对付德国坦克时会非常有效，他想把这种武器用来反坦克。但高射炮师的师长奥夫钦尼科夫少将（Ovchinnikov）则坚持认为他的高射炮只可以用于防空。两人争论得越来越激烈，博尔金最终只能设法迫使奥夫钦尼科夫想起来博尔金还是他的上级。奥夫钦尼科夫对此不满，博尔金和他讲，有意见就和西方面军指挥部去提，结果奥夫钦尼科夫回答道，他根本就不归西方面军管辖。博尔金听罢大怒，回答道："你想给哪儿提意见就给哪儿提去，干脆直接告到莫斯科拉倒吧。"

没过多久，博尔金接到大本营打过来的电话，电话线的另一端是沙波什尼科夫，他训了博尔金一通，但这和他要把高射炮用来打坦克没关系。沙波什尼科夫是这么说的："拜托你了，这事情你自己解决吧，这些个问题归哪儿管你就找哪儿去。你是负责人，形势要求你怎么做你就怎么做，你知道应该怎么具体落实吧？"最终，博尔金还是把85毫米高射炮弄上了前线。[22]

在朱可夫的部队后面，还有包括65000名官兵在内的莫斯科卫戍部队（不含内务部队）可以仰赖。除了他们之外，还有前文提到的防空第1军，他们一共有750门重型高炮和350门轻型高炮，这些部队充实着朱可夫的后方。再往后还有一些正在组建中的预备队，11月时共有59个步兵师、13个骑兵师、75个步兵旅以及20个坦克旅，这些部队中没有任何一支可以立即投入前线战斗，尽管如此，斯大林还是向朱可夫保证他将有大量的后备力量可供调遣。[23]

德国国防军第2装甲师是为了开展"台风"行动而新调到东线的两个装甲师之一，该师参加了针对莫斯科西北方向克林的进攻。在11月19日发动进攻的时候，天气已经很冷了，官兵们穿着夏季制服冻得要死。过了几天倒是真的送来了冬季制服，但数量尚不足以让全师人手一套。炮手们领到了大衣，这对于他们来说非常重要，但用来保暖的帽子、手套和鞋子却一样都没有。[24]

现在还不算特别冷呢，湿乎乎的泥地还没能冻结实。11月20日，第2装甲师在向克林进发的时候，车辆被迫频频地在那些只结了一层薄冰、不足以承受车辆的泥塘之前停下，或是绕路行驶。第二天，包括T-34在内的苏联坦克与第2装甲师发生交战，一辆T-34在极近的距离上被3.7厘米反坦克炮击毁。这种炮基本上没有什么能击毁T-34的机会，但这门炮的炮手尼泽中士（Niese）却很幸运，在10米的距离上，他发现了T-34的一个弱点，他打出的小口径炮弹命中了坦克火炮防盾上的机枪射口，从那里穿过了难以击穿的装甲，让T-34燃起大火。被击毁的坦克的速度还是足够从这门反坦克炮上面碾过，尼泽和装填手在就要被碾上的时候逃离炮位，那辆坦克在这之后又往前滑行了30多米才停下来。[25]

第2装甲师在11月23日推进到了达维多沃（Davydkovo），这是一个在克林—索尔涅奇诺戈尔斯克（Solnechnogorsk）之间公路上的小村庄。这个进展使得该师成为在这一地区推进最远的德军部队，离莫斯科的外围地区仅有50公里。第二天，也就是11月24日，第2装甲师占领索尔涅奇诺戈尔斯克。在第2装甲师的北翼，第7装甲师和第14摩托化步兵师也向东推进了差不多的距离。[26]

德军占领索尔涅奇诺戈尔斯克一事让朱可夫和其他红军司令员深感担忧。防线弯曲的态势非常危急，上面的许多弱点让德军取得突破的风险变得更加严峻。朱可夫向受威胁的地区投放了他手头可供调遣的所有部队，包括从莫斯科空防部队中抽调的高射炮营。近卫步兵第7师及其支援部队也被命令从第49集团军那里的谢尔普霍夫向北行进，不过他们无法立即到达索尔涅奇诺戈尔斯克地区。虽然莫斯科近郊可用的部队不少，斯大林也没有从莫斯科卫戍部队和大本营预备队里抽调部队应对危机。斯大林不肯亮出好牌，朱可夫就只能用他手头的那点部队来凑合了。[27]

德军施加给苏联第16集团军的压力依然强大，罗科索夫斯基想撤退到伊斯特拉那里更为理想的阵地上去。在那里，他更容易顶住敌军的装甲突击。朱可夫坚决回绝了他的建议，又强调一步都不许后退，每个人都应该战至最后一发子弹。这没能吓住罗科索夫斯基，他认为自己有义务把这一情况上报给总参谋长沙波什尼科夫，这两位早在战争开始之前就认识了。

沙波什尼科夫接了罗科索夫斯基的电话，几小时之后他又打了回去，给了罗科索夫斯基一个满意的答复。罗科索夫斯基和参谋们为之感到高兴，但他们没能乐上多久。沙波什尼科夫显然没和朱可夫商量这件事情。其后接到的第一道来自朱可夫的命令，开头就写着："我才是带着这个方面军部队打仗的人！"这意味着他们没法往后退了，德军将只能设法把他们往后推。[28]

11月的最后一周刚开始的时候，冯·博克从两翼发动的进攻肯定是打破了僵局，但这却不再是"台风"行动第一阶段的那种精彩绝伦的闪电战了。冯·博克对进展缓慢并不感到意外，他的部队已经显得破败，车辆损耗尤其严重。很多车辆都已经没法开了，迫切需要修理，但零配件的数量非常稀少。很多情况相对较好的车辆在天冷的时候也打不着火。

上述的一切问题，外加窘迫的后勤情况，使得德军无法快速进击，但他们的目的地却已是唾手可得。虽然比起之前的攻势，德军现在的进攻速度较为缓慢，但第2装甲师每天还是能平均推进10公里——莫斯科是越来越近了。

* * *

11月22日傍晚，古德里安命令第24装甲军向北进攻，拿下卡希拉和韦尼奥夫。该装甲军的部队都位于图拉以东，如果进攻得手，那将是包抄这座工业城市的上好机会。相较于正面硬上，这么做的把握要大一些，但这样一来古德里安靠东的侧翼就会被拉得很长。对于这支疲惫之师来讲，把战线拉得那么长无异于一场赌博。此举还会让压力巨大的后勤线路变得更加紧张：弹药、食物、冬装和零配件都要靠那些缺乏维护的卡车送到图拉附近。令人沮丧的是，所有能用的铁路线还都得穿过图拉。

11月23日一早，在埃贝巴赫的手下们发动坦克引擎的时候，气温计上面的读数只有零下6到10摄氏度。虽然如此，德军还是在凌晨四点动身，差不多到中午的时候，他们到达了捷列布什（Terebush），此地位于韦尼奥夫南边约10公里处。在这个时候，来自第17装甲师的库诺战斗群（Kampfgruppe Cuno）

加入了埃贝巴赫的队伍，他们在下午继续推进，一路未遇到激烈抵抗。

到傍晚时候，他们的燃料就不多了。德军车辆停在图拉西南75公里处的一座火车站等待燃料送上前来，但送来的燃料却只够一个步兵团和两个炮兵营使用。雪上加霜的是，第4和第17装甲师的先头部队离这座火车站还有140公里，一些宝贵的燃料就又被运送它们的卡车给消耗掉了。与之形成对比的是，图拉的守军可以通过铁路从北边获得补给。[29]

库诺战斗群在11月24日继续进攻，他们到达了韦尼奥夫北边20公里的库洽丁卡（Kuchtinka），这代表古德里安的先头部队已经到了图拉东北50公里的地方。如果德军对图拉以北的苏军防线发动强力攻击，就可能会包围住这座城市，但他们却没有这么做。这主要是受到德军部队自己的条件所限，他们战线拉得过长，并且缺乏补给。古德里安决定从图拉的南边和东边进攻，这是因为他认为这两个方向的防御较弱。11月25日的行动证实了古德里安的推测，第17装甲师在这一天推进40公里，几乎就快打到了卡希拉。[30]

这是一次令人印象深刻的行动，但也需要承担风险。11月23日，古德里安去拜访冯·博克。他在下午到达冯·博克那里，并向冯·博克报告他即将达成自己的目标，但他同时也强调自己的部队损耗已经非常严重。在最为不妙的情况下，假如他们无法抵达奥卡河畔，除非第4集团军防区前面的敌军撤退，否则他们就只能待在无遮无拦的阵地之上。[31]

第2装甲集团军的东侧翼又长又空，然而德军手头能够用来掩护它的资源却极少。冯·博克元帅意识到，古德里安的先头部队很可能因此不得不回撤，但这是一个值得冒的风险。哈尔德也赞成冯·博克的看法。这也可以表明，冯·博克努力想在他所认为的"最后关头"，给敌人造成尽可能大的杀伤。[32]

古德里安在图拉以东取得的进展导致叶尔马科夫遭到解职。有说法称来自图拉的政治强人瓦西里·扎沃龙科夫（Vasiliy Zhavoronkov）对叶尔马科夫不满。博尔金将军在11月22日接手第50集团军，扎沃龙科夫后来则成了该集团军参谋部的一员。

西方面军不再向后撤退，而是决定在卡希拉地区加强防御，朱可夫也强调，一定不能让卡希拉落入敌手。帕沃·别洛夫和他的骑兵第2军被指定负责卡希拉的防御任务，马上就被调入朱可夫麾下。别洛夫在11月25日到达卡希拉，把自己的司令部设在当地邮局，骑兵军的其他单位接踵而至。朱可夫和斯大林定期会和别洛夫通电话，他得到了一些援军的加强，其中之一就是11月早些时候从东部调过来的坦克第112师。他还得到了步兵第173师，这个师在维亚济马—布良斯克遭受灭顶之灾之后又得以重建。在11月26日，别洛夫那刚刚更名为近卫骑兵第1军的部队已经有了足以防守卡希拉地区的实力。[33]

就在古德里安的部队试探图拉以东防御薄弱的地区的时候，第3和第4装甲集群遭遇了坚决的抵抗。第10装甲师顺着沃洛科拉姆斯克到莫斯科的公路推进，它的装甲营之一由格哈特少校（Gerhardt）率领着，于11月25日凌晨一点，在一个摩托化步兵团和一个摩托车营的支援下展开进攻。不到两个小时就占领了斯克里斯科瓦村（Skleskova）。一个装甲连被单独派出执行侦察任务，以此来搞清楚北边的一个农场里究竟有没有敌人据守。该营营长胡德尔上尉（Hudel）没过多久就报告称该农场有包括T–34在内的苏军坦克驻守，此外还有步兵。[34]

附近存在苏军坦克的情报并不能让德军停住脚步不再向东进攻，来自第10装甲师的部队在六点半动身前往布什拉沃（Busharevo），想在伊斯特拉河对岸建立桥头堡。

一开始，德军的进攻进展顺利。但他们的坦克从布什拉沃以西的树林中一露头，就遭到了包括反坦克炮和压制火炮等多种武器的迎头痛击。在一场激战过后，德国人取得了胜利，开进了布什拉沃。[35]

在这座镇子附近有一座跨过伊斯特拉河的重要桥梁，洛豪斯中尉（Lohaus）带着他的排将桥梁完好地占领了。在成功占领桥梁之后，这个加强营停留在布什拉沃等待燃料送上前来，燃料最终在下午两点运到，野战厨房和弹药补给也一同到来。在加油和用餐过后，他们在下午四点继续进攻，但此时胡德尔上尉的连已经往前走了好一会儿，都已经渡过了布什拉沃南边一公里处的伊斯特拉河。[36]

暮色之中，这个德国装甲加强营继续向前推进，但他们听信了步兵的错误建议，走错了路，到半夜才走到斯捷潘尼夫卡（Stepanivka），他们的到来让那里的一个苏军防空单位大惊失色。在耽搁了一段时间之后，他们走过状况堪忧的道路，在11月26日早上五点占领安尼斯科耶（Anninskoye）。这一宿折腾得太辛苦，整个营一直休息到中午。[37]

格哈特他们一晚上都在作战，休息一下也是理所应当。11月26日，很多负责支援中央集团军群的空军单位的机组成员也在休息，这并不是因为他们执行了夜间任务，而是天气太差导致大部分空中任务无法进行，之前几天也是这副样子。空军对远在战线后方的一些目标实施了轰炸，这样的行动并不能马上让格哈特的营和其他的前线单位从中获益，这些空袭最多也就是延误了苏军的援军到达和后勤补给而已。[38]

格哈特他们在晚上一点接着进攻，目标是伊斯特拉镇。他们选择一条偏北的路线，在途中和一些苏联坦克发生接触，在清除了苏军阵地之后，德国坦克得以继续前进，从北边进入伊斯特拉。与此同时，来自党卫队帝国师的一些单位从南边攻破伊斯特拉，双方协力，伊斯特拉在晚间落入德军之手。[39]

占领伊斯特拉对第4装甲集群来说是个重要的成就。在更往北的地方，以第2和第7装甲师为代表的单位也取得了进展。他们的推进速度不像之前德军的闪电战行动那么迅猛，但比后来几乎所有的那些由苏军和盟军进行的攻势还是要快。按照现有速度，德军将在一周之内打进莫斯科。

在苏联红军中流行着这么一句话："苏联虽大，但我们已经无处可退，因为后面就是莫斯科。"每个人都明白这意味着什么，伊斯特拉周围的激战也让苏军高级指挥官们愈发紧张。在伊斯特拉落入德军手中之后，朱可夫和罗科索夫斯基针对新防线的选址问题进行了激烈争论。现在最关键的是阻止德军占领通向莫斯科的道路上的下一座重要城镇——杰多夫斯克。

在罗科索夫斯基回到指挥部的时候，有人告诉他斯大林想和他通电话。罗科索夫斯基吓得够呛，但斯大林的声音却很沉着，他想得到伊斯特拉地区的形势评估。罗科索夫斯基开始给斯大林详细介绍战场形势，但没说一会儿就被斯大林打断了，他插话说他不需要详细的形势报告，还说他十分信赖罗科索夫斯基，并继续询问第16集团军是否负担过重。罗科索夫斯基给出了肯定的答复，斯大林却让他再多坚持几天等着援军上来。第二天，有一个火箭炮兵团、两个反坦克团和三个坦克营到达战场。[40]

虽然莫斯科已经触手可及，德国指挥官们还是很担心他们的部队还没有继续推进攻势的能力。不过，虽然德军部队实力虚弱，但情报显示他们的对手要更加虚弱，再接着搏一把是值得的。必须要强调的是，德军的损失实际上远远不能称为惨重，他们的伤亡率从8月份开始就一直在逐月下降，在11月份已经降至最低水平。[41]

伤亡率下降的原因之一是中央集团军群和南方集团军群的作战行动有所减少，但在10—11月间，中央集团军群每个师的伤亡率也都要比之前更低，11月份平均每师伤亡人数只有500人上下，以二战水平而言算得上很低了。[42]

人员伤亡率走低的同时，武器装备的损失也不突出。以第10装甲师的装甲单位第7装甲团为例，在"台风"行动开始的时候，该团拥有146辆坦克，其中有85辆三号坦克、19辆四号坦克以及42辆二号轻型坦克。在10月时，完全除籍的坦克包括8辆二号坦克、15辆三号坦克以及两辆四号坦克。11月的损失要稍微高一些，有6辆二号坦克、27辆三号坦克和1辆四号坦克除籍。这样的损失当然不能说是无关紧要，但对于这样一个长时间在大型攻势中担当先锋部队的装甲团来说也算不上超乎寻常。[43]

总体来讲，东线的德军部队在"台风"行动期间每月平均要损失349辆坦克，这一数字明显比前几个月要低，那几个月每月平均要损失510辆坦克。1941年10月1日之后，只有115辆坦克被分配给东线各部队，但在10月和11月期间又补充了不少于397辆坦克，因此，在秋天时德军坦克损失数量下降，而补充数量上升。[44]

德军部队的实力显然没有因为"台风"行动期间的损失而遭到严重削弱。不过，经过五个月的不停征战，德军的伤亡数字一直在累加，在以莫斯科为目标的进攻期间，伤亡并不突出，但这些伤亡却要由那些早在攻势开始前就遭到削弱的部队来承担。还有，敌人造成的伤亡只是问题的一部分，德军官兵们作战日久，面临着生理和心理上的各种问题，他们的毅力和耐力都即将消磨殆尽。在严酷的气候当中仍穿着单薄的制服，以及食物供应不足也导致德军官兵更容易出现患病、疲劳以及其他问题，所以，能守在散兵坑里的士兵就越来越少了。

经过数月征战之后，所有种类的装备都已经严重损耗。11月11日，第4装甲师上报其机动车辆的情况，他们自从6月22日跨过国境线之后，只接收了很少的新车，只有61%的车辆尚可开动，而能行驶的炮兵牵引车只剩下51%。几乎什么零配件都未能接收到，这意味着很快会有更多的车辆趴窝。该师向前线部队运输燃料的能力已经比一开始的时候下降了一多半。[45]

短缺的并不只有武器和车辆，以第98步兵师为例，该师在9月份报告称诸如大头针、棉线、鞋油、剃须刀片、牙膏和别针这样的简单易耗品都供应不上了，本来储备的数量就不多，已经消耗殆尽。随着后勤状况日益恶化，恶果在前线愈发严重地显现出来。[46]

德军面临的这些问题与苏军的情况相比就算不得什么了。之前苏军遭受的惨重损失就意味着11月份负责保卫莫斯科的多数部队要么是新建的，要么是重建的，所以，大部分士兵都还没在前线待上太长时间。他们显然远不如他们的德国对手那样富有经验，甚至连训练有素都谈不上，但和对手相比，他们是朝气蓬勃的。一些新近组建的苏联部队——如步兵第271师、279师以及骑兵第82师的装备情况不佳，他们没能带着规定的武器装备走上战场，而是得到了型号和年份各异的杂牌装备，但这些装备一般都没有过度磨损。

前来增援的一些部队是如同步兵第78师这样按照战前的组织装备表建立的，共有14000名官兵，据说这是最后一个按照旧的组织装备表组织起来的师级部队了。其他部队的构成都形态各异，例如被派往莫斯科地区的坦克第112师，它是按照坦克师的新组织架构建立起来的，包括6200人和210辆T-26坦克，结构虽新，但坦克却全是旧的。

这时候，来自西方阵营的坦克也开始运抵苏联。英国制造的坦克被船运到阿尔汉格尔斯克和摩尔曼斯克，之后又被马上发放给坦克部队。坦克乘员用这些新到车辆匆匆完成训练，之后就参加战斗。德军部队注意到他们在战场上遇到了英国坦克。11月23日，第2装甲师击毁一辆英国坦克，在战斗结束之后，德国士兵上前检查残骸，他们发现从这辆坦克的里程表来看，自打它离开英国的军工厂开始，到这时一共只行驶了40公里。[47]

虱子，虱子，到处都是虱子

秋天时，天气变得越来越冷，德国人开始寻找新的地方用来睡觉。正如第9军的司令赫尔曼·盖耶将军所讲：

"在9月和10月初的时候气温下降。如果条件允许，指挥部人员和野战部队都不会睡在帐篷里，大家宁愿搬到有虱子滋生的农舍里面去住，而不是住在户外。冬天的时候越是寒冷，控制村庄就显得越是重要。"[48]

著名的苏联宣传家伊利亚·爱伦堡（Ilya Ehrenburg）注意到这件事情，并对其加以利用。描述说德国人已经纷纷加入对建筑物和温暖房间的搜寻之中，还说德国人从夏天到现在已经显得谦恭了不少，那时候他们更喜欢攻城略地，而不是寻找农夫的小房子。[49]

待在室内的一大问题就是会有虱子。第6装甲师的营医官海因里希·哈佩（Heinrich Haape）在一名受伤的士兵身上发现了虱子，那时候霜冻已经来临，营里的官兵开始在室内睡觉。哈佩开始更深入地调查虱子的事情，来搞清楚这是不是仅为个案。他随机调查了一些官兵，并从每个人身上都找到了一只到上百只不等的虱子。哈佩对此感到恼火，因为没有一个人和他反映过这个问题，他愤怒地说道："每个连里面都有医疗兵，这些人显然就在睡大觉啊！"过了片刻，他又满脸是戏地呼喊道："你真以为是俄国人打败了拿破仑么？虱子在把拿破仑撵回法国的事情上出力比俄国人还多！"[50]

哈佩认为"台风"期间若干因素的共同作用导致了虱子泛滥的问题——其一，官兵们开始在暖和的房屋里睡觉；其二，官兵整理个人卫生的时间变得更少了，其三，官兵们更换和清洗衣物不够频繁，在天气寒冷的时候，士兵们常常会同时穿两到三件衬衫，还会多穿一件内衣来抵御寒冷，这导致士兵们没有多余的内衣用来换洗。[51]

在哈佩和他的战友们回到营部的时候，他建议让战友们各自找找身上有没有虱子，他们纷纷拒绝，都说在早上已经换过衣服了。但他们还是发现了一些虱子，并用了虱子粉来杀灭这些寄生虫。过了一会儿，在他们和三个营部人员一起用餐的时候，其中一人突然嚷嚷起来："哪儿来的一股恶臭？"另一位营部人员也说闻到了，还有一个名唤拉梅尔丁（Lammerding）的营部人员嗅了嗅哈佩，然后喊道："你怎么这么臭啊！怎么回事啊？"哈佩镇定地回答道："拉梅尔丁啊，老子不臭！老子干净卫生、进步又时髦，就这样。"

拉梅尔丁不同意，他觉得哈佩如同医院里的下水道一般臭不可闻。在接下来的争辩当中，从两个营部人员的身上也逮到了虱子，他们也被撒上了虱子粉。这之后，拉梅尔丁觉得自己闻起来就像一头野驴，但哈佩更正了他的说法："拉梅尔丁你错了，你现在就和医院里的下水道一个味道。"[52]

虱子问题日趋严重，国防军为此设立灭虱站，来对所有将离开东线战场的官兵进行清洁。在火车站，也会对离开前线休假出差的官兵进行灭虱处理。

第43军的指挥官戈特哈德·海因里奇将军在他1941年11月19日的一封家信中，描述了德国和莫斯科之间的不同之处：

> "莫斯科在11月有充沛阳光，降雪之后宁静清冷。有很好的滑雪板和雪橇，适合滑雪运动，不算舒适，但价格低廉。桑拿浴室到处都是！每栋房子里都有虱子、田鼠和家鼠！臭虫尤其喜欢叮咬血型为O型的人。"[53]

注释

1. 霍夫曼的日记。

2. 同上。

3. 同上。

4. 同上。

5. 同上。

6. 蒂斯，《中央集团军群在东线战争：陆军总参谋部作战处的大幅态势地图集》，第103—108页。

7. 同上。

8. 弗莱明的日记，BA-MA mSg 2/4304。

9. 同上。

10. 同上。

11. 第6装甲团战争日志，BA-MA RH 39/707。

12. 同上。

13. 同上。

14. 蒂斯，《中央集团军群在东线战争：陆军总参谋部作战处的大幅态势地图集》，第104页。

15. 蒂斯，《中央集团军群在东线战争：陆军总参谋部作战处的大幅态势地图集》，第104页；冯·博克，《战争日记1939—1945》，第362页。

16. 同上。

17. 列柳申科，《莫斯科—斯大林格勒—柏林—布拉格》，第31—33页。

18. 朱可夫，《回忆与思考》第二卷，第207—214页。1941年11月9日大本营发布的将第50集团军转入西方面军的命令见于《俄罗斯档案，伟大卫国战争，第16册（5—1）：最高统帅部大本营档案集》，第280页。前线长度的出处是《文件与资料：数字中的莫斯科会战》，第77—78页。

19. 科洛米耶茨，《莫斯科战役：1941年9月30日—12月5日》，第45、64页。阿列克谢·萨福诺夫，弗拉迪米尔·库尔诺索夫，《图拉之战》，第41页；《文件与资料：数字中的莫斯科会战》，第77—78页。

20. 别洛夫的骑兵第2军在11月9日包括骑兵第5、第9两个师，到11月12日时则有骑兵第17、18、20、24与44师。《俄罗斯档案，伟大卫国战争，第16册（5—1）：最高统帅部大本营档案集》，第280、286页。前线和各师级部队的信息参见《文件与资料：数字中的莫斯科会战》，第77—78页。

21. 安季片科，《在主要方向上》，第73—74页。

22. I. V. 博尔金，《人生的一页》，第175—177页。高射炮的数量请见《文件与资料：数字中的莫斯科会战》，第77—78页。

23. 除了高射炮之外，还有643挺高射机枪：哈米托夫，《莫斯科战役》，第74页。莫斯科卫戍部队和预备队的实力，见《伟大卫国战争，1941—1945年，第一册：严酷的考验》，第239—240页。

24. 施特劳斯，《第2（维也纳）装甲师战史》，第97页。

25. 同上。

26. 同上；蒂斯，《中央集团军群在东线战争：陆军总参谋部作战处的大幅态势地图集》，第104页。

27. 苏军在莫斯科地区的部队实力请见沙波什尼科夫，《莫斯科战役：西方面军在莫斯科方向的行动1941年11月16日—1942年1月31日》，第180—181页。

28. 罗科索夫斯基，《军人的天职》，第81—83页。

29. 纽曼，《第4装甲师1938—1943》，第372页。

30. 同上；蒂斯，《中央集团军群在东线战争：陆军总参谋部作战处的大幅态势地图集》，第104页；古德里安《装甲先锋》，第252—254页。

31. 冯·博克，《战争日记1939—1945》。注意古德里安在他的回忆录中（《装甲先锋》第252页）对这次会晤做出的解释存在细微差别。鉴于冯·博克的日记是在战争之中写成的，而且他在停战之前去世了，所以我们以冯·博克的说法为准。

32. 同上。

33. 关于别洛夫和卡希拉，参见别洛夫，《我们身后就是莫斯科》，第70—80页。朱可夫，《回忆与思考》第二卷，第216页。

34. 同上；蒂斯，《中央集团军群在东线战争：陆军总参谋部作战处的大幅态势地图集》，第104页；第7装甲团战争日志，1941年11月25日，BA-MA RH 39/99；参加行动的装甲营为第7装甲团第1营，摩托化步兵团为第86步兵团。

35. 第7装甲团战争日志，1941年11月25日，BA-MA RH 39/99。

36. 同上。

37. 同上。

38.《第8航空军行动与作战经过报告：第1部分》，1941年11月15—29日，BA-MA RL 8/280。

39. 第7装甲团战争日志，1941年11月25日，BA-MA RH 39/99。

40. 罗科索夫斯基，《军人的天职》，第90—91页。

41. 德军在东线每月的损失人数为（出处：BA-MA RW 6/v. 552）：

月份	总计	死亡	负伤	失踪
6	41084	8886	29494	2704
7	172217	37584	125579	9054
8	196663	41019	147748	7896
9	141225	29422	106826	4977
10	114865	24056	87224	3585
11	87139	17806	66211	3122
12	77857	14949	58226	4682

42. 中央集团军群的损失人数为（出处：BA-MA RW 6/v. 556）：

时间	人数
7月6日—8月3日	69456
8月4日—8月31日	65140
9月	30518
10月	72870
11月	40580

表面看来10月时人员伤亡数量出现峰值，但如果按日，按每个师的伤亡数量单独计算的话，10月的损失其实比7月和8月时都更低。"巴巴罗萨"行动刚开始的时候，中央集团军群有51个师，而到了"台风"行动的时候，师级部队的数量增加到了77个。

43. 第7装甲团战争日志附件，1941年11月25日，BA-MA RH 39/99。

44. 见附录1，坦克损失和接收新坦克的记录请见BA-MA RW 19/1390。

45. 纽曼，《第4装甲师1938—1943》，第345页。

46. 加瑞斯，《法兰克尼亚—苏台德德意志第98步兵师的战斗和命运》，第127页。

47. 施特劳斯，《第2（维也纳）装甲师师史》，第98页。

48. 盖耶，《第9军在1941年东线战役中》，第152页。

49. 波特，琼斯，《二战中的莫斯科》，第126页。

50. 海因里奇·哈佩，《莫斯科终点站1941—1942》，第148—149页。

51. 同上。

52. 同上。

53. 许尔特，《德国将军在东线：戈特哈德·海因里奇通信日记集1941/1942》，第110页。

第十六章
莫斯科城下

虽然心存疑虑，但冯·博克还是在占领伊斯特拉之后继续发动进攻。11月26日，第3装甲集群向莫斯科运河方向发动突击，但到了傍晚，冯·博克又命令格奥尔格-汉斯·莱因哈特将军（Georg–Hans Reinhardt）带领已经到达运河的装甲集群转向南边，然而莱因哈特认为在运河东岸建立桥头堡，就可以占尽先机。那时，他的部队和来自第4装甲集群的部队正在运河西岸互相争抢地盘，如果他的部队也可以在运河东岸推进的话，他们将得到大量的机动空间。[1]

在向莫斯科运河进攻的时候，第7装甲师一如既往地担当先锋。结冰的路面使得他们难以前进，北翼的第14摩托化步兵师也遇到了同样的问题，但好在苏军还击软弱无力。德军各师级部队报告苏军正在向南边撤退。德军之前察觉到苏联防线虚弱疲软，这个情况已经被第7装甲师和第14摩托化步兵师所在的第56装甲军所证实，他们报告称在过去的一天之中抓获了700名战俘。[2]

11月27日，中央集团军群活动区域的天气有所好转，可以更有效地开展空中支援。不过，第3装甲集群上空存在影响视线的云层，最终他们就没能得到近距离空中支援。第3装甲集群的战争日志提到，苏军进行了三次空袭，而德国空军却没有动静。虽然如此，第7装甲师还是取得了很大的进展，打破了苏军防线。看起来莫斯科运河以西的苏军部队只是在实施拖延德军进攻的行动。[3]

第7装甲师在夜间继续进攻，他们的目标是莫斯科运河流经的亚赫罗马

（Yakhroma）。第3装甲集群预计将在稍晚的11月28日达成目标，然而第7装甲师在夜幕之中就攻入了亚赫罗马，并在早上六点报告此事。这一天，他们还在这座城镇中完好地占领了一座横跨运河的桥梁。这是一个重大成就，桥头堡对于第56装甲军来讲具有很大价值。他们召唤战斗机来保护这座关键桥梁，以防遭受苏军空袭。[4]

第56装甲军很快将增援力量派到了亚赫罗马桥头堡，这个做法非常明智，因为这一地区还在被连续不断的炮火袭击着。一列沿着铁路从季米特洛夫（Dmitrov）开过来的苏联装甲列车也加入了战斗。第56装甲军一遍又一遍地召唤空军支援，装甲军指挥官费迪南德·沙尔少将（Ferdinand Schaal）认为要想让桥头堡派上实际用场，就必须要向那里派出援军。第3装甲集群的指挥官莱因哈特将军和他观点一致，但他手头实在没有什么预备队了，冯·博克元帅那里也没有能力派人增援。他们倒是考虑过把第23步兵师连同一个摩托化旅当作援军派过去，但就凭这两支部队是不足以按计划向扎戈尔斯克（Zagorsk）实施进攻的。[5]

在亚赫罗马占领桥头堡还不到一天工夫，德国人就开始质疑这个桥头堡究竟有何用途。如果他们不能继续向前推进，扩大桥头堡的话，就很有可能在亚赫罗马卷入一场拉锯战。运河东岸的苏军也没有要让出路来的意思。反正，估计用不了多久运河就要结冰了，到那时候，桥头堡就不像刚建立的时候那么重要了。那时即便是没了桥头堡，在运河东岸也一样能展开行动。

11月28日，第3装甲集群收到来自中央集团军群的指示，集团军群要求他们将力量集中在运河西岸。装甲集群询问，是否还要继续守住亚赫罗马桥头堡，集团军群指挥部很快回复：如需要经过苦战才能守住桥头堡，则可以将其放弃。[6]

德军的桥头堡显得咄咄逼人，但朱可夫却觉得不足为虑。他知道附近还有来自瓦西里·库兹涅佐夫少将（Vasiliy Kuznetsov）指挥的突击第1集团军的一些部队可供调遣，其中包括一个步兵师和8个步兵旅。突击第1集团军是大本营从预备队中拿出来拨给西方面军的两个集团军之一。[7]

第4装甲集群在第3装甲集群的南边进攻，其中的第2装甲师成就最大，并在11月27日在克利亚季马河（Klyazma）占领桥头堡。在其他的进攻地域内，第4装甲集群的部队却被苏军的坚决反抗拖住，霍普纳大将希望让第4集团军向

因为德国的后勤系统已经不堪重负，所以就有必要制定优先权。毫不令人意外的是，如弹药、食物和燃料这样的急需物资都被安排优先运送，而冬装和其他一些不算急需的东西就需要等等了。在前线急需冬装的时候，寒冷已经导致德国的铁路运输无法正常开展

前进攻，但冯·克卢格元帅却不让。最后，霍普纳听到了冯·克卢格将在11月28日利用北翼部队发动进攻的消息。[8]

11月28日一早，霍普纳来到第40装甲军视察，他见了来自第10装甲师和党卫队"帝国"师的人员，这些官兵已是疲惫不堪，但对向莫斯科发动进攻充满信心。不过，还没过多久，就从冯·克卢格那里传来了坏消息，这位元帅想要将第4集团军的进攻推迟到下午进行。

这个消息令人感到沮丧，这一天第4装甲集群都没打出什么精彩的进攻战来。霍普纳的部队的确是往前推进了，但没有像他所希望的那么快。虽然如此，将军们还是认为苏联部队的情况比他们更加窘迫，所以还是值得再去拼一把。

这天晚上传来的消息让霍普纳及其幕僚更为沮丧——冯·克卢格决定将第4集团军的进攻行动推迟48小时。霍夫曼中尉的连就是受到影响的部队之一，这意味着他可以接着悄悄地把他的阵地弄得再结实一些。他竭尽自己所能，让阵地更能适应冬季的战斗。[9]

在第3和第4装甲集群从西北方向逼近莫斯科的时候，古德里安的第2装甲集团军还在图拉—卡希拉一带苦战。他的行动还是被后勤问题严重制约，在11月25—26日晚上，古德里安接到通知，称空运只能不定期地向他的部队提供物资，这使得他的装甲集团军没能在11月26日取得显著进展。德军还在斯大林诺戈尔斯克围住一些苏军部队，德军为阻止苏军突围所做的努力也造成了一些伤亡，一些宝贵的弹药也因此被迫消耗掉了。[10]

在古德里安那长长的东翼上面，形势还是不甚明朗。有报告称苏联骑兵第52师在11月26日到达那里，还有摩托化的增援单位接踵而来。第24装甲军截获来自正在埃皮凡（Epifan）以东活动的苏联第3集团军的一个命令，他们命令麾下部队解救在埃皮凡遭到包围的那些苏军单位。[11]

总的来讲，德军在11月26日的行动可以说是犹豫不决的。古德里安的部队分散在很广阔的区域，他们必须要把守非常漫长的战线。这位名扬四海的装甲兵上将无法将其手头的资源集中在一个特定的方向上使用，后勤问题更是让他所面临的问题雪上加霜。与此同时，苏联部队也是处境艰难。图拉及其北部的防线防御严密，但古德里安的机械化部队还在图拉东边横冲直撞，那里的防御力量虚弱。还有，离莫斯科越近的地方比他们更能优先得到增援。不过，过不了多久德军就会明白，苏联有能力在同一时刻加强不止一个地方的战线。[12]

德军打算切断莫斯科到梁赞的铁路线。第10摩托化步兵师的侦察营被派往梁赞方向，之前还派出了爆破小组，以在部分铁路区段实施破坏活动。然而，11月27日，德国空中侦察单位报告，包括坦克部队在内的苏联增援部队正穿过梁赞向西南方向行进，这样一来，侦察营就别指望能到达梁赞了，而那个爆破小组则音信全无。[13]

德军观测到了多次苏军调动援军的活动，而他们自己的努力却收效甚微。第17装甲师发起一次攻击，但燃料却只够两个战斗群之一使用。在图拉也爆发了战斗，但这场战斗还算不上关键。从将军们的角度来看，图拉附近的地区还算平静，尽管多数的士兵对此并不赞同。这对于古德里安算不上好事，但对苏联的将军们有利。古德里安和他的参谋们还对冯·克卢格的不作为表示痛心疾首。如果冯·克卢格进攻的话，将可能吸引一些正在赶往其他地区的苏军后援力量的注意力。[14]此事后来被朱可夫的回忆录证实了，他在回忆录中写道，他的方面军防线中段敌军不活跃，这让他得以将援军调往战事更为激烈的两翼。[15]

11月28日，第2装甲集团军指挥部接到一份揪心的报告，上面说第131步兵师的两名士兵在晚上被冻死了，这意味着第2装甲集团军又有了应该加以重视的新问题。其他的报告总体来讲也不容乐观，除了关于斯大林诺戈尔斯克局势的报告，那里有落入包围圈的苏军部队还在负隅顽抗，肃清他们的战斗显然已经接近尾声。在之前的两天中，德军在那里擒获1000多名战俘，还缴获了大批装备。[16]

第17装甲师得到命令，对卡希拉地区的发电站和工厂实施炮击。这显示出德军的野心已经小了不少。如果他们想继续推进的话，这样的行为就是在浪费宝贵的炮弹。还有，这么一点炮弹很难造成什么要花一阵子才能修复完毕的损伤。[17]

这几天，一直在关注着局势发展的冯·博克元帅是越来越发愁了。11月29日，他对哈尔德表示目前的局势堪忧。这位中央集团军群的指挥官认为，除非莫斯科西北的苏军防线会在近几天之内土崩瓦解，那么还是停止进攻显得明智一些。如果继续把攻势拖下去的话，按冯·博克所说，只会导致"一场与一个手里显然还掌握有大量人员及物资的对手的无情的正面对决"。冯·博克虽然对苏联的战争潜力认识有所提高，但仍然是低估的，他最后说道，他不想把这一仗打成"第二个凡尔登"[18]。

对于像冯·博克与哈尔德这样的，曾经参加过一战的军官们而言。凡尔登代表着持续时间长、代价高昂且毫无意义的消耗战。德国在谋划"巴巴罗萨"行动的时候，没有预见到会出现类似于凡尔登的情况。苏联虽然伤亡惨重——他们的人员损失数量几乎是德军的七倍，但苏联的后备力量数目也是如此庞大，以至于1941年的时候，德军的兵力数量和苏军相比仍然不占优势。没有什么事情能够表明，冯·博克和哈尔德已经意识到苏联的战争潜力究竟有何等充沛，他们所看到的情报也对此毫无表示。

前线面临的问题并不是让冯·博克愈发悲观的唯一因素。在"巴巴罗萨"行动中的大部分时间内，他的集团军群都一直在被阿尔伯特·凯塞林元帅的第2航空队支援着。现在这支庞大的空军部队就要被调到地中海去了，不过，以第8航空军为代表的一些重要部队将继续留在这里。调走第2航空队所产生的影响其实没那么夸张，因为在恶劣的天气条件下，空中力量能起的作用其实有限。[19]还有，沃尔弗拉姆·冯·里希特霍芬将军的第8航空军是德国空军中最富经验的近距离对地支援部队之一。

德国空军对莫斯科实施的轰炸没有得到预想中的效果，但却令苏联的领导层为此忧心忡忡。1941年7月到1942年1月之间，德国空军对莫斯科实施了122次袭击，出动飞机8000架次执行任务。从1941年9月到12月间，苏联空军出动51300架次，其中86%为支援地面作战，其余14%则为莫斯科上空的空防任务。德国空军在1940年空袭伦敦的时候取得的成绩比在莫斯科要大得多，莫斯科共有2000余人在空袭中丧生。与之相比，从1940年9月7日到1941年5月10日期间，德国对伦敦实施的空袭共造成接近3万人死亡。德国空军对莫斯科实施的袭击只能算得上一种袭扰，还远远谈不上是一种可以赢得战争的策略。[20]

在11月接近尾声的时候，中央集团军群的防线上并没有发生什么能让指挥部的人们打起精神的事情。让他们更加萎靡的是，他们受到了来自柏林的一些莫名其妙的批评。希特勒指责中央集团军群进攻不力，还坚称进攻的目的是包围敌人。稍晚些，陆军总司令部作战处的头儿豪辛格也打来电话，提醒他们中央集团军群现在正进行的攻势，应该作为即将向雅罗斯拉夫（Yaroslav）和沃罗涅日发动的大型攻势的前奏。[21]冯·博克从这些话中看出来在柏林的那些人根本就不理解中央集团军群究竟面临何等状况，也不知道苏军部队规模已经扩张。为了进一步阐明其立场，冯·博克给冯·勃劳希契打了电话，但他很怀疑这位陆军总司令是不是正确地理解了他的想法。冯·勃劳希契身体欠安，这可能导致他无力正确评判形势。[22]

冯·博克元帅自己也可能没有正确理解苏军那边的形势。朱可夫已经接到消息，两个预备队集团军——突击第1集团军和第10集团军已经在通往前线的路上了。他开始计划如何部署这两个集团军，他要把它们放到西方面军防区北翼和图拉那边去。朱可夫新接收的两个集团军共计有165000多人，如果出现严重危机的话，他很有可能再得到大本营提供的更多援军。还有更多的集团军可供调遣，但它们还需要在预备队中再待上一阵子。[23]

向前线调遣这些集团军的行为代表了苏军正在迈出进行反击的第一步。

突击第1集团军将在亚赫罗马和季米特洛夫之间展开进攻，第12集团军则从红波利亚纳发起进攻，第16和第30集团军作为友邻部队也会一同行动。反攻的第一个目标就是克林，与此同时，第10集团军和第50集团军还会向斯大林诺戈尔斯克和博戈罗季茨克（Bogoroditsk）进攻，以求逼退古德里安的第2装甲集团军。朱可夫相信德军已经疲惫至极，开始准备进行反击。[24]

按华西列夫斯基所讲，12月初时候，苏军在前线共有420万人，22000门火炮和迫击炮、1730辆坦克和2500架作战飞机，这些数字没有把大本营的预备队也计算在内，这些预备队部署得离前线很近，包括53万多人，还有4100门火炮和迫击炮。这么看来，苏军的防线离崩溃还差得远呢。[25]

与苏军实力相比较，11—12月间的德军实力只有250万人，其中还包括了东线的预备队，这个数字看起来并不那么让人印象深刻。苏军部队的规模几乎是德军的两倍，即便再算上德国盟友的军队，也不能让力量对比的天平反转。[26]

非常值得注意的是，此时的苏军部队在遭受了那么恐怖的人员损失之后，却还占有着数量优势。1941年6月22日德国入侵之时，两边在前线的人数相比之下差不多。在接下来的几个月里，苏军蒙受的人员损失是德军的5—10倍。虽然如此，但在与德军恶战五个月之后，苏军依然在数量上占优。这充分显示了苏联在创造新的军事资源方面的能力，这种能力被德军给严重低估了。[27]

在12月，德国陆军总司令部一直在催促冯·博克全力进攻。这位集团军群指挥官被夹在上级和幕僚之间，处境难堪，后者普遍认为，必须要得到增援才能继续发动攻势。毫无疑问，冯·博克对形势的看法与他的幕僚们更为接近。12月1日，德军没取得什么像样的成绩，他们在继续寻找战术上有利的机会，好在局部地区实施进攻。[28]

没错，冯·博克已经认识到他的集团军群已经无法实现柏林的那些人提出的野心勃勃的目标了。他在经过深思熟虑之后，认为自己至多也就能占领一部分地区，并击溃少量苏联部队，但不太可能取得战略方面的成就。这位元帅再一次强调，认为苏军会马上崩溃的看法不具备任何现实基础。[29]

如果冯·博克的部队驻足于莫斯科城外，他们将处于非常不利的境地。冯·博克认为，苏军可以利用那些如同车轮辐条般从城里辐射开来的铁路和公路轻松地调动增援力量，而等不到几支援军的德军就不得不将部队一字排开，这就意味着他们要在道路之间调动，而不是沿着道路行动。此时此刻，冯·博克负责的战线已经差不多有1000公里长，手里的预备队还剩一个师。在久经战阵之后，他手下的官兵已是疲惫不堪。他认为这些人已经顶不住一次猛烈的反攻。[30]

冯·博克除了12月一开始所考虑到的这几点之外，还有别的担忧之处。11月开始的低温天气导致铁路系统和列车不能正常运行，这对于像德军这么依赖铁路运输的军队来说，不是什么好兆头。

鉴于后勤系统陷入混乱，冯·博克元帅开始怀疑究竟能不能做到一边构筑合适的防御阵地，一边为部队提供足够的物资，同时还要组织进攻行动。他坚信柏林的那些人不知道形势已是何等严峻，并在12月1日又联系了哈尔德。这位总参谋长认可冯·博克对战局的描述，并说冯·博克的话与总参谋部所收到很多部队的报告都一致。不过，在这么一种形势之下，他们很难表达出太过悲观的反对意见。[31]

同一天，希特勒把担任南方集团军群总司令的冯·龙德施泰特元帅换成了冯·赖歇瑙元帅（von Reichenau）。[32]占据着罗斯托夫的德国军级部队在侧翼遭到攻击，向后撤退，这个军究竟应该后撤多远的问题最后发展成了一场争执，最终导致冯·龙德施泰特遭到解职。这位65岁的老帅就这么退休了，但没有赋闲太久，1942年，他将再次担任重要的指挥职责。

在冯·博克为总体局势焦心的时候，他手下的士兵们则在做着他们力所能及的事。前线的生活是艰辛的，不是只有士兵苦，交战地区的所有平民也在艰难度日。在第131步兵师下属反坦克营服役的一位士兵讲述了12月1日发生在阿列克辛的事情。阿列克辛这座镇子在卡卢加以东，奥卡河穿城流过，经过残酷的战斗之后，苏军在最近放弃了它。撤退时，苏军进行了多次爆破，在德军开进阿列克辛的时候，里面已经没几栋建筑还能住人了，冷风和雪花从这些建筑破损的窗口一个劲地往里灌着。[33]

横跨奥卡河的桥梁被毁掉了，德国工兵只好在天寒地冻之中劳作，来建立一座把老城区和对面的工业区连接起来的浮桥。温度计显示现在只有零下30摄氏度，一匹死马倒在河里，它吸引了一些被德军召集过来干活儿的苏联平民的注意力，其中之一用一根木棍把死马给固定住，另外一个则抡起斧头，从死马的屁股上砍下大块大块的肉来。[34]

一场大风让严寒变得更令人难以忍受，雪花从天上飘落。那些睡在房子里面的德军还算是幸运的，虽然窗子破了，但好歹比待在镇子外头的散兵坑里苦熬一宿要强。但是防御阵地上还必须要留人，苏军放弃了阿列克辛，并不意味着战斗从此偃旗息鼓。[35]

德国的攻势很快就没了后劲，正如冯·博克所预计的那样，到了这个地步，整个集团军群只能在战术上做文章，完全无法实现全面协同。自10月起，第19装甲师就一直在小雅罗斯拉韦茨行动，但只是在打一些局部的战斗。除了有一次，他们下属的第27装甲团第1营在进攻中一直打到了离莫斯科还有60公里的地方。[36]

12月1日凌晨五点，德国坦克驶向出发阵地，为几个小时之后的攻势做准备。它们从一条充斥着来自辎重队的马车、汽车和其他装备的道路上挤了过去，虽然遇到了这么一个阻碍，这些坦克还是按时到达出发阵地。坦克乘员们静静地等待着协同作战的步兵攀上这些钢铁怪兽。这次进攻将从第292步兵师的战线上发动，由该师的一个步兵团负责执行进攻任务。[37]

第1装甲营的指挥官紧盯着手表，就在表针刚刚走到6:45的时候，他看见炮兵打出的第一枚炮弹在他前方炸裂开来，这是开始进行10分钟炮火准备的标志。在德国榴弹炮沉寂之后，坦克开始前进，除了搭车的步兵之外，还有一支扫雷部队和一个反坦克排参加进攻，这次进攻的第一个目标是纳拉河（Nara）上面的一座完整桥梁。[38]

在坦克接近桥梁时，他们看到德国的突击炮正在和无法辨认的敌人交战。带领前锋排的弗勒里希少尉（Fröhlich）联系了突击炮部队，后者告诉他，他们受雷场阻碍，不能继续前进。弗勒里希马上就把这个消息告诉了上级。[39]

幸运的是，扫雷部队正伴随坦克一道行动，他们马上着手排除地雷，这项工作很危险，但好在扫雷部队的士兵得到了坦克和突击炮的火力支援。地雷在10点之前被排除完毕，车辆可以继续行进。他们毫无压力地穿过纳拉河，转向北边，以占领一座叫格洛夫金诺（Golovenkino）的村庄，结果那里几乎是大敌四开的。[40]

德军抓获了一些战俘，他们告诉德军北边通向阿库洛沃的沥青路上没有埋设地雷，但道路两侧可能存在大片雷场。这时，装甲团指挥官发出指令，应向北派出一个装甲连来突袭阿库洛沃（Akulovo）。[41]

装甲营营长和他的第2连一起向北进发，他营里的其他部分则被一辆在一座窄桥前面打了滑，半个身子滑下路去动弹不得的突击炮所阻，它正好堵住了桥头的入口。第2连一路冲向北边，但很快被命令减慢速度，以免和后面被耽误的单位之间越拉越远，造成危险。[42]

第2连略微减速后继续向北，营长梅克少校（Mecke）的坦克是打头的两辆坦克之一。突然有个威力巨大的炸药包被引爆了，炸坏了好大一块路面，那块路面上面的坦克被炸得稀烂。没过几秒，又一个炸药包爆炸了，再次撕裂了路面，这一次遭殃的是梅克，一车人全都死于非命。他们的坦克被完全摧毁了，里面的尸体也无法辨认。然而人们在车里找到了梅克的军饷簿。毋庸置疑，梅克那时候肯定在车上呢。[43]

过了片刻又一声巨响打破了寂静，但这次德军没有蒙受任何损失。这几次爆炸搞得道路没法再使用了，这个打头的连只能掉头返回。德军最终迂回其他道路接近了阿库洛沃，这座村庄掩蔽在茂密的树林之中，并被一条小河一分为二。[44]

德军缓慢地向前推进，他们的小心谨慎并不是白费心思，很快就发现当地守军布置了带有遥控爆炸装置的雷场，扫雷部队再次有了用武之地。在坦克冲着碉堡开火的时候，他们清理掉了大部分危险的爆炸装置。与此同时，一个排冲进村子，抵达横跨河流的桥梁。更多来自装甲营的坦克逐渐接近阿库洛沃，使得天平向德国一方倾斜。可是，这次胜利并不是没有代价的，战斗中有两名连长和一名医生阵亡。[45]

这时候装甲营的其余部分和一同作战的步兵也到达了，德军已经控制了阿库洛沃。暮色之中，步兵们占据了防御阵地。疲惫的德国兵就想找到像样的房子睡上几个小时，但天还没黑多久，苏军的炮弹就砸进了村子里，苏军步兵还在夜间发动了多次袭扰。[46]

第二天一早，冯·克卢格元帅问候了在阿库洛沃地区作战的部队，并向他们表达了感激之情。在这时候出现这样的消息是非常引人注意的，这种规模的进攻在10月上半月时对于一位集团军司令来说简直不值一提。形势已经发生了变化，一次团级规模的进攻都能吸引超过其战略重要程度的注意。苏联一方则认为这是德军企图接近莫斯科的最后一次垂死挣扎。[47]

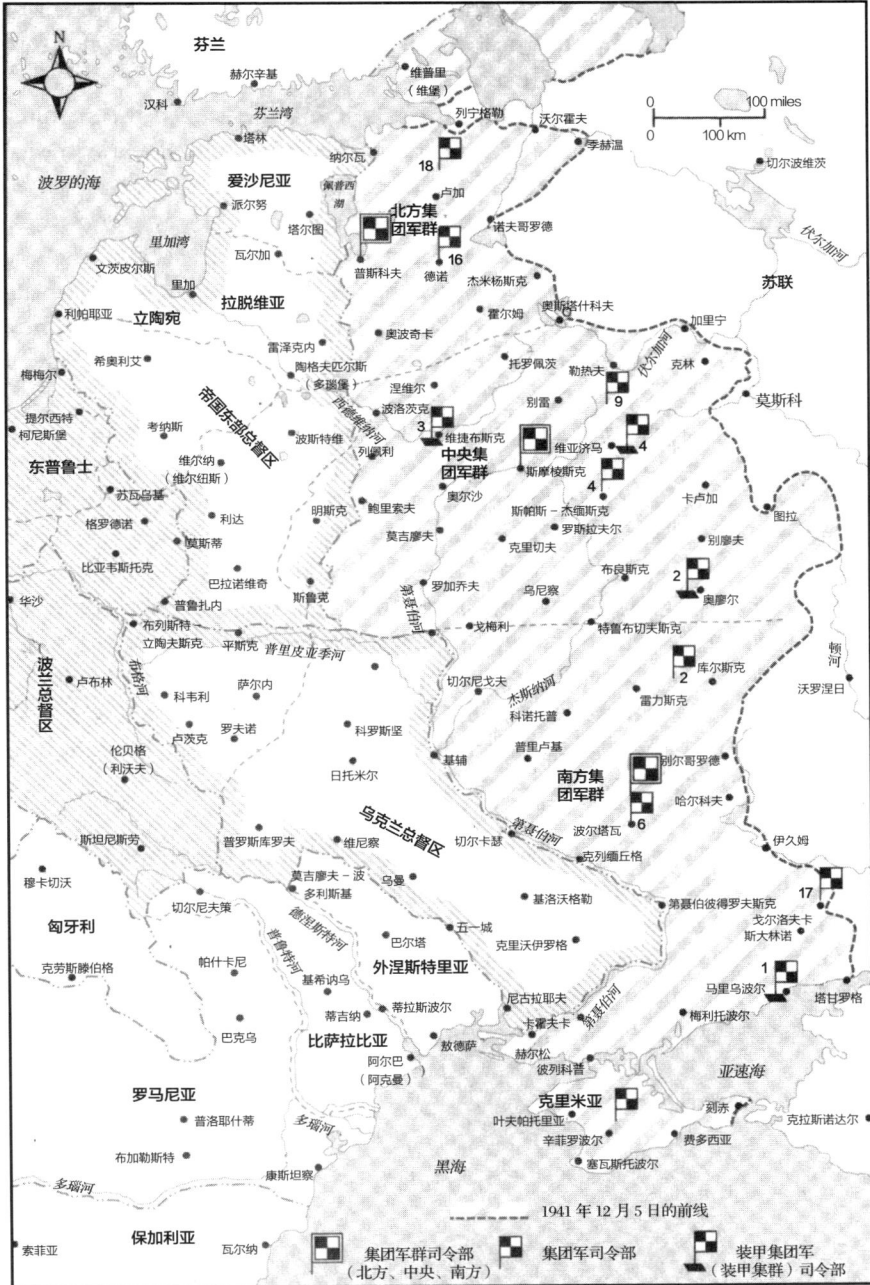

东线，1941 年 12 月 5 日

12月2日，装甲营和随行的步兵继续待在阿库洛沃，燃料还不知道什么时候才能送来，卡车也无法通过被炸坏的公路。在更往东的地方，一支小规模的德国摩托化部队正沿着纳罗福明斯克—莫斯科和莫扎伊斯克—莫斯科两条主要公路之间的一条小路行进，他们一直开到离莫斯科市中心还有20公里的地方，但在第二天就被迫退回了。

待在阿库洛沃村的装甲兵们也在12月3日下午四点的时候接到命令返回，但回程却充满艰辛。破损的路面导致那些受损但仍可修复的坦克难以回收，他们在12月4日凌晨三点出发前做好了炸毁那些受损坦克的准备。他们本希望黑暗可以掩护撤退行动——这在某种意义上没有错，但坦克引擎所发出的噪音却和在白天时一样响亮。苏军士兵因此觉得不对劲，并召唤炮兵进行轰击。[48]

撤退变成了一场混乱，但那些没有受损的坦克还是挣扎着回到了12月1日时的出发地点，那些受损的坦克则被炸掉了。所以，他们并没有取得什么意义深远的成就。占领阿库洛沃的坦克营，还有那个跑到莫斯科外围投下匆匆一瞥的摩托化营的所作所为都不过是枉然。

在12月一开始的那几天，已经没了后劲的德军除了发动一些像占领纳罗福明斯克东北地区那样的小规模突袭之外，再无伟绩。在德军部队疲惫不堪的同时，苏联的援军却源源不断地送上来。冯·博克在11月末所描绘的阴郁图景并非过分悲观。事实上，如今这副景象甚至要比德国人所想的更加糟糕：德军完全不知道那一条条战线之后究竟还有多少苏联援军，他们马上要在东线的搏杀之中书写新的篇章，"巴巴罗萨"行动最终陷入了僵局。

很多德军官兵都明白过来，他们为之奋斗的"决定性胜利"已经与自己擦肩而过，这从他们寄回家中的信件上表露了出来。以下是来自第18步兵师的赫尔曼·马蒂亚斯下士（Herrman Matthias）在11月20日所写的信件内容：

"我听说有高中学历的士兵只要服役三年半，就有机会在战争结束后免费继续深造。不过，我们不该高兴太早，继续深造一定要等到战争结束才行。谁知道这仗什么时候才能打完，我到那时候啥岁数了也不知道。我可不想到了当爷爷的年纪还在大学里听课。"[49]

很多将军也是这么认为的，第43军指挥官戈特哈德·海因里奇将军在11月19日写给妻子的信中，和妻子提到自己没法回家过圣诞了："这仗明年还得接着打，苏联是给揍得够呛，但还没死掉呢。"[50]莫斯科既不会陷落，也不会被围，从希特勒手中掉下的指挥棒又被斯大林拾起，这位苏联的领导和他的红军就要迈出下一步。

注释

1. 冯·博克，《战争日记1939—1945》，第370页；第3装甲集群作战处战争日志，1941年11月27日，NARA T313，R237，F8504189ff。

2. 第3装甲集群作战处战争日志，1941年11月27日，NARA T313，R237，F8504189ff。

3. 同上；《第8航空军行动与作战经过报告：第1部分》，1941年11月15—29日，BA-MA RL 8/280。

4. 第3装甲集群作战处战争日志，1941年11月28日，NARA T313，R237，F8504193ff。

5. 同上。

6. 同上。

7. 朱可夫，《回忆与思考》第二卷，第217页。

8. 第3装甲集群作战处战争日志，1941年11月27日，NARA T313，R237，F8504189ff。

9. 第3装甲集群作战处战争日志，1941年11月28日，NARA T313，R237，F8504193ff。

10. 第2装甲集团军作战处战争日志，1941年11月26日，NARA t314，R93，F7335240ff。

11. 同上。

12. 同上。

13. 第2装甲集团军作战处战争日志，1941年11月27日，NARA t314，R93，F7335245ff。

14. 同上。

15. 朱可夫，《回忆与思考》第二卷，第223页。

16. 第2装甲集团军作战处战争日志，1941年11月28日，NARA t314，R93，F7335252ff。

17. 同上。

18. 冯·博克，《战争日记1939—1945》，第370页。

19. 《第8航空军行动与作战经过报告：第1部分》，1941年11月15—29日，及第2部分，1941年11月30日—1942年1月5日，BA-MA RL 8/280。

20. 布雷斯韦特，《莫斯科1941：战火中的城市和人民》，第203—205页；奥拉夫·格洛赫尔，《1910—1980年空战史》，第322—325页；M. N. 科热夫尼科夫，《伟大卫国战争期间的苏联空军司令部与参谋部1941—1945》，第60页。

21. 冯·博克，《战争日记1939—1945》，第374页。

22. 同上。

23. 突击第1集团军，第10集团军，第20集团军的实力请见沙波什尼科夫，《莫斯科战役：西方面军在莫斯科方向的行动1941年11月16日—1942年1月31日》，第40—44页。其他如第61集团军的实力请见《俄罗斯档案，伟大卫国战争，第16册（5—1）：最高统帅部大本营档案集》，第270—272页。

24. 朱可夫，《回忆与思考》第二卷，第226—227页。

25. 12月初的实力见华西列夫斯基《毕生的事业》，第160页。有关于预备队的信息请见V. 古鲁博维奇，《战略预备队的组建》，《军事历史杂志》1977年第4期，第16—17页。

26. 有关东线德军实力的更多信息请见附录4。

27. 关于1941年6月22日部队补给情况见安德斯·弗兰克森，《1941年夏》，《斯拉夫军事研究》2000年9月第3期，总第13卷，第131—144页。截至1941年11月30日，德军损失为753000人（见BA-MA RW6/v. 552），苏军这一时期的损失难以估计，按照G. F. 克里沃舍夫（编）的《揭秘：苏联武装力量在战争、作战行动和军事冲突中的损失》，第146页的说法，1941年期间，苏军的损失约为450万人，不过有理由怀疑这一数字过低（见泽特林与弗兰克森的《对二战东线诸战役的分析》）。

28. 冯·博克，《战争日记1939—1945》，第375页。

29. 同上。

30. 同上。

31. 同上。

32. 同上；哈尔德的日记。

33. BA-MA mSg 2/3149, Bl. 36。

34. 同上。

35. 同上。

36. 1941年12月1—4日战斗报告（对阿库洛沃发动的进攻），BA-MA RH39/588, Bl. 185ff。

37. 同上。

38. 同上。

39. 同上。

40. 同上。

41. 同上。

42. 同上。

43. 同上。

44. 同上。

45. 同上。

46. 同上。

47. 同上。

48. 同上。

49. 恩斯特·马丁-莱茵，《莱茵—威斯特法伦第18步兵/掷弹兵团战史1921—1945》，第111—112页。

50. 许尔特，《德国将军在东线：戈特哈德·海因里奇通信日记集 1941/1942》，第113页。

第十七章
因与果

　　参与"台风"行动的德军部队之规模，很少有其他的进攻行动能与之相提并论；而如同1941年9月末拱卫莫斯科外围的苏军部队那样人数众多的一支守军也是世间少有；莫斯科战役所涉及的范围也非常广阔。考虑到这些因素，德军能如此快地全面击溃苏联守军一事可能会让人感到特别出乎意料。一般来讲，军队的规模越是庞大，就越是难以击溃，尤其是在进攻一方像那时候的德军一样，在数量上不占优势的时候。对于德军为何能在攻势初期取胜，存在着各种各样的说法，但没有几个说法与这场战役本身和战役的起因紧密相关。

　　苏军一开始的部署不当给德军的胜利创造了条件，西方面军的部署尤其糟糕，布琼尼把一些素质不佳的部队放在了第4装甲集群要攻打的地方，更是让这种情况雪上加霜，给霍普纳的突破帮了大忙。但是，德军把素质更好的部队所扼守的地区也一并突破了，所以，部署不当可能并不是什么决定性的因素。

　　东线战场上处于守势的一方所面对的最根本的问题，就是战场实在太过广阔。需要保卫的战线非常漫长，很难把稀疏的布置在防线上的火炮集中起来，组织防御火力。占领先机的进攻一方则更容易把力量都集中在关键地区。良好的情报可以让防守方及时对受到威胁的地区加强防御，但这种好事很少出现。1943年的库尔斯克战役是一个极个别的例外，苏军提前一个月就知道了德军即将发动进攻的消息，从而向最需要的地区调集了为数甚众的部队。[1]

　　从一些方面看来，库尔斯克在情报方面显得有些不合常理。第一，情报

德军官兵要操心的不只有作战，他们还必须要克服在缺乏合适冬装的情况下度过寒冬的困难

必须要通过某些手段获取，例如间谍、逃兵和叛徒都是情报来源。不过，这些人很少能够深入了解来自最高层的决策活动，他们很少能提供出关于总体策划的情报。监听敌人的无线电通讯也可以截获情报，加密电报肯定可以提供重要信息，分析无线电通讯也可以找到一些蛛丝马迹。但无线电通讯中一般不会显露出高级指挥官究竟作何决定。另一方面，敌军的无线电通讯会暴露部队的集结行动，可以从此得知敌人可能进攻的方向。空中侦察和游击队的报告也可以提供类似的信息。

情报上最基本的问题，就是无论哪种情报来源，一般都只能提供关于敌人和他们意图的零散信息。像英国人解密德国"英尼格玛"加密电报的那种成功案例是非常少见的。情报工作的难度非常之大，敌人还会采取措施，掩藏其行为和意图，让情报工作变得更为复杂。

考虑到军事情报工作需要克服的种种困难，指望着能够准确可靠地理解敌人的意图是不现实的。这种事情的出现就好像中奖一样，但一般来讲，军官们还是要应付那些既不完整、又不可靠的情报。他们必须要揣测敌人可能会有哪些选项可供选择，并尝试推断敌人最终会选择怎么做，这就是1941年时的苏军司令员们必须要做的事情。他们无从得知，德军下一步究竟要干什么。其实并没有任何迹象表明，德军会在这么晚的时候才攻打莫斯科。

只有少数的几个办法可以防止意外状况出现。其中之一就是掌握主动权，以此将含糊不明的情报这一担子甩到自己的对手那里。这不失为一个办法，但对于1941年秋天的苏联红军来讲是不靠谱的。部队吃了一连串的败仗，意味着苏联红军肯定已经稳坐防守一方的位置。在1941年9月把主动权从德军手里抢过来可是不现实的。

还有一个办法就是构筑一条敌人难以穿越的密集防线，但东线战场的战线之长使得这个办法无法实施，尤其是在红军遭受了大得离谱的损失之后更是这样。这已经被叶廖缅科的方面军所充分证明。

从1942年夏天起，东线的苏军数量一般都保持在600万人以上的水平，他们从而可以组织密集防御，也可以组织用来应对敌军突入的预备队。与之相反的是，德军很少能够在东线集结超过300万的兵力。[2]

正如敌军的下一步行动很难被充分预见一样，在每个受威胁的地段都建立坚实的防线也是同样困难，苏军司令员们未能将防御力量集中在最需要的地方，这一点都不值得吃惊，如果他们能这么做，那才是出人意料的。话虽如此，科涅夫和布琼尼却都在维亚济马的惨败之后遭到撤换，但就算换了别人，也不一定会比他们二位表现更好。苏联溃败的根源，要比几位司令员做出的几个决定更加深。

因为德国"台风"行动的筹划和准备工作都在短时间内完成，所以留给苏军司令员去反应接下来要发生什么，以及应该如何采取对策的时间并不多。古德里安的装甲集群还没等彻底完成基辅的战事就开始向奥廖尔进攻。德国人在准备工作上没有耗费太多时间，如何及时部署以阻挡他们的攻击，并非易事。

第3和第4装甲集群也很快就准备完毕了。实际上可以质疑德国人在准备工作上分配的时间实在过短，因为所有的部队在10月2日时都未能准备妥当。不过德军非常强调时间这一因素，所以在有些部队还没准备完全的时候就发动了攻势。苏军司令员除非能得到德军计划书的复印件，否则就没法妥善决策，但即便有了这样的复印件，可能还是不够的。

除了部署较为迅速之外，德军的决策流程也使得他们的意图难以捉摸。如果德军在制定出一个明确的计划之后，再将部队调往前出阵地的话，那么苏军的司令员们就有可能在得到预警之后对德军的计划进行阻挠。然而，德军在将部队调往行动区域的同时才计划他们的攻势，而且计划工作是在不同的指挥层级之中同步展开的，他们做出的并不是一个单一而详细的计划。直到离攻势开始还剩几天工夫的时候，他们的计划才会准备周全，之后只会做出一些小的调整。实际上苏军的司令们只能通过分析地形、路网、后勤线路和其他一些因素来推断德军究竟想作何企图。不幸的是，这样的分析会产生不止一个貌似合理的结果。

德军在人数上并不占有明显优势，但他们还有许多其他的优势。因为德军部队的指挥水平、训练水平更好，一般来说装备水平也要更高，所以德国的将军们就能如同他们手里的部队远多于苏军司令员手中的部队那样行动。德军指挥官们显然掌握了主动权，所以他们并不太关心苏军会怎么展开行动。

德国将军们怕的是苏联的同行们拒绝与他们交战，快速向后撤退，以此避免遭到包围。一旦苏军撤退，德军的战果就会缩水。但多数苏军部队看来都是逃不出去的，毕竟多数的苏军部队只能靠步行和畜力进行机动，协同和交通管控对他们来说也是一个巨大的挑战。撤退的苏军肯定是没办法把德军打得落花流水的。

德军以更为高超的技巧来使用部队，而不是投入比对手人数更多的部队，如此会带来一些好处。举个例子来讲，这样会更容易四处调动作战力量。这在一个公路通行能力有限的战场上显得尤为重要，也对攻势开始之前的部署和行动开始之后推进有利。

德军的另外一个优势在于，他们有能力先发动进攻，然后在前锋之后再以和前锋类似的部队继续跟进。这样一来，比起先以某些部队打开缺口，再让其他部队利用缺口突破的方式，德军可以更快地利用打开的缺口。高水平的训练同时也意味着高级指挥官可以把精力集中在总体规划上面，而不是操心细节。战争中经常出现的各种意想不到的困难，靠当地的指挥官和部队自己就能解决。正是这些优势让德军能够快速达成突破，并包围了70多万的苏军。

这样的一次压倒性的胜利在战争史上当然是不多见的，德国将布良斯克战役和基辅战役并列为两次历史上规模最大的包围战，这两次包围战的俘虏数目要超过德军之前所有包围战的总和。真正能和它们相比的只有1940年在法国和比利时对英法联军实施的包围行动，但敦刻尔克大撤退没能让德军得逞。[3]

这几次包围战究竟该如何论资排辈暂且按下不表，德军在"台风"行动初始阶段所取得的无疑是一次非同寻常的胜利，这主要可以归功于德军在训练、战术、基层军官素质等方面占有的优势。虽然取得了压倒性的胜利，但德军最终还是没能达成目的，这实在值得追问一下。

之前的文献给出了很多种解释，其中之一就是德军是被天气所阻，还有一个说法是苏联红军挡住了他们。这两个观点完全大相径庭，但都把问题看得太简单了。那些强调天气是主要因素的人，很难说得清单靠老天是如何挡住德国人的。在德军把布良斯克和维亚济马的两口大锅盖上盖子之后，德军和莫斯科之间几乎就不存在苏军部队了，即便德军要冒着恶劣的天气，也是能占领莫斯科的。讨论如果天气一直像十月初那样晴好的话，苏军还能不能挡住德军这样的话题似乎要更切题一些。首先必须要强调的是，冬季气候并不是德军最难应付的气候现象，遍地泥潭的那段时间才是最难办的。在德军发动"台风"行动一个半月之后，冬天才算开始，而在冬天来临之前，苏联红军已经得到了宝贵的喘息之机。如果要研究天气是如何影响作战的话，那么在10月10日前后那段时间天气因素的影响才是最大的。

古德里安的部队那时候离莫斯科还有280公里之遥，他们还没有完全封闭布良斯克的包围圈。古德里安没有部队可以用来调遣，以进行针对莫斯科的突破。即便在天气状况有利的条件下，他也不能对莫斯科构成直接威胁。此外，他的部队在9月30日开始进攻的时候，还向着离莫斯科挺远的地方攻了一下，将自己的后勤线路拉长了不少。因此，第2装甲军就没有对莫斯科形成直接威胁，但如果天气继续保持晴朗，后勤路线也得以缩短的话，古德里安就可以在10月20日之后向东北进攻。

如果德军的右翼不在一个可以向莫斯科方向发动强有力的进攻的位置上的话，那么中线和左翼对敌人构成的威胁会是最直接的，其中最为强大的组成部分是第4装甲集群和第4集团军。霍普纳一开始将他手下三个装甲军的其中之一留作预备队，但在四天之后就将那个装甲军的一部分直接调往莫斯科，因此他就有了一支不仅可以向莫斯科进攻，而且的确正在向莫斯科进攻的力量。除此之外，已经从南边封堵了维亚济马包围圈的第40装甲军也可以和那里的敌军脱离接触，转而往东攻击。[4]

和古德里安不同，霍普纳手里有可以向莫斯科进攻的部队，它们离目标也要近得多。因为德军很快就把被围苏军四周的封锁线给合拢了，在肃清包围圈内部的时候不会耗时太久，部队就可以腾出手来完成别的任务。这些因素允许霍普纳和冯·克卢格可以向东进攻，但还有另外三个因素可以拖慢他们的速度：天气、后勤问题，当然还有苏军。

苏联守军有多大几率阻挡德军占领莫斯科，这要和其他的一些情况对照来看。"台风"行动的初始阶段就很适合与之比较。德军轻松打破苏军防线，并立刻趁机向纵深推进。由此证明，苏军的防线无法遏制德军的进攻，所以就要问了——10月10日之后的苏军究竟占据了哪些他们在10月初时候还没有的有利条件呢？

在那个时候，苏联往莫扎伊斯克防线上派驻人手的行为还没能产生什么实际效果。一些部队在到达那里的时候还没有经过彻底的训练，同时也没有战斗经验。另一些部队则是一些残兵败将，之前的败仗带来了各式各样的士气问题。只有少数部队有充足的时间来构筑阵地，这和9月末驻守在前线的那些部队是不一样的。时间紧迫还意味着无法如同之前那样充分地进行通讯工作，这是因为苏军在很大程度上依赖电话线进行通讯。维亚济马—布良斯克的巨大损失使得苏军可以部署在前线的士兵数量变得更少了，这导致防线之上人数更为稀疏，这对进攻一方来说是有利的。

德军还在乘着"台风"行动之初的破竹之势继续猛攻，所以苏军如果没有占据新的有利条件的话，在莫扎伊斯克防线的表现也不会好到哪里去。不管怎么看，10月中旬，苏军的防线状况比起9月末的时候非但没有任何改善，反而还更加脆弱了，很多方面的情况也更加恶化。鉴于德军又在10月份第一周轻松达成了突破，在现有条件不变的情况下，苏军在10月中旬就需要组织起明显要强大许多的防线来阻挡德军。

有迹象表明，德军在10月中旬正被一个或是多个在"台风"行动之初并不存在的问题所困扰着。其中之一就是被围的苏军部队，他们拖住了德军部队，这个问题主要出现在第2装甲集团军和第2集团军的作战区域内。在德军的南翼上，正如我们之前所见，第4装甲集群和第4集团军在进攻莫斯科的最有利的位置上。第4集团军的一些单位还在维亚济马包围圈战斗着，但被围的苏军正以很快的速度崩溃瓦解。冯·博克元帅在10月10日写道已在维亚济马抓获20万名战俘。虽然战斗还在激烈地进行着，但德军很快就可以腾出手来去做别的事情了。三天之后，冯·博克认定维亚济马的战火正在逐渐熄灭，几天之内就可以结束战事。[5]

被围的苏军部队无疑是给德军造成了拖延，但顶多只拖延了几天，而不是几星期之久。实际上苏军的抵抗很快就结束了，没有为苏军司令们向莫斯科以西地区调集援军争取到太长时间。还有，德军没等到肃清所有抵抗行为就开始向东进攻，他们可以靠机械化部队和一部分步兵师发起进攻，其他部队留下来进行扫荡，那些留下来扫荡的部队一定也会很快跟上去，所以说被围的部队并没有拖住向莫斯科进攻的德军。

德军在战役第一阶段折兵损将，耗尽了用于进攻的力量的说法当然也好像是说得通的，但史实无法支撑这一观点。中央集团军群的人员损失只占其总体实力之中的一小部分，这样的损失是并不难以承受的，而且相较于那些没有陷入停滞的战役行动，损失也显得较低。某些文献中引用了一些德军部队损失数据，这些数据可能会支持德军部队伤亡惨重的观点，最常被引用的可能是第4装甲师及其在姆岑斯克之战当中的损失数据。然而，这些数据是基于对古德里安回忆录的误读得来的，与档案记载的内容存在冲突。德国各装甲集群的作战报告以及作战日志中都没有显示出这些损失削弱了德军部队的进攻能力，不过，长期累积的损失一定会在行动被拖长的时候产生影响。[6]

除了气候严重阻碍了德军在10月下半月的行动之外，别的结论都不足为信。没有任何证据表明苏联部队是在比10月1日时更有利的条件下击退德军的猛攻的，10月1日的天气仍然有利于进攻。

天气的影响可以通过燃料的消耗情况显示出来。第7装甲师报告220立方米的燃料通常足够该师向前推进60公里，然而在泥泞之中，这么多燃料只够让该师前进15公里。同时，向该师运输燃料的工作此时也会变得更加困难。

天气的变化并不出人意料。冯·博克元帅曾对天气表示担忧，他也不是唯一一个对此担忧的人。秋季的降水常常会把道路淋得一塌糊涂，这种情况很有可能在10月份出现。

在夏天，德军是很难领教到一场没下一会儿的滂沱大雨就能把道路弄得几乎无法通行的。天气因而成了至关重要的因素，并严重阻碍了德军在10月中旬的进攻行动，但这并不令人意外。在德国人发动"台风"行动的时候，他们就明白自己正在和时间赛跑，但他们并不知道自己还有多少时间。

除了对天气的担忧之外，很难说德军发起"台风"行动本就是个错误。早点开始当然会更好，但并不是中央集团军群使行动开展过晚。行动的日期是由不在东线的决策者来安排的，而且要由在其他地区所进行的战役决定。"台风"行动当然也可以取消，但这会是一个糟糕的决策。让苏军遭受惨重损失已经是个重要成就，如果在肃清维亚济马和布良斯克的包围圈之后不再进攻，那么德军就不会处于暴露的位置上，还会有充足的时间来建立适宜过冬的阵地，并对其后勤线路严加看守。这么个计划将会给德军在适宜作战的季节结束的时候带来一个辉煌胜利，他们也可以由此击退苏军在冬季可能发动的进攻。

为什么德军不满足这么一个方案呢？如果想找到答案的话，我们就必须要了解隐藏在"巴巴罗萨"行动之后的逻辑。最基本的就是希特勒以及其他不少德国人对"生存空间"的贪欲，但这不是让他们匆匆向前进攻的唯一因素。德国为何如此匆忙的原因是因为他们意识到自己的工业能力和资源的供给有限。希特勒和他的共谋者们相信美国终究会在1942年参与战事，但在1941年，德国人仍然可以左右事情的发展。因此，德国的决策者们相信1941年下半年是自己打败苏联的最好机会，这时候美国尚未参战，而单凭英国自己尚不能构成严重威胁。在干掉东边的敌人之后，那个方向上就没什么值得德国人害怕的了。德国也不用再担心原材料供应不畅，尤其是原油供应状况将得到极大改观。[7]

德国认为美国将会插手战事的想法看起来是合理的，即使考虑到他们那时并不知道日本要空袭珍珠港也是一样。我们如今都知道《租借法案》是在美国成为参战国之前签订的，更进一步讲，德国正确地认识到自己将在工业能力和原材料方面处于劣势，假设德国做出了错误的预计，他们可能就会认为自己谁都能打得过，这就超过"台风"行动所要探讨的范围了。德国人正是在认为形势会比之后更为有利的时候发动了"巴巴罗萨"行动。

在德军把苏军部队圈进维亚济马和布良斯克包围圈里面之后，他们可以期待的是在短时间内缴获大量战利品，抓获难以计数的战俘。但很显然，来假设东线的战争要持续到1942年，德军应不应该在10月中旬就此收手的这一幕，对于德国的计划者来讲没什么吸引力，这样的做法可能会在将来导致厄运——换句话说，德国人低估了厄运会有何等深重。

在这样的背景下，德国决定一等到土地封冻就继续进攻就显得没什么可奇怪的了。这是一场赌博，但除此之外并无其他安全稳妥的选项可选。待在原地空耗会给敌人让出时间来收复失地，对德军来说没有好处。继续这场攻势看起来至少能产生一些积极效果，我们如今看来，可以说完全不是这么一回事，但我们也比德军更清楚苏联的预备队是怎么个情况。他们相信斯大林已经没什么像样的预备队了，也就是说继续进攻并没有什么明显的风险可言，因此，再搏一把，看看后果究竟如何也是顺理成章。然而，德军的决策从前提上就是错误的，而决策错误的影响要过一阵子才能显现出来。[8]

德军的困境是两个根本问题所造成的，最为根本的一个就是他们在和将经济、工业、人力资源等方面加总之后，实力要远超德国的敌人们为敌，盟国获取原材料的途径要比德国广阔得多，这让德国的处境更加窘迫。此外，德国低估了对手们的作战能力，尤其是苏联，德国发起的就是一场他们打不赢的战争，但他们自己并没能意识到。

恩斯特–奥古斯特·克斯特林将军（Ernst–August Köstring）曾任德国驻莫斯科使馆武官多年，他曾告诉谍报局（Abwehr）的局长威廉·卡纳里斯（Wilhelm Canaris）："让外国间谍渗透进苏联，要比让一个阿拉伯人穿着大袍悄悄地从柏林的大街上走过去更加困难。"克斯特林所做的这番比较，揭露出获取有关苏联武装力量的情报是多么的困难。[9]

平心而论，必须要说的是即便德国人对敌人们做出了准确的反应，他们仍会面临一个艰巨任务。他们在打一场容不下什么错误的总体战。他们的每一次行动都很难免于沦为一场赌博。

冬季装备的供应是德国的行动几乎没有犯错余地的例证之一。鉴于德国的后勤系统压力巨大，就必须要对物资划分优先级。毫不出人意料的是，如同弹药、食物和燃料这类急需物资的优先级最高，而冬服和其他不是那么急需的物资就需要等待了。在东线急需冬季装备的时候，寒冷已经让德国的铁路运输行动陷入瘫痪，朱可夫对此在其回忆录上做了一段耐人寻味的评论："防寒服和制服同样也是武器，我们的国家给士兵们提供了合适的衣服。"

* * *

苏联的情况和德国存在很大不同，在德国争取速战速决之时，斯大林这边却掌握着时间。不过从另外的角度看来，1941年10月时，对于苏联领导人来说，时间还算不得一个很大的优势，因为苏联的情报也一样存在缺陷。苏联那时的损失情况已经到了用灾难来形容也毫不过分的程度。除非损失的速度能够降下来，否则他们就无力长期支持巨大的人员和装备损失。维亚济马—布良斯克的惨败，是苏联在那个时候所出现的最大的一次巨灾，很难说未来还会再发生什么。

在通向莫斯科的道路向德国人敞开之时，苏联的情况实在是危在旦夕。苏联红军除了争取一些时间，从而让他们从自己所遭受的毁灭性打击之中缓过劲来之外，几乎做不了其他的事情。因此，斯大林、朱可夫和其他的苏军司令员就会特别欢迎泥泞的出现。不可否认的是，泥泞也同样令他们的部队和后勤行动困难，但鉴于红军的前线离铁路枢纽要更近一些，泥泞对他们造成的问题就不像给德军造成的问题那样严重。

在10月开头两周的那些绝望的日子里，苏军只能把部队匆匆送上前线，而无暇顾及它们的战备状态究竟如何。到了德军的攻势陷入泥塘之中的时候，斯大林可以有两个选择，要么继续把训练还不完全的部队匆匆送上前线，要么就抓住这个突如其来的机会再等等，过一阵子等到部队准备更为周全的时候再把它们往前派。这两个选项绝非尖锐对立，而更像是同一把尺子上的两个端点，但它们可以解释，斯大林和他的幕僚们正面对着什么样的抉择。

在德军于11月下半月重新开始进攻的时候，上述的问题又一下子变得至关重要起来——是把手头的部队都送到前线上，还是再训练上一阵子，等到战斗力有所提升的时候再往上送呢？因为苏军部队普遍只能凑合着接受时间很短的训练，所以再多训练几个礼拜就会出现很大改观。

在11月末，莫斯科地区的很多部队都已经差不多完成了训练。虽然方面军司令员们一再要求将这些部队调拨给他们，但斯大林还是把这些部队留在了预备队里。从事后看来，斯大林做出了正确的决定。分配给前线的资源已经足以让苏军将德军的疲惫之师挡在一臂之外的地方，那些留在后方的部队则可以更好地为将来的反攻做准备。

来自西伯利亚的那些师级部队以前常常被描述成在莫斯科战役之中扮演

了至关重要的角色。间谍理查德·佐尔格（Richard Sorge）提供给苏联高层的情报显示日本并无意进攻西伯利亚东部，也就意味着苏联可以把远东的部队调往西部，远东这里相当一部分的部队也都确实被调到了莫斯科地区。

虽然如此，但西伯利亚师所起的作用还是可能被夸大了。这些师在1941年最后三个月里调往莫斯科地区的援军之中只占一小部分，不可否认的是，他们的装备和训练水平通常要好些，但和别的部队也不存在本质区别。守卫莫斯科的重担大多还是落在了其他部队官兵的肩上。

德国在维亚济马和布良斯克完成合围之后的那段时期是至关重要的，因为德军需要一次决定性的胜利，而斯大林此时则在尽力不从战争之中出局。可以从中看出，即便苏联红军在维亚济马—布良斯克会战中遭受了规模那么巨大的一次溃败，也不足以让德军赢得这场战争。连续出现一系列这种规模的惨败有可能会导致苏联倾覆，但德军没能在足够短的时间内制造出足以让苏联覆亡的惨败来。说实话，德军可能无法在秋雨落下之前赢得战争，而从长期来看，德军的前景将会更加黯淡。

如果攻势早点开始的话，可以想象，德军很有可能会如同希特勒所设想的那样，包围莫斯科，并让城里的人陷入饥馑之中。然而即便德军设法按照希特勒的计划行事，德国也不会因此取得东线战事的胜利。丢掉莫斯科对于苏联来讲可能会是个沉重的打击——这座城市在很多方面都占据重要地位，但斯大林即便是丢掉了首都也一样能继续作战。德国的将军们可能不这么想，但却没谁坚持认为德国一占领莫斯科，苏联就会土崩瓦解。现在看来，我们甚至怀疑，德国即使真的占领了莫斯科，最多也就能把它握在手中几个月之久。

* 　* 　*

基本没有什么证据可以证明德军本可取得第二次世界大战的胜利，因此，把任何一场战役说成是决定性的战役都值得商榷。前线所发生的那些事情至多也就是加速或者推迟了必然结局的到来。

德国军工生产和人力资源明显处于劣势，所以他们最终的结局也就没什么值得商量的了，但在当时看来，德国的颓势还不像今天这样明显。我们如今掌握的信息要比1941年评估局势和做出决定的那些人要更加全面，对于他们当中的一部分来讲，莫斯科城下所发生的事情是那样让人吃惊。曾深入参与到德国二战期间的经济和规划之中的沃尔特·博尔贝特（Walter Borbet）知道什么事情已经处于危急之中，他明白1941年11—12月间发生的事情意味着什么，他觉得这样的形势是那样地不可救药，因此选择了自杀。[10]

在博尔贝特曾担任的一系列要职之中，包括弹药生产委员会的主席一职。这个职务可以让他深入了解形势，同时也给予了他一份责任。他明白很多远期规划都是基于德国将在1941年战胜苏联的明确假设所制订的，当东边的敌人被扫除之后，就可以缩小除了机械化部队之外的陆军部队的规模，弹药的生产规模也可以因此压缩，德国工业的重点将转移到空军、海军所需武器装备的生产工作上。这样的计划已经付诸实践了——一些工厂正在转换产能，几个月以来的投资拨款也做出了相应的调整。

德国不仅已经开始转换产能，他们原油的数量也并不足够。他们寄希望于在苏联占领足够的油田——尤其是在高加索的那些油田，来满足自身的需

随着天气越来越严酷，德军的后勤工作也变得愈发困难

求。如果德国需要发动一场由空军和海军主导的战争——这样的战争将不可避免地在西线爆发，汽油和其他燃料油的消耗量将会暴增。海空力量所需的燃料数量要远超过德国的存量，如果德国不能获得更多原油的话，那么就无法有效运用海空力量。所以，德国的长期战略就被想要在1941年击败苏联这一错误决定给打乱了。

博尔贝特和其他的许多人都看出了征兆，他们反应过来，德国已经很难再有赢得战争的机会。再考虑到德国在很多欧洲占领国实施的残酷统治，他们也别指望能通过调解来获得和平了。"巴巴罗萨"行动的开始更是把德国往灾难深重之中又推了一把，在这之后德国已是覆水难收。一旦全世界都知道纳粹政权是怎样的恶贯满盈，那他们就不再可能从谈判桌上达成和平。虽然未能占领莫斯科一事彻底打乱了希特勒的战略部署，但他除了继续这场没有希望的战争之外，别无他法。

某种程度上，莫斯科战役可以被看作战争中的转折点之一。这是希特勒的第一次大败，显示出德国一开始的战略已经走到了头，以后的战争将会是另一种性质了。德国的战争行为已经对经济构成沉重负担，但现在又必须要进一步提升工业产量。这将需要更多的劳动力，但同时也需要更多的兵员。军队将不得不和工业争抢人力。

曾有说法称纳粹德国没有对妇女进行大规模动员，但近年的研究对这一观点提出挑战，与之相反的是，为数甚众的妇女被吸收进劳动大军之中。在前线需要更多男人去当兵的时候，德国工业除了妇女之外基本没得可选。为了缓解劳动力短缺的情况，德国政府把目光投向了占领国，想方设法从那里搜罗工人为德国工作，自愿应征和强迫劳动皆有之。由此经济部门得到了加强，得以满足未来需求。但德国政府必须弄明白的是，战争已经真正地成为世界大战，在现在这个阶段，德国必须要为了生存下去，抓住每一根稻草不放。

* * *

斯大林目睹了他的军队接连遭受一场又一场的惨败，任何一次惨败中出现的损失，都是其他随便哪个国家的军队所无法承受的。只要德国强攻一次，苏军就得多吃一次败仗。虽然苏联预备队规模之庞大远超德国之想象，但苏联也无力长期承受这种程度的损失。

德国的攻势在莫斯科城下陷入泥沼之时，斯大林和他们的将军们才有了指望。莫斯科城下所发生的事情并不是苏军的第一次胜利，他们已在11月28日收复了顿河上的重要城市罗斯托夫，但这相较于莫斯科会战来讲简直不值一提。德国在罗斯托夫只有一个军，规模远不能和中央集团军群相提并论。

苏联的领导人们清楚地认识到，德国在1941年10—11月间在莫斯科城下所做的乃是他们最关键的一搏。在这一地区的攻势停滞之后，整台德国战争机器也就丧失了动力。斯大林马上就有了不在敌人的压力之下进行决策的机会。他可以按照自己的长远打算，来选择在哪里投放兵力，以及如何投放。但斯大林还是必须考虑到敌军的因素，尤其是德军部队正处于何种状态。12月一开始的时候，德军的各师究竟已被削弱到了什么样的程度呢？苏联的情报部门无力提供准确信息，但任何的决策都必须要考虑到德军的战斗力、战术机动能力以及后勤补给情况。

如果德军只是一时虚弱，且损失程度有限的话，斯大林可能会谨慎地设立出不是那么宏大的目标来。换句话说，假如德军已经耗尽实力，斯大林将会更好地利用眼前的机会，因为一旦给了德军喘息之机，他们就会缓过劲来。还有，严冬很显然是对德军不利的。如果真是这样的话，这一良机更是不容错过。

掌握对敌人的正确认知一直都不是一件容易的事情，那些对敌人损失极尽夸大之能事的报告更是对正确了解敌人实力于事无补。虽然如此，决策还是要做出来的。12月初，斯大林还没有做出一个明确的选择，他虽可以稍过一阵再做决定，但他实际上会很快进行决策，来设想冬季的作战行动和接下来在1942年的作战行动应当如何进行。他的决策最终将会演变成战争的转折点。

注释

1. 关于库尔斯克战役的更多信息请见泽特林和弗兰克森合著的《库尔斯克1943—数据分析》，《对决库尔斯克》。

2. 东线双方的力量对比是一个经常被讨论的话题，许多不准确的数据被广泛传播开来，见尼科拉斯·泽特林，《东线战场的损失率》，《斯拉夫军事研究》1996年12月第4期，总第9卷，第895—906页。

3. 卡尔-海因茨·弗里泽尔，《闪电战传说》，第395—400页。

4. 见蒂斯，《中央集团军群在东线战争：陆军总参谋部作战处的大幅态势地图集》；以及第4装甲集群作战处战争日志，NARA T313，R340。

5. 冯·博克，《战争日记1939—1945》，第329页。

6. 古德里安回忆录英文版本翻译质量不佳是可能的诱因，另见第4装甲师的报告（BA-MA RH 39/373），另一个例子可以在图兹的著作《崩溃边缘》第492页中找到，此书除了此处之外，内容非常出色—图兹宣称"台风"行动头两周第10装甲师损失了200辆坦克之中的140辆，这两个数字都不准确，在"台风"行动开始的时候，这个师的坦克数量就不够200辆，而坦克损失则在该师附属装甲团战争日志附件中列出，详见第7装甲团战争日志及附件，BA-MA RH 39/99。10月1日，该师共有36辆二号坦克、81辆三号坦克以及19辆四号坦克可以作战。在整个10月（而不只是10月前两周）期间，该师损失8辆二号坦克、15辆三号坦克以及2辆四号坦克，只占图兹给出数据的六分之一多。

7. 更多请见图兹《崩溃边缘》；以及里奇《德国对俄战略1939—1941》，第77—86页。

8. 德国人在发动"巴巴罗萨"行动之前就低估了苏联的预备队规模，而且即便在莫斯科战役结束之后，他们还会继续这么做，参见厄尔·F.齐姆克和麦格纳.E.鲍尔的《从莫斯科到斯大林格勒》，第296页。

9. 里奇，《德国对俄战略1939—1941》，第91页。

10. 图兹，《崩溃边缘》，第560页。

附录

一、东线德军坦克损失情况 1941 年 10 月 1 日—12 月 10 日

	一号坦克	二号坦克	三号坦克	四号坦克	38（t）坦克	突击炮
10月1—10日	7	13	28	5	2	2
10月11—20日	10	15	37	17	4	15
10月21—31日	1	37	38	33	52	6
11月1—10日	17	20	19	19	51	3
11月11—20日	4	3	9	9	26	5
11月21—30日	12	7	10	10	72	2
12月1—10日	2	32	25	25	48	9

· 10月期间共有1辆二号坦克，187辆三号坦克，78辆38（t）坦克，56辆四号坦克以及7辆突击炮被运往东线。

· 11月期间共有12辆一号坦克，16辆二号坦克，39辆三号坦克，0辆38（t）坦克，7辆四号坦克，0辆突击炮被运往东线。

· 上述数字为整个东线战场的数字，不限于莫斯科地区，此处的"损失"代表彻底除籍。

· 35（t）这一型号的坦克数量没有单独列出，在很多资料中，该型坦克都被包括在38（t）坦克的数量之中。

资料来源：BA–MA（德国军事档案）RW 19/1390 & RW19/1391。

二、中央集团军群人员损失

注意某些装甲集群有时会被配属给集团军级部队，因此在这期间出现的人员损失可能被算进集团军的人员损失，而不是装甲集群的人员损失之中。此外，报告在时效上具有一定的滞后性，导致某些损失被归入之后的一段时间内进行统计。这一问题一般出现在防御阶段，在战斗期间表现得并不明显。人员损失包括阵亡、受伤以及失踪的人员数量，没有将非战斗损失计算在内。

	10月1—6日	10月7—13日	10月14—20日	10月21—26日	10月27—31日	突击炮
9集	17988	3789	516	3773	1691	2
3装集	939	1782	2734	969	838	15
4集	10525	756	4347	2715	2734	6
4装集	772	3059	3434	1243	17	3
2集	2537	616	143	19	11	5
2装集	966	1600	860	1283	214	2
总计	33727	11602	12034	10002	5505	9

	11月1—6日	11月7—13日	11月14—20日	11月21—26日	11月27—12月3日	突击炮
9集	3011	1105	941	756	1159	2
3装集	406	343	589	487	1001	15
4集	3182	1604	4315	2556	1959	6
4装集	3883	1573	4568	5233	3989	3
2集	311	40	46	283	638	5
2装集	426	947	1165	2370	1559	2
总计	11219	5612	11714	11685	5505	9

资料来源：BA—MA RW 6/v.556。

三、苏军在 1941 年维亚济马—布良斯克战役中的损失

研究1941年莫斯科战役的两位俄国作家和专家，B. I. 涅夫佐罗夫（B. I. Nevzorov）以及M. 丘达任诺克（M. Chodarenok）总结称1941年10月期间，苏联红军的损失为959200人，这是一个惊人的数字。他们着重研究了关于那些试图逃离德军包围圈的部队的报告，其中显示永久性损失（阵亡与失踪）有855100人，而德军在维亚济马—布良斯克战役之中抓获673098名战俘，其中的差额应该体现在104100名伤员上面。涅夫佐罗夫和丘达任诺克还总结出，在包围战期间，苏军损失了约6000门火炮与迫击炮，此外还损失了830辆坦克。[1]

G.F.克里沃舍夫（G.F. Krivosheev）的著作《揭秘：苏联武装力量在战争、作战行动和军事冲突中的损失》之中的数据流传甚广，如果与涅夫佐罗夫他们的数据进行比较的话，给出的结论并不相同。据克里沃舍夫的说法，永久性损失为514338人，外加伤员143941人，苏军损失共有658278人，而战役开始时苏军实力则为1250000人。注意克里沃舍夫的数据是根据从"台风"行动开始到12月5日这一整段时期总结得出的，并不是那么具有说服力。[2]

还有一种方法就是对10月1日时的苏军部队实力和11月15日时在莫斯科前线的部队实力进行比较。从10月1日到11月15日，苏军的实力由1250000人缩水到785281人，出现了463719人的差额，不过鉴于这段时间内还有大量的增援部队到达，损失数量肯定还要大上许多。[3]

增援部队的损失人数也必须要计算在内，这显示总体的伤亡数字应有680719人，但是，还有各类赶赴前线的支援单位，如果把这些单位的损失也加上的话，总的人员损失数量应该还会再上升差不多55500人。

相加之后，总体损失达到736219人，已经远远超出克里沃舍夫的数据。然而，这还没算上11月1—15日期间派来的支援单位，以及补充到前线的补充兵员。最后，临时组建的单位也没有被计算在内，例如训练第2旅和由各军校学员、莫斯科军事政治学院学员组建的旅。部署在沃洛科拉姆斯克—莫扎伊斯克—小雅罗斯拉韦茨—卡卢加一线的机枪营也没有计算在内。还有一些预备队步兵团也应该一并计算。

那补充兵员的数目究竟有多少呢？我们没能找到确切数字。但以近卫步

10 月 1 日—11 月 15 日间到达前线的主要作战部队 [4]

部队	人数
12 个步兵师，每师 10000 人	120000
2 个摩托化师，每师 9000 人	18000
2 个坦克师，每师 6000 人	12000
1 个空降兵军	5000
10 个骑兵师，每师 3000 人	30000
18 个坦克旅，每旅 1500 人	27000
2 个摩托化步兵旅，每旅 2500 人	5000
总计	217000

10 月 1 日—11 月 1 日间到达前线的独立作战部队 [5]

部队	人数
5 个摩托车团，每团 800 人	4000
3 个内务部团，每团 1500 人	4500
20 个炮兵团，每团 1300 人	26000
28 个反坦克炮兵团，每团 500 人	14000
4 个火箭炮团，每团 700 人	2800
8 个工程营，每营 350 人	2800
7 个高射炮营，每营 200 人	1400
总计	55500

兵第2师为例，该部在10月接收了超过5000名补充兵。还有步兵第144师，该师曾被利用两个预备队中的步兵团进行重建。涅夫佐罗夫和丘达任诺克的数据显然很接近真实情况，此外我们应该能想到的是，除了三个方面军的1250000人之外，维亚济马—布良斯克地区还有一些不归这三个方面军指挥的军事人员，例如防空部队、当地驻军、内务部队和在后勤系统中工作的人员。内务人民委员部在莫斯科有13190人，在布良斯克方面军驻地，起码还有85000人在从事修筑野战工事和加固防线的工作。[6]

维亚济马—布良斯克双重会战对于红军来说是一场大灾难，他们损失了差不多有一百万人，虽然如此，在11月15日仍有785000人可供调遣，后面还有更多的预备队，这不能不说是一种成就。

注释

1. 列夫·卢普霍夫斯基，《维亚济马大灾难1941》，第550—551页。涅夫佐罗夫所写关于1941年莫斯科战役的内容也可见于《伟大卫国战争1941—1945年，第一册：严酷的考验》，第226页。
2. G. F. 克里沃舍夫（编），《揭秘：苏联武装力量在战争、作战行动和军事冲突中的损失》，第171—172页。
3. 基于ViZh（《军事历史》杂志）1967年第3期文件与材料，《文件与资料：数字中的莫斯科会战》，第69—79页。
4. 见附录19，注意实力数字非常接近，有时候部队的实际实力可能要强于书中给出的数字。
5. 通过对比1941年10月1日和11月15日时的苏军战斗序列得出，见《苏军作战序列，第一卷》。
6. 列夫·卢普霍夫斯基，《维亚济马大灾难1941》，第538页。查尔斯·C. 夏普，《二战苏军作战序列》，第4册《红色近卫军》，第42页；第8册《红色军团》，第72页。

四、1941 年 10—12 月东线德国陆军实力

克劳斯·莱因哈特在他的《莫斯科城下的转折》一书中宣称1941年10月初时中央集团军群共有1929406人。[1]这一数字常常被其他文献引用，显然要比同期的苏军实力高得多——一般认为同期的苏军实力为接近120万人，如果莱茵哈特的数字是准确的，那么德军在"台风"行动初始阶段占有数量优势，但事实并非如此，莱因哈特的数字也非常值得推敲。

莱因哈特的数字根据中央集团军群的一份报告得出[2]，但这份报告问题很大。士兵的数量可以认为是很好统计的，不幸的是事实并非如此。统计人员数量时，德国（以及其他参战国）会使用不尽相同的统计口径。同时采取多种统计口径，因为需要解决的问题不同，每一种都各有利弊。"实际人数"（Iststärke）和"口粮人数"（Verpflegungsstärke）就是其中两种统计方法。[3]

口粮人数简单对应着部队中需要配给口粮的人数。用这种方法统计而得的数字可以非常精确地反映营、团这些规模较小的部队人数。然而，在对级别更高的单位进行统计时，问题就变得复杂起来了。这是因为像集团军这样大规模

的部队还要负责向很多与作战实力无甚关系的人员提供口粮，可能会牵扯到几千个非战斗人员的口粮问题，就连战俘都可以统计到"口粮人数"当中。[4]

莱因哈特所给的数字在档案中记载为"Kopfstärke"（直译为"人头数"），这并非德军军事术语，我们虽然已经翻阅大量来自不同部队、指挥层级和作战行动的档案，但几乎没有见到过这种说法。看起来"Kopfstärke"应与口粮人数接近，这么看的依据是档案后面的附件所记载的信息。

对于军级规模以上的这一类高级指挥层级来讲，用实际人数进行统计通常会更加准确，但这种口径也不是万无一失的。举例来讲，该数字包括各类军事院校中缺席的人员、暂时配属给其他单位的人员、休假公出人员以及正在接受短期治疗（一般是8周或以下）的人员。"实际人数"因此有可能也会给出比实际实力更加庞大的数字，但这是现有档案中最为准确的数字了。

下面的表格中给出的数字为德军东线各集团军的实际人数。因此，没有配属到集团军内的部队就被排除在外了，但这不会产生什么影响，因为涉及实

	10月	11月	12月
第2集团军（中央）	117914	124520	121796
第4集团军（中央）	313548	287732	187533
第6集团军	195787	215568	169432
第9集团军（中央）	246782	213608	180137
第11集团军	146067	141134	138406
第16集团军	310433	286559	220909
第17集团军	182338	174851	166685
第18集团军	213831	232467	274028
第1装甲集群	149172	156683	179560
第2装甲集群（中央）	202446	182321	174550
第3装甲集群（中央）	113005	91726	98980
第4装甲集群（中央）	189998	249294	199986
东线德军实力总计	2381321	2356463	2112002

资料来源：该表为谢蒂尔·奥斯兰基于档案BA-MA RW6/553，RW6/535，RH 20-9/357和RH 20-9/358汇总而成，在此对他表示感谢。

力对比的部队之中，只有很少的部队不归集团军领导。德军并没有类似于苏军的，由大本营指挥，部署在离前线相对较近位置的预备队。表内数字为逐月统计的平均人数。

不幸的是，即便是这样的数字也不是完全没有问题的。一些报告只是初期报告，因此可能低估了实际人数。从别的方面来看，因为实际人数将很多没有在场的人员统计在内，所以也可能夸大了德军实力。我们相信中央集团军群在10月初的人员实力与表中列出各集团军的人数总和相差无几，所以，在"台风"行动开始的时候，交战双方的部队规模是差不多的。

注释

1. 克劳斯·莱因哈特，《莫斯科城下的转折》，第51页。

2. 见档案BA–MA RH 19 II/123, Bl. 48。

3. 在泽特林与弗兰克森所著《对二战东线诸战役的分析》（《斯拉夫军事研究》杂志卷11，1998年3月1日）一文中对此有详细论述。

4. 同上。

五、第 2 装甲集群战斗序列，1941 年 9 月 27 日

第 24 装甲军

第3装甲师，第4装甲师，第10摩托化步兵师

第143炮兵指挥部，第623炮兵团团部，第69炮兵营第2连（10厘米加农炮），第62野战炮兵营第2连（重型），第604炮兵营（21厘米榴弹炮），第515工兵团团部，第45工兵营，第521反坦克营，第2教导联队第9侦察机中队（配属于第3装甲师），B10舟桥队，B79舟桥队，B403舟桥队第2排，第41侦察机大队第6中队（配属于第4装甲师），第11防空营第1连，第11防空营第2连，第91防空营

第 47 装甲军

第17装甲师，第18装甲师，第29摩托化步兵师

第146炮兵指挥部，第792炮兵团团部，第631炮兵营（10厘米加农炮），第422野战炮兵营（重型），第817炮兵营（21厘米榴弹炮），第1观测营，第413工兵团团部，第42工兵营，第529反坦克营，第100火焰喷射坦克营，第2教导联队第9侦察机中队（配属于第3装甲师），B10舟桥队，B79舟桥队，B403舟桥队第2排（译注：这几处与上文重复），第6侦察机中队/H (Pz) 32（配属于第17装甲师），第6侦察机中队/H (Pz) 13（配属于第18装甲师），第12防空营第1连，第22防空营第1连，第77防空营

第 48 装甲军

第9装甲师，第16摩托化步兵师，第25摩托化步兵师

第108炮兵指挥部，第697炮兵团团部，第616炮兵营（21厘米榴弹炮），第520工兵团团部，第651工兵营，第2教导联队第9侦察机中队（配属于第9装甲师），B25舟桥队，B660舟桥队，B672舟桥队，B675舟桥队，第32侦察机大队第5中队，第31侦察机大队5中队，第66防空营第1连，第66防空营第4连，第43防空营第2连

第 34 军

第45步兵师，第134步兵师

第 35 军

第1骑兵师，第95步兵师，第262步兵师，第293步兵师，第296步兵师

第635炮兵营（21厘米榴弹炮），第41工兵营，教导装甲侦察营（配属于第1骑兵师），B41舟桥队第1排，B41舟桥队第2排，B422舟桥队第2排，第602防空营，第94防空营

第 2 装甲集群直属部队

第53炮兵团团部，第53烟雾发射团（三营制），第636工兵营，第159架桥营，B635舟桥队，B402舟桥队第1排，B22舟桥队，第504筑路营，第5机枪

营，第31侦察机大队第6中队（远程），第63联络机中队

资料来源：第2装甲集群战斗序列，1941年9月27日，第2集团军指挥部作战处战争日志附件，NARA T312，R1654，F000658。

六、第3装甲集群战斗序列，1941年10月2日

第6军

第110步兵师，第26步兵师

第126炮兵指挥部，第677炮兵团团部，第109炮兵营第4连（混成），第848野战炮兵营（重型），第6观测营，第6热气球观测连第4排，博尔曼（Bollman）工兵团团部，第743工兵营，第632工兵营，第135建筑营，第320建筑营，B404舟桥连第2排，第46防空连第1排，第47防空连第6排，第12侦察机大队第2中队，第4防空营第2连

第41装甲军

第14摩托化步兵师，第6步兵师，第36摩托化步兵师，第1装甲师

第30炮兵指挥部，第803炮兵团团部，第803炮兵营（10厘米加农炮），第620炮兵营（15厘米榴弹炮），第59炮兵营第2连（重型），第600突击炮营（下辖第660、665突击炮连），第51烟雾发射营第3连，第628工兵团团部，第52摩托化工兵营（加强有第52舟桥队），第506筑路营，第101火焰喷射坦克营（配属于第36步兵师），第605防空营（配属于第36步兵师），第8反坦克营第1连（自行化8.8厘米高射炮），第29防空营第1连，第83防空营（配属于第1装甲师），第31侦察机大队第4中队，第23侦察机大队第2中队（配属于第1装甲师）

第56装甲军

第129步兵师，第7装甲师，第6装甲师，第900旅（中央集团军群预备队部队）

第125炮兵指挥部，第783炮兵团团部，第151炮兵营（10厘米加农炮），第38野战炮兵营第2连（重型），第733炮兵营（重型），第210突击炮营，第51烟雾发射营第1连，第51烟雾发射营第2连，第678工兵团团部，第630摩托化工兵营，第218建筑营，第643反坦克营（4.7厘米自行反坦克炮），第411防空营第2连（配属于第6装甲师），第11侦察机大队第1中队（配属于第7装甲师）

第5军

第5步兵师，第35步兵师，第106步兵师

第22炮兵指挥部，第136炮兵指挥部，第627炮兵团团部，第842炮兵营（10厘米加农炮），第51炮兵营第2连（混成），第44炮兵营第2连，第848野战炮兵营（重型），第15观测营，第3烟雾发射营，第5烟雾发射营，第103洗消营，贝里施（Behrisch）工兵团团部，第745工兵营，第754工兵营，第154建筑营，第214建筑营，B35舟桥队，B403舟桥队第1排，第10侦察机大队第4中队，第52防空营第1连

第3装甲集群直属部队

第80建筑营，第548摩托化架桥营，第905冲锋舟队，第33侦察机大队第2中队（远程），第58联络机中队

资料来源：第3装甲集群1270/41，1941年10月2日战斗序列，BA—MA RH 21-3/v.77。

七、第4装甲集群战斗序列，1941年10月2日

第57装甲军

第19装甲师，第20装甲师，第3摩托化步兵师，党卫队帝国师，大德意志步兵团，第900旅（译注：与上文重复）

第121炮兵指挥部，第504工兵团团部，第47摩托化工兵团，B3、19、92

舟桥队，第13侦察机大队第7中队，第74防空营（配属于第20装甲师），第85防空营（配属于第19装甲师）

第46装甲军

第5装甲师，第11装甲师，第252步兵师

第101炮兵指挥部，第139炮兵指挥部，第606炮兵团团部，第801炮兵团团部，第427炮兵营（10厘米加农炮），第646野战炮兵营（重型），第843野战炮兵营（重型），第800炮兵营（15厘米榴弹炮），第637炮兵营（21厘米榴弹炮），第52烟雾发射团，第19观测营，第513工兵团团部，第85摩托化工兵营，B85舟桥队，B89舟桥队，B209舟桥队，K209舟桥队，K643舟桥队，第601防空营，第71防空营（配属于第11装甲师），第3防空营第1连，第23防空营第2连，第12侦察机大队第3中队（配属于第5装甲师），第21侦察机大队第3中队（配属于第11装甲师）

第40装甲军

第258步兵师，第2装甲师，第10装甲师

第128炮兵指挥部，第618炮兵团团部，第41炮兵营第2连（10厘米加农炮），第72炮兵营第2连（10厘米加农炮），第61炮兵营第2连（混成），第67野战炮兵营第2连（重型），第54烟雾发射团，第614工兵团团部，第48摩托化工兵营，B48舟桥队，B49舟桥队，B646舟桥队，K38舟桥队，K49舟桥队，第3防空营（配属于第10装甲师），第76防空营（配属于第2装甲师），第6防空团（两营制），第14侦察机大队第1中队（配属于第2装甲师），第14侦察机大队第3中队（配属于第10装甲师）

第12军

第98步兵师，第34步兵师

第112炮兵指挥部，第127炮兵指挥部，第41炮兵团团部，第858炮兵营（21厘米野战炮），第506野战炮兵营（重型），第177突击炮营，第2观测营，第40观测营，第105洗消营，第745工兵营，第751工兵营，B134舟桥队，

B409舟桥队第2排，第21侦察机大队第1中队，第26防空营第1连

第4装甲集群直属部队

第611反坦克营，第62摩托化工兵营，B62舟桥队第1/2/3排，K62舟桥队，第42架桥营，第507筑路营，第508筑路营，第24建筑营，第125建筑营，第213建筑营，第60联络机中队

资料来源：第4装甲集群作战处战争日志附件，1941年10月2日战斗序列，NARA T313, R340, F86229756。

八、第4集团军战斗序列，1941年10月2日

第9军

第292步兵师，第263步兵师，第137步兵师，第183步兵师

第44炮兵指挥部，第147炮兵指挥部，第622炮兵团团部，第202突击炮营，第213野战炮兵营第2连（轻型），第109炮兵营第1连（10厘米加农炮），第71炮兵营第2连（混成），第101野战炮兵营（重型），第853炮兵营（21厘米榴弹炮），第7观测营，第17观测营，第516工兵团团部，第752工兵营，B202舟桥队第2排，B407舟桥队第2排，第571筑路营，第410建筑营，第24防空营第2连，第4侦察机大队第2中队

第20军

第268步兵师，第15步兵师，第78步兵师

第107炮兵指挥部，第149炮兵指挥部，第614炮兵团团部，第68炮兵营第2连（10厘米加农炮），第43野战炮兵营第2连（重型），第20观测营，第512工兵团团部，第753工兵营，B48舟桥队，B62舟桥队第1排，第129建筑营，第217建筑营，第701防空营第1连，第12侦察机大队第1中队

第7军

第267步兵师，第7步兵师，第23步兵师，第197步兵师

第7炮兵指挥部，第11炮兵指挥部，第788炮兵团团部，第191突击炮营，第203突击炮营，第221野战炮兵营第1连（轻型），第719炮兵营（10厘米加农炮），第845野战炮兵营（重型），第735炮兵营（21厘米榴弹炮），第857炮兵营（21厘米榴弹炮），第740炮兵营（15厘米榴弹炮），第36观测营，第102气球连，第104洗消营，第519反坦克营，第616反坦克营，第674工兵团团部，第51摩托化工兵营，第221工兵营，B7舟桥队，B15舟桥队，B404舟桥队第1排，B178舟桥队第1排，第17建筑营，第136建筑营，第14防空营第2连，第12侦察机大队第7中队

第4集团军直属部队

第302高级炮兵指挥部，第21架桥营，第593架桥营，第46建筑营，第97建筑营，第580筑路营，第544筑路营，第276防空营，第611防空营

资料来源：第4装甲集群作战处战争日志附件，1941年10月2日战斗序列，NARA T313, R340, F86229756。

九、苏军战斗序列，1941年10月1日

西方面军——司令：伊万·科涅夫上将

第16集团军——司令：康斯坦丁·罗科索夫斯基少将

步兵第38、108、112、214师

坦克第127旅

第19集团军——司令：米哈伊尔·卢金中将（Mikhail Lukin）

步兵第50、89、91、166、244师

第20集团军——司令：菲利普·叶尔沙科夫中将

步兵第73、129、144、229师

第22集团军——司令：瓦西里·尤什克维奇少将（Vasiliy Yushkevich）

步兵第126、133、174、179、186、256师

第29集团军——司令：伊万·马什连尼科夫中将

步兵第178、243、246、252师

独立摩托化旅（无番号）

第13集团军——司令：瓦西里·霍缅科少将

步兵第162、242、250、251师

西方面军直属部队：

近卫步兵第5师

步兵第134、152师

骑兵集群（骑兵第45、50、53师）

摩托化步兵第101、107师

坦克第126、128、143旅

摩托车第8、9团

第62、68号筑垒地域

预备队方面军——司令：谢苗·布琼尼元帅

第24集团军——司令：康斯坦丁·拉库津少将

步兵第19、103、106、139、170、309师

坦克第144、146旅

第31集团军——司令：瓦西里·多马托夫少将

步兵第5、110、119、247、249师

独立机枪第296、297营

第32集团军——司令：谢尔盖·维什涅夫斯基少将（Sergey Vishnevskiy）

步兵第2、8、29、140师

第33集团军——司令：迪米特里·奥努普里安科旅政委

步兵第17、18、60、113、173师

第43集团军——司令：彼得·索边尼科夫少将

第53、149、211、222步兵师

坦克第145、148旅

第49集团军——司令：伊万·扎哈尔金中将

步兵第194、220、248、303师

骑兵第29、31师

预备队方面军直属部队

坦克第147旅

布良斯克方面军——司令：安德烈·叶廖缅科中将

第3集团军——司令：雅科夫·克莱叶泽尔少将（Yakov Krejzer）

步兵第137、148、269、280、282师

骑兵第4师

步兵第855团（步兵第278师）

第13集团军——司令：阿夫克先季·戈罗德尼扬斯基少将（Avksentiy Gorodnyanskii）

步兵第6、121、132、143、155、298、307师

骑兵第55师

坦克第141旅

独立坦克第43营

第50集团军——司令：米哈伊尔·彼得罗夫少将

步兵第217、258、260、278、279、290、299师

叶尔马科夫战役集群——司令：阿尔卡季·叶尔马科夫少将（Arkadiy Ermakov）

近卫步兵第2师

步兵第160、283师

坦克第121、150旅

山地骑兵第21师

骑兵第42师

布良斯克方面军直属部队：

步兵第154、287师

坦克第108师

坦克第42旅

坦克第114、115营

资料来源：

M. M. 加利耶夫，V. F. 西蒙诺夫，《1941—1945 年的胜利将帅》。

马克西姆·科洛米耶茨，《莫斯科战役：1941 年 9 月 30 日—12 月 5 日》。

A. M. 萨姆索诺夫，《莫斯科1941：从失败的悲剧到最终胜利》。

十、中央集团军群指挥官，1941年10月2日

集团军群总司令：费多尔·冯·博克元帅

第2集团军——指挥官：马克西米利安·冯·魏克斯大将

第53军——指挥官：卡尔·维森贝格上将（Karl Weisenberger）

第31、56、167步兵师

第43军——指挥官：戈特哈德·海因里奇上将

第52、131步兵师

第23军——指挥官：汉斯-古斯塔夫·费尔贝格上将（Hans-Gustav Felber）

第17、260步兵师

集团军预备队：

第112步兵师

第2装甲集群——指挥官：海因茨·古德里安大将

第34军——指挥官：赫尔曼·梅茨上将

第45、134步兵师

第35军——指挥官：鲁道夫·肯普费中将（Rudolf Kaempfe）

第95、262、293、296步兵师

第48装甲军——指挥官：维尔纳·肯普夫中将（Werner Kempf）

第9装甲师

第16、25摩托化步兵师

第24装甲军——指挥官：里奥·盖耶·冯·施韦彭堡上将

第3、4装甲师

第10摩托化步兵师

第47装甲军——指挥官：约阿希姆·勒梅尔森上将

第17、18装甲师

第29摩托化步兵师

第4集团军——指挥官：京特·冯·克卢格元帅

第7军——指挥官：威廉·法姆巴赫上将（Wilhelm Fahrmbacher）

第7、23、197、267步兵师

第20军——指挥官：弗雷德里希·马特纳上将（Friedrich Materna）

第15、78、268步兵师

第9军——指挥官：赫尔曼·盖耶上将

第137、183、263、292步兵师

第4装甲集群——指挥官：埃里希·霍普纳大将

第12军——指挥官：瓦尔特·施罗特上将（Walter Schroth）

第34、98步兵师

第40装甲军——指挥官：格奥尔格·施图姆上将

第2、10装甲师

第258步兵师

第46装甲军——指挥官：海因里希·冯·菲廷霍夫上将（Heinrich von Vietinghoff）

第5、11装甲师

第252步兵师

第57装甲军——指挥官：阿道夫–弗雷德里希·孔岑上将（Adolf–Friedrich Kuntzen）

第20装甲师

第3摩托化步兵师

党卫队"帝国"摩托化师

第9集团军——指挥官：阿道夫·施特劳斯大将

第27军——指挥官：阿尔弗雷德·韦格上将（Alfred Wäger）

第86、162、255步兵师

第5军——指挥官：里夏尔德·劳夫上将（Richard Ruoff）

第5、35、106、129步兵师

第8军——指挥官：瓦尔特·海茨上将（Walter Heitz）

第8、28、87步兵师

第23军——指挥官：阿尔布莱希特·舒伯特上将（Albrecht Schubert）

第102、206、251、256步兵师

集团军预备队：

第161步兵师

第3装甲集群——指挥官：赫尔曼·霍特大将

第56装甲军——指挥官：费迪南德·沙尔上将（Ferdinand Schaal）

第6、7装甲师

第14摩托化步兵师

第41装甲军——指挥官：格奥尔格-汉斯·莱因哈特上将

第1装甲师

第36摩托化步兵师

第6军——指挥官：奥托–威廉·弗尔斯特上将（Otto–Wilhelm Förster）

第6、26、110步兵师

中央集团军群预备队：

第1骑兵师

第19装甲师

大德意志摩托化步兵团

第900摩托化旅

后方总指挥部——总司令：马克斯·冯·申肯多夫上将（Max von Schenck-endorff）

第221保安师

第286保安师

第339保安师

第403保安师

第454保安师

第707保安师

党卫队骑兵旅

资料来源：
克劳斯·莱因哈特，《莫斯科城下的转折》，附录9。
G. 霍尔，《德国元帅及海军元帅 1933—1945》。

十一、斯大林的预备队

德军犯下了误判斯大林预备队规模的致命错误。10月1日时，德军对面的苏军防线上共有213个步兵师，还有123个步兵师在苏联的其他地区。其中有25个在远东，33个在高加索。除了四个正式属于大本营预备队的步兵师之外，其余的72个分散在不同的军区之中，它们中有很多正处于组建的最后阶段，可以视为斯大林的预备队的一部分，只是还没有转交给大本营而已。

莫斯科军区有7个步兵师，奥廖尔军区则有5个。莫斯科军区还有21个炮兵团、两个反坦克炮团和5个炮兵营，奥廖尔军区则有5个反坦克炮团。

维亚济马—布良斯克的惨败导致在11月1日时前线的步兵师数量减少到了198个，还有118个仍在苏联的其他地区。所以，苏军的步兵师数量减少了20个之多，不过大本营的预备队中又增加了22个步兵师。在远东还有26个步兵师，高加索地区还有24个，莫斯科军区还有1个步兵师，奥廖尔军区一个都没有了。此外，苏军还利用一个步兵师和5个民兵师成立了莫斯科城防区。

12月1日，前线的师级部队数量增长到230个，而苏联其他地区的师级部队只剩下84个。在后者中，至少有44个是大本营预备队，远东地区的步兵师数量略有缩水，那时还有25个。高加索那里的变化更加明显，只有9个师还留在那里。另外一个明显的变化就是新的步兵旅被建立起来，广泛替代了新建步兵师的编制。旅级部队更容易组织，红军中旅级部队的数量一路高升，从10月1日的25个增长到12月1日的103个。12月1日，前线有38个步兵旅，还有7个在大本营预备队内，49个分散在各个军区。

在坦克部队中也已经出现了旅级部队数目增加的趋势，1941年9月期间，

1941 年秋季苏联红军部队数量

	1941年10月1日	1941年11月1日	1941年12月1日
集团军司令部	49	49	57
步兵师	336	316	314
步兵旅	25	92	103
骑兵师	68	67	84
坦克师	12	11	9
坦克旅#	59	70	68
炮兵团*	210	213	212

注：#包括机械化旅。

*包括反坦克炮团，因为按照苏联的划分方法，反坦克炮兵是炮兵的一部分。

坦克旅的数量从22个增长到59个，后来增速放缓，但到了11月1日还是达到了70个。与步兵不同，坦克部队中的师级部队数量缩减，这是因为很多师级部队被用作新建坦克旅的基干。9月1日还有31个坦克师，到了10月1日就只剩下12个了。此时，59个坦克旅中有37个在前线，到了11月1日，70个坦克旅中的44个已经抵达战场。

　　斯大林不得不在远东和高加索保留一部分兵力，但在苏联的腹地仍有规模庞大的苏军部队，规模比德军想象的要大得多。

资料来源：《苏军作战序列，第一卷》。

十二、埃贝巴赫战斗群的组织结构，1941年9月30日

　　战斗群在德国陆军中非常常见。埃贝巴赫战斗群属于第4装甲师，在从格卢霍夫向奥廖尔发动的进攻中担当前锋。它主要由来自第4装甲师的单位组成，但也有一部分外来的单位。在9月30日早上发动进攻的时候，埃贝巴赫决定将他的战斗群分成两组，一组置于北翼，一组放在南翼。

南翼分组：
- 第35装甲团第1营，第35装甲团第2营（欠一个连）
- 第11防空团第2营半数部队
- 第3摩托车营（欠一个连）
- 第34摩托车营
- 第79装甲工兵营部分单位
- 第49坦克歼击营第3连（欠两个排）
- 第35装甲团团部
- 第5装甲旅旅部（埃贝巴赫本人的旅部）
- 第103炮兵团第2营
- 第69炮兵团第2营的一个连
- 第53烟雾发射团第1营

北翼分组：
- 第6装甲团第2营
- 第11防空团第2营半数部队
- 第3摩托车营的一个连
- 第39装甲工兵营第3连

由此可见，埃贝巴赫上校把他的战斗群分为两组，他亲自带领较大的南翼分组，让蒙策尔中校（Munzel）带领北翼分组。后者得到了一个独立的任务。可以说埃贝巴赫在他的战斗群之内又组建了一个临时的独立战斗群。

资料来源：第 5 装甲旅，1941 年 10 月 5 日，《1941 年 9 月 29 日—10 月 3 日期间战斗总结》，BA-MA RH 39/373。

十三、来自西伯利亚的部队

1941年莫斯科战役防守阶段的西伯利亚部队（譬如来自乌拉尔、中亚、外贝加尔和远东地区的部队）

步兵师
- 步兵第32师

师长：波洛苏欣上校（V. I. Polosukhin）

到达时间：10月

简介：该师于1922年在伏尔加军区成立。6月22日开战时驻扎在远东，曾于1938年在哈桑湖（Khasan）与日军交手。1941年9月，第32师得到命令向西方调动，10月抵达莫斯科地区。编制内差不多有15000人，是按照战前的组织装备表组建的。

隶属关系：第5集团军，1941年11月1日。第5集团军，1941年12月1日。

1942年5月番号改为近卫步兵第29师。

·步兵第78师

师长：别洛博罗多夫上校（A. P. Beloborodov，1941年11月27日升为少将）

到达时间：10月

简介：1932年4月建立于托木斯克（Tomsk），开战时位于远东地区的符拉迪沃斯托克（Vladivostok）附近。直到10月才被调往西方，并在月末到达莫斯科地区。编制内有大约14000人，仍保留着战前的组织形式，这应该是最后几个投入战斗的，按照战前标准整编的师级部队之一。

隶属关系：1941年1月，预备队方面军。1941年12月1日，第16集团军。

1941年11月末番号改为近卫步兵第9师。

·步兵第93师

师长：埃拉斯图斯少将（K. M. Erastus）

到达时间：10月

简介：1936年在西伯利亚军区的赤塔（Chita）建立，战争爆发时调到外贝加尔军区，10月6日，该师接到调往西方的命令，它也是按照战前的组织装备表组建的。

隶属关系：第43集团军，1941年11月1日。第43集团军，1941年12月1日。

1942年4月番号改为近卫步兵第2师。

·步兵第238师

师长：科罗特科夫上校（G. P. Korotkov）

到达时间：10月

简介：1941年3月建立于阿拉木图，在战前建立的师级部队中番号最大。因为在6月22日时还未能做好战斗准备，所以继续留在中亚。秋天时，该师经铁路调往图拉以北的列宁斯克（Leninsk），投入了城市西北的防御作战。

隶属关系：第49集团军，1941年11月1日。第49集团军，1941年12月1日。

1942年5月番号改为近卫步兵第30师。

·步兵第312师

师长：瑙莫夫上校（A. F. Naumov）

到达时间：10月

简介：1941年7月10日在中亚军区的阿克托别（Akjubinsk）开始组建，一个月后被送往列宁格勒。鉴于莫斯科情况紧急，该师又在10月6日时被派到小雅罗斯拉韦茨。

隶属关系：第43集团军，1941年10月。

该师损失极为惨重，在1941年10月末解散。

·步兵第316师

师长：潘菲洛夫少将（阵亡）。1941年11月20日起，列夫亚金少将（V. A. Revyakin）

到达时间：10月

简介：1941年7月12日建立于阿拉木图，与第312师一样被派往列宁格勒地区，两者又一起被派往莫斯科地区，但最后前往莫斯科西北的沃洛科拉姆斯克。

隶属关系：第16集团军，1941年11月1日。第16集团军，1941年12月1日。

1941年11月中旬番号改为近卫步兵第8师。

·步兵第371师

师长：车尔尼雪夫少将（F. V. Chernysyev）

到达时间：11月

简介：1941年8月在斯维尔德洛夫斯克（Sverdlovsk）开始组建，11月末加入西方面军。

隶属关系：第13集团军，1941年12月1日。

·步兵第379师

师长：奇斯托夫上校（V. A. Chistov）

到达时间：11月

简介：1941年8月在乌拉尔军区的彼尔姆（Perm）开始组建，11月加入西方面军。报告显示，该师的人数略微超过1万人，但明显缺乏武器装备。

隶属关系：第13集团军，1941年12月1日。

1944年12月被解散，人员被用于重建波罗的海第二方面军的其他部队。

·步兵第413师

师长：捷列什科夫少将（A. D. Tereshkov）

到达时间：10月

简介：1941年8月期间该师在远东建立，为当地多种来源各异的人力资源拼凑而成，例如来自几所军事院校的官兵。10月1日，上级判定该师已经可以投入作战。该师在10月末到达莫斯科，在图拉占领阵地。报告显示该师有12000人，装备精良。

隶属关系：第50集团军，1941年11月1日。第50集团军，1941年12月1日。

·步兵第415师

师长：亚历山德罗夫斯克少将（P. A. Aleksandrovsk）

到达时间：11月

简介：1941年9月8日开始建立，10月末时派往西方，并在11月中旬到达。

隶属关系：第49集团军，1941年12月1日。

骑兵师

·骑兵第18师

师长：伊万诺夫少将（P. S. Ivanov）

到达时间：11月

简介：前身为第7塔吉克骑兵师，于1936年改编为山地骑兵第18师。它一直留在中亚军区，直到1941年11月才被派往前线。

隶属关系：第30集团军，1941年12月1日。

1942年7月解散。

·骑兵第20师

师长：斯塔文科夫上校（A. V. Stavenkov），1941年11月29日起，塔维列夫中校（M. P. Tavliev）

到达时间：11月

简介：1936年在中亚军区由突厥骑兵第7旅改编而来，1941年10月被派往西方。

隶属关系：第16集团军，1941年12月1日。

·骑兵第44师

师长：库克林上校（P. F. Kuklin）

到达时间：11月

简介：1941年7月在塔什干（Tashkent）建立，后调到中亚的骑兵第4军，之后在伊朗北部担任驻军。该师返回苏联后用火车运到莫斯科，于11月到达。

隶属关系：第16集团军，1941年12月1日。

1942年4月解散，并入骑兵第17师。

·骑兵第82师

师长：罗什契年科上校（V. K. Roshchinenko）

到达时间：11月

简介：1941年8—10月在斯维尔德洛夫斯克进行组建工作。11月，该师离开乌拉尔，加强给加里宁方面军。12月1日时有差不多4000人，但明显缺乏重武器。

隶属关系：第13集团军，1941年12月1日。

1942年8月解散，余部并入骑兵第24师。

坦克/摩托化师

·坦克第58师

师长：科特利亚罗夫少将（A. A. Kotlyarov），1941年11月20日自杀，之后由戈沃鲁年科政委（P. D. Govorunenko）于1941年11月21日接任

到达时间：11月

简介：1941年3—4月间开始在远东组建，后来被并入第30摩托化军。没过多久该军被解散，该师在7月底按照新的组织装备表进行重组。10月被派往西方，共有198辆坦克，主要都是T–26和BT这些老旧型号。

隶属关系：第30集团军，1941年11月1日。第30集团军，1941年12月1日。

1941年12月改编为坦克第58旅。

·摩托化步兵第82师

师长：卡拉梅舍夫上校（G. P. Karamyshev）

到达时间：10月

简介：一开始作为摩托化步兵师来建立，1940年时改编为摩托化师，后来又被改回摩托化步兵师，坦克团被撤销，但仍然保留了一个装备轻型坦克的坦克第27营。

隶属关系：第5集团军，1941年11月1日。第5集团军，1941年12月1日。

1942年3月番号改为近卫摩托化第3师。

·坦克第112师

师长：格特曼上校（A. L. Getman）

到达时间：11月

简介：1941年8月基于来自被改编为步兵师的摩托化第239师的部分单位组建。坦克第112师是根据新的组织装备表组织起来的，在莫斯科战役期间被派往西方的时候，它差不多有6200名官兵和210辆T–26坦克。

隶属关系：第49集团军，1941年12月1日。

1942年改编为坦克第112旅。

资料来源：
叶夫根尼·德里格，《红军机械化作战部队》。
A. M. 萨姆索诺夫，《莫斯科1941：从失败的悲剧到最终胜利》。
查尔斯·C. 夏普，《二战苏军作战序列》，第1册《致命的开局》，第5册《红色马刀》，第8册《红色军团》，第9册《红潮》。

十四、苏军大本营直属部队

本附录中列出了参加了莫斯科战役，但却不归师和旅级指挥的一些部队，主要列出的是各类战斗部队。先列出10月1日的情况，之后列出11月1日之前到达前线的部队。

10月1日

摩托车团：8, 9

炮兵团：17, 29, 43, 49, 50, 56, 57, 103, 104, 105, 109, 120, 126, 151, 207, 275, 301, 302, 305, 311, 320, 336, 360, 364, 375, 387, 390, 392, 396, 399, 420, 432, 445, 447, 455, 462, 467, 471, 472, 488, 542, 544, 545, 573, 587, 592, 596, 643, 644, 645, 646, 685

炮兵营：42, 199, 200

反坦克团：18, 58, 509, 533, 699, 700, 753, 761, 766, 871, 872, 873, 874, 875, 876, 877, 878, 879, 880

反坦克营：213

火箭炮兵团：1, 6, 9, 10, 11

火箭炮兵营：42

工兵营：5, 6, 9, 22, 37, 39, 42, 50, 51, 56, 61, 62, 63, 64, 70, 71, 72, 78, 84, 88, 103, 111, 113, 114, 115, 122, 127, 129, 133, 226, 229, 238, 243, 246, 251, 263, 267, 273, 275, 288, 290, 312, 321, 498, 499, 512, 513, 537, 538

防空营：4, 7, 12, 16, 36, 46, 55, 64, 71, 86, 111, 112, 123, 164, 183, 185, 221, 230, 304, 311, 318, 386, 397

迫击炮营：11, 12, 24

11月1日——新到部队

摩托车团：2, 11, 36, 38, 46

炮兵团：138, 204, 403, 440, 486, 510, 517, 523, 538, 537, 557, 552, 554, 564, 570, 572, 590, 979, 995, 998

炮兵营：275

反坦克团：39, 121, 289, 296, 304, 316, 367, 395, 452, 455, 483, 525, 540, 551, 598, 600, 610, 641, 689, 694, 702, 703, 768, 863, 868, 869, 989, 992

火箭炮团：5, 7, 12, 13, 14, 15

火箭炮营：1, 2, 4, 5

工兵营：27, 69, 136, 145, 291, 452, 467, 511

防空营：21, 61, 121, 152, 168, 244, 281

资料来源：《苏军作战序列，第一卷》。

十五、莫扎伊斯克战斗序列，10月14日

总司令：格奥尔吉·朱可夫

第16集团军——司令：康斯坦丁·罗科索夫斯基上将

步兵第18、316师

骑兵第50、53师

步兵第690团（步兵第126师）

第5集团军——司令：迪米特里·列柳申科少将

10月18日起，列昂尼德·戈沃罗夫中将

步兵第32师

预备步兵第330团

坦克第18、19、20、22旅

摩托化步兵第151旅

摩托车第36团

第43集团军——司令：斯捷潘·阿基莫夫中将

10月29日起：康斯坦丁·格卢别夫少将

步兵第53、110、113、312师

坦克第9、17、145旅

第49集团军——司令：伊万·扎哈尔金中将

近卫步兵第5师

步兵第144、194师

骑兵第31师

后期增派部队：

第32集团军——司令：迪米特里·奥努普里安科旅政委

10月22日起：米哈伊尔·叶夫列莫夫中将

步兵第110、113师（接手自第43集团军）

近卫步兵第1师

自行前来投靠的后撤步兵部队：

步兵第17、19、50、60、108、173、222师

10月到来的其他增援部队：

步兵第78、93、238师

近卫步兵第7师

摩托化步兵第82师

摩托化步兵第152旅

空降兵第5军

坦克第4、5、23、24、25、26、27、28旅

资料来源：
M. I. 哈米托夫（等），《莫斯科战役》，第59页。
马克西姆·科洛米耶茨，《莫斯科战役：1941年9月30日—12月5日》。

A. M. 萨姆索诺夫，《莫斯科1941：从失败的悲剧到最终胜利》。
查尔斯·C. 夏普，《二战苏军作战序列》，第 8 册《红色军团》，第 9 册《红潮》。

十六、加里宁方面军战斗序列，1941年10月17日

总司令：伊万·科涅夫上将

第22集团军——司令：瓦西里·尤什克维奇少将（至10月19日）

弗拉迪米尔·沃斯特鲁霍夫少将（Vladimir Vostrukhov，10月19日之后）

步兵第178、179、186、200、249、250师

第29集团军——司令：伊万·马斯连尼科夫中将

步兵第119、174、243、246、252师

第30集团军——司令：瓦西里·霍缅科少将

步兵第5师

坦克第21旅

预备步兵第20团

瓦图京将军战役集群*——司令：尼古拉耶·瓦图京中将（Nikolaj Vatutin）

步兵第183、185师

骑兵第46、54师

坦克第8旅

独立摩托化步兵旅

*注：10月19日重组为第31集团军，司令员由瓦西里·尤什克维奇少将接任。

资料来源：
《伟大卫国战争军事历史资料集》第 7 册。
M. M. 加利耶夫，V. F. 西蒙诺夫，《1941—1945 年的胜利将帅》。

十七、西方面军战斗序列 11月15日

总司令：格奥尔吉·朱可夫大将

第30集团军（11月17日起）——司令：瓦西里·霍缅科少将

11月17日起：迪米特里·列柳申科少将

步兵第5、185师

摩托化步兵第107师

骑兵第46师

坦克第8、21旅

摩托车第46团

摩托化步兵第2团

预备步兵第20团

第16集团军——司令：康斯坦丁·罗科索夫斯基中将

步兵第18、78、126、316师

坦克第58师

骑兵第17、20、24、44、50、53师

近卫坦克第1旅，坦克第27、28旅

军校学员混成团

第5集团军——司令：列昂尼德·戈沃罗夫中将

步兵第32、50、144师

摩托化步兵第82师

坦克第18、20、22、25、33旅

摩托车第36旅

第33集团军——司令：米哈伊尔·叶夫列莫夫中将

步兵第108、110、113、222师

近卫摩托化步兵第1师

第43集团军——司令：康斯坦丁·格卢别夫少将

步兵第17、19、53、93师

空降兵第10、202旅

坦克第9、24、26旅

第49集团军——司令：伊万·扎哈尔金少将

近卫步兵第5、7师

步兵第60、194、415师

骑兵第2军（骑兵第5、9师）

坦克第112师

坦克第31、145旅

第50集团军——司令：阿尔卡季·叶尔马科夫少将

步兵第154、217、258、260、290、299、413师

骑兵第4、31师

坦克第108师

内务部队第156团

图拉工人独立团

资料来源：

M. I. 哈米托夫（等），《莫斯科战役》。

M. M. 加列耶夫，V.F. 西蒙诺夫，《1941—1945 年的胜利将帅》。

马克西姆·科洛米耶茨，《莫斯科战役：1941 年 9 月 30 日—12 月 5 日》。

A. M. 萨姆索诺夫，《莫斯科 1941：从失败的悲剧到最终胜利》。

十八、民兵——保卫莫斯科的苏联民兵

"他们是军事艺术的初学者，这意味着他们只能在战斗中学习。"

——格奥尔吉·朱可夫将军

历史上，俄国的民兵（Narodnoe Opolchenie）会在祖国受到严重威胁的时候被征召过来。1812年拿破仑入侵就是一个例子，当时来自莫斯科的民兵单位在1812年9月7日曾投入博罗季诺的战斗。不过在二战之前，民兵部队在苏联并不是一个受到广泛讨论的问题。苏联红军的主张是如果将入侵的敌军击退，就在敌人的地盘上进行战争。民兵部队不符合这样的概念，而在苏联领土纵深展开大型军事行动的提议也被视为失败主义。在边疆地区进行战斗是可以接受的，但不要在接近列宁格勒、莫斯科或基辅一类大城市的地方进行。所以，民兵部队派不上什么用场，或者说没有用。还有，组建民兵部队是内务人民委员部的职责，而不是军队的职责。

7月4日，国防委员会（GKO）决定于7月7日之前在莫斯科地区建立25个民兵师，这一野心勃勃的目标几乎是马上就被削减到了12个，因为已经没有足够的装备和人员了。结果，建立起的民兵师番号并不是连贯的。按照7月4日的指示，莫斯科一共有25个区，每个区都要组建一个民兵师。[1]

多数民兵师都是由工业系统的工人志愿者组成的，但其中两个师的大部分人员都是职员、公务员和知识分子。很多志愿者都没有经过最基本的军事训练，也不属于预备役人员，年龄从17岁到55岁不等。十月革命之后建立了强制兵役制度，但并不是所有的男人都要服兵役，有很多免于征召服役的情况。[2]各民兵师很快就离开了首都，在莫斯科以西建立新防线。7月18日下令建立的莫扎伊斯克防线就是其中之一。指挥民兵第2师的V. R. 瓦什克维奇少将（V. R.Vashkevich）曾经这样写道：

在7月12日，民兵第2师出发向西执行军事任务。该师应在莫斯科以西以形成一系列防线的方式来建立防御，阻挡从西面逼近莫斯科的敌军。[3]

所有的民兵师都面临着武器、弹药和人员短缺的问题，离做好战斗准备还差得远。多数的时间都花费在修筑防御阵地上。在七八月间，这些师被用于修筑野战工事。在8月8日的一份报告中，在第33集团军司令部的团政委F. S. 维什涅韦茨基（F. S. Vishnevetski），对军事训练作了如下描述：

所有的部队都多次表示迫切需要接受步枪、机枪和火炮的训练。这样的需求主要来自缺少训练的士兵，他们没有在红军中服过役，不会使用这些武器。多数士兵都非常想要学习如何操作技术兵器，很多人都担心频繁调动会减少作战训练的时间。

维什涅韦茨基还这样说：

一到新的地点，各单位和分队就分散开来，开始修建野战工事……[4]

在8月末，那12个民兵师成为红军的一部分，接收了军旗，并作为军人宣誓。他们在9月26日接受了新的番号，番号从被歼灭的部队继承而来。在8到9月间，这些民兵师按照类似于苏军步兵师的组织结构进行了整编，但这项工作并不容易进行。以第33集团军为例，它有5个民兵师，人数从8月1日的40200人增长到9月20日的64500人，但这些师中仍然存在着短缺现象，45毫米反坦克炮尤其短缺，82毫米和120毫米的迫击炮也处于短缺状态。换个角度来看，多数的师都接收到了自己的炮兵团，这可以提供充足的间接火力支援。除了缺乏重型迫击炮以外，反坦克炮的短缺是最严重的问题。[5]

12个民兵师中有9个编入了第32和第33两个集团军，这两个集团军都属于预备队方面军。9月末，这两个集团军被作为预备队部署在离前线不是很远的地方。第33集团军在斯帕斯—杰缅斯克附近，位于霍普纳先头部队的必经之路上。第32集团军则在维亚济马以西伊泽杰什科沃附近，沿着斯摩棱斯克到莫斯科的公路部署。第32集团军的士兵没有多少曾想到过德国的先头部队会在他们后边的维亚济马会合，并包围他们。其余的三个师的位置也没有幸运多少。两个在前线，其中之一在第24集团军之中，正对着霍普纳的装甲部队，另一个则隶属于叶尔马科夫战役集群，即将面对古德里安的部队。从莫斯科征召的苏联民兵师即将在保卫家乡时迎来自己的宿命，他们当中有很多人再也不能见到首都了。

民兵师在莫斯科战役之中的命运各不相同。5个民兵师遭到歼灭，它们都是被包围在维亚济马以西，隶属于第24和32集团军的部队。属于第33集团军的5个师蒙受了严重损失，例如步兵第173师，在维亚济马—布良斯克的战斗过后，该师3个步兵团只剩下1400人，炮兵团共计还有119人。与之形成对比的是，步兵第60师的损失要少一些，全师还有差不多4000人，每个步兵团有1000多人。步兵第17师表现得相当不错，10月15—16日间，它接收了若干个预备队连，共计1500多人。在第31集团军和叶尔马科夫集群的两个师逃过了包围圈，但也被打得够呛。以步兵第160师为例，11月初还剩下大约1800人。[6]

劫后余生的民兵师会接收补充兵员，继续作战，但在维亚济马—布良斯克战役中灰飞烟灭的民兵师就不会这样了。两个之前的民兵师最终成为近卫步兵师，其中之一是步兵第18师，它同罗科索夫斯基一道逃过了包围圈，后来在他的带领下在第16集团军作战。1942年1月它光荣地成为近卫步兵第11师。然而，它已经不是原来的那个师了，因为10月1日序列内的三个步兵团一个都没剩下。其二为步兵第110师，1943年3月成为近卫步兵第84师。如果要问在这时候，还有多少官兵还是1941年10月1日时候的老兵，答案可能是凤毛麟角。

在莫斯科建立的第一批次民兵师

民兵师番号	区	步兵师番号	所属集团军	1941年9月20日实力
1	列宁区	60	33	11457
2	斯大林区	2	32	11320
4	古比雪夫区	110	31	11755（10月1日）
5	伏龙芝区	113	33	11501
6	捷尔任斯基区	160	叶尔马科夫	9791（8月31日）
7	鲍曼区	29	32	10947
8	红普列斯妮娅区	8	32	10513
9	基洛夫区	139	24	11543
13	罗斯托金诺区	140	32	11490
17	莫斯科区	17	33	11490
18	列宁格勒区	18	33	10668
21	基辅区	173	33	10608

资料来源：

列夫·卢普霍夫斯基，《维亚济马大灾难1941》。

A. M. 萨姆索诺夫，《莫斯科1941：从失败的悲剧到最终胜利》。

注释

1. A. M. 佩戈娃（等），《莫斯科保卫战中的民兵部队》，第5页。

2. "白领"和知识分子组成的师为民兵第4和7师，后来成为步兵第110和29师，其他的三个师中也包括大量来自这两个类别的兵，但这三个师里的工人数量可以说是很多。A. M. 萨姆索诺夫，《莫斯科1941：从失败的悲剧到最终胜利》，第54—61页。佩戈娃，《莫斯科保卫战中的民兵部队》，第5—7页。关于征兵制度，见罗杰·R.里斯，《斯大林的非自愿士兵》，第11—15页。

3. 关于民兵第2师，见列夫·卢普霍夫斯基，《维亚济马大灾难1941》，第124页。关于防御的准备工作，见萨姆索诺夫，《莫斯科1941：从失败的悲剧到最终胜利》，第57页。

4. 佩戈娃，《莫斯科保卫战中的民兵部队》，第9页、第148—149页。

5. 罗德里克·布雷斯韦特，《莫斯科1941：战火中的城市和人民》，第123页。查尔斯·C.夏普，《二战苏军作战序列》，第9册《红潮》，第11、24页。第33集团军的内容，见萨姆索诺夫，《莫斯科1941：从失败的悲剧到最终胜利》，第60页。多数步兵师的50毫米迫击炮是足额装备的，但这种武器比大口径迫击炮的威力弱得多，在战争结束之前会被从组织装备表上剔除出去。佩戈娃，《莫斯科保卫战中的民兵部队》，第173—175页。

6. 步兵第2、8、29、139、140被撤销番号，见夏普，《二战苏军作战序列》，第9册《红潮》。步兵第17、60师的伤亡情况，见佩戈娃，《莫斯科保卫战中的民兵部队》，第199—206页。步兵第160师所蒙受的损失情况，见《1941年11月7日布良斯克战线的战斗与战术》一文，《伟大卫国战争军事历史资料集》第43册。

十九、1941年9月30日—12月4日间到达莫斯科以西前线的主要苏军单位

（括号中为这些部队6月22日时的所在位置）

10月1日

近卫步兵第7师（西部特别军区，1941年6月22日时为步兵第64师）

10月2日

近卫步兵第6师（奥廖尔军区，1941年6月22日时为步兵第120师）

空降兵第5军（波罗的海军区，1941年6月22日）

坦克第4旅（1941年8月开始在斯大林格勒军区组建）

坦克第11旅（1941年9月开始在莫斯科军区组建）

10月4日

坦克第17旅（1941年9月开始在莫斯科军区组建）

10月8日

步兵第312师（1941年7月10日在中亚军区开始组建）

坦克第18旅（1941年9月开始在莫斯科军区组建）

坦克第19旅（1941年9月开始在莫斯科军区组建）

10月10日

近卫摩托化步兵第1师（包括坦克第5旅）

骑兵第41师（1941年7月开始在西北军区组建）

步兵第32师（远东，1941年6月22日）

步兵第316师（1941年7月12日在哈萨克斯坦的阿拉木图开始组建）

坦克第9旅（1941年8月开始在莫斯科军区组建）

坦克第20旅（1941年9月开始在莫斯科军区组建）

10月12日

步兵第183师（波罗的海军区，1941年6月22日）

步兵第185师（1941年8月25日开始在西北军区组建）

坦克第8旅（1941年8月开始在乌拉尔军区组建）

10月13日

坦克第21旅（1941年9月开始在莫斯科军区组建）

摩托化步兵第151旅（1941年秋季开始组建）

10月14日

步兵第238师（中亚军区，1941年6月22日）

坦克第22旅（1941年9月开始在莫斯科军区组建）

摩托化步兵第152旅（1941年秋季开始组建）

10月15日

骑兵第46师（1941年7月开始在伏尔加军区组建）

骑兵第54师（1941年7月开始在莫斯科军区组建）

10月22日

摩托化步兵第82师（外贝加尔军区，1941年6月22日）

坦克第23旅（1941年9月开始在莫斯科军区组建）
坦克第24旅（1941年9月开始在莫斯科军区组建）
坦克第25旅（1941年9月开始在莫斯科军区组建）

10月23日
步兵第93师（外贝加尔军区，1941年6月22日）
坦克第26旅（1941年9月开始在乌拉尔军区组建）

10月24日
坦克第27旅（1941年9月开始在莫斯科军区组建）
坦克第28旅（1941年9月开始在莫斯科军区组建）

10月28日
坦克第32旅（1941年10月开始在莫斯科军区组建）

10月31日
步兵第78师（远东，1941年6月22日）
步兵第413师（1941年8月6日开始在远东组建）

11月1日
坦克第58师（远东，1941年6月22日）

11月5日
坦克第112师（1941年8月开始在远东组建）
坦克第33旅（1941年9月开始在莫斯科军区组建）

11月9日
骑兵第5师（敖德萨军区，1941年6月22日）
骑兵第9师（敖德萨军区，1941年6月22日）
步兵第415师（1941年9月8日开始在远东组建）

11月14日

山地骑兵第17师（高加索，1941年6月22日）

山地骑兵第17师（中亚军区，1941年6月22日）

骑兵第20师（中亚军区，1941年6月22日）

骑兵第24师（高加索，1941年6月22日）

骑兵第44师（1941年7月开始在中亚军区建立）

11月19日

坦克第145旅（1941年10月在莫斯科军区重建）

11月20日

坦克第31旅（1941年10月开始在莫斯科军区组建）

坦克第146旅（1941年10月在莫斯科军区重建）

11月29日

步兵第331师（1941年8月27日开始在奥廖尔军区组建）

步兵第354师（1941年8月11日开始在伏尔加军区组建）

步兵第379师（1941年8月开始在乌拉尔军区组建）

11月30日

步兵第371师（1941年8月开始在乌拉尔军区组建）

骑兵第82师（1941年8月开始在乌拉尔军区组建）

12月1日

步兵第212师（1941年7月29日开始组建，来自西南方面军）

步兵第262师（1941年6月26日开始组建，来自西北方面军）

步兵第348师（1941年8月15日开始在伏尔加军区组建）

步兵第352师（1941年8月1日开始在伏尔加军区组建）

12月2日

步兵第323师（1941年8月1日开始在奥廖尔军区组建）

步兵第324师（1941年8月开始在莫斯科军区组建）

步兵第325师（1941年9月8日开始在奥廖尔军区组建）

步兵第326师（1941年8月开始在莫斯科军区组建）

步兵第328师（1941年8月26日开始在莫斯科军区组建）

步兵第330师（1941年8月开始在莫斯科军区组建）

步兵第340师（1941年8月开始在伏尔加军区组建）

注：上述时间为大致时间。一支部队到达前线的过程可能长达数日，进一步讲，一支部队可能在离前线很近的位置，但仍然在大本营预备队的序列内，其他的部队就直接从铁路终点站奔赴战场了。需要强调的是，这一段时间内有很多规模在旅以下的重要单位到达，例如10月1日到11月1日间，有如下部队到达战场：5个摩托车团、两个内务部团、20个炮兵团、28个反坦克炮团、4个火箭炮团、8个工兵营，还有7个防空营。还有，在11月份，到达前线的坦克旅数量更少，但这又被更多到达前线的坦克营所抵消。11月间至少有10个坦克营到达战场，但很难记录下它们后事如何，因为其中有一些被用来加强现有的坦克旅。

资料来源：
《莫斯科会战：编年史，真相，重要人物，单卷本》。
《苏军作战序列，第一卷》。
马克西姆·科洛米耶茨，《莫斯科战役：1941年9月30日—12月5日》。
伊利亚·莫斯特扬斯基，《莫斯科战役中的坦克T-34/76和T-34/57》。
A. M. 萨姆索诺夫，《莫斯科1941：从失败的悲剧到最终胜利》。
查尔斯·C. 夏普，《二战苏军作战序列》，第1册《致命的开局》，第4册《红色近卫军》（Red Guards），第5册《红色马刀》，第8册《红色军团》，第9册《红色浪潮》。

二十、苏军火箭炮兵，1941年

各级单位数量及武器型号

	单位			武器型号		
	团	独立营	独立连	BM-8	BM-13	总计
7月1日	0	0	1	0	7	7
8月1日	0	0	3	0	17	17
9月1日	1	1	9	8	41	48
10月1日	9	8	4	160	246	406
11月1日	11	20	2	192	325	517
12月1日	8	35	2	199	355	554

资料来源：古尔金的《火箭炮兵部队在战争初期的组建与发展》，ViZh，1976年第12期，第27页。

西方面军火箭炮兵营部署状况

	10月22日	11月16日	12月3日
第5集团军	5	4	4
第16集团军	2	7	10
第30集团军	0	1	2
第33集团军	3	3	3
第43集团军	2	3	2
第49集团军	1	4	5
第50集团军	0	3	1
骑兵第2军	0	3	3
突击第1集团军	0	0	3
第10集团军	0	0	1
第12集团军	0	0	2
总计	13	28	36

资料来源：古尔金的《火箭炮兵部队在战争初期的组建与发展》，ViZh，1976 年第 12 期，第 29 页。

这是希特勒军队里面的精锐团——大德意志团的士兵们，他们正在冬季为自己准备阵地，图中的火炮为3.7厘米 Pak 36 反坦克炮

参考文献

译者：张大卫

在本书的研究和写作中，我们使用了一系列档案资料，这些档案资料的详细信息已经写在了每章的尾注部分。这些档案资料主要来自位于弗莱堡的德国军事档案馆以及位于华盛顿的美国国家档案馆。我们同样使用了一些来自波多利斯克俄罗斯国防部中央档案馆的档案材料。在此，感谢为我们提供了俄国档案的卡门·内文金先生。最后，一些档案来自伦敦邱园的英国国家档案馆。

俄罗斯档案集

《莫斯科会战：编年史，真相，重要人物，单卷本》（*Bitva pod Moskvoi, Khronika, Fakti, Lyudi. Kniga Pervaya*），莫斯科：奥尔马出版社，2002 年。

《苏军作战序列 第一卷》*Boevoi Sostav Sovetskoi Armii, Chast I*），东方评论出版社。

G. K. 朱可夫（编），《莫斯科战役文件汇编》（*v bitve pod Moskvoi, Sbornik Dokumentov*），莫斯科档案馆，1994 年。

A. M. 佩戈娃（编），《莫斯科保卫战中的民兵部队》（*Opolchenie na zashchite Moskvy*），莫斯科：莫斯科工人出版社，1978 年。

《俄罗斯在二十世纪，1941 年，档案汇编，第一卷》（*Rossiya XX VeK, 1941 god, kniga Pervaja, Dokumenty*），莫斯科：国际民主基金会，1998 年。

《俄罗斯在二十世纪，1941 年，档案汇编，第二卷》（*Rossiya XX VeK, 1941 god, kniga Vtoraja, Dokumenty*），莫斯科：国际民主基金会，1998 年。

《俄罗斯档案，伟大卫国战争，第 15 册（4—1）：莫斯科战役档案集》（*Rysskii Arkhiv, Velikaya Otechestvennaya T.15 (4—1): Bitva pod Moskoi, Sbornik dokumentov*），莫斯科，特拉出版社，1997。

《俄罗斯档案，伟大卫国战争，第 16 册（5—1）：最高统帅部大本营档案集》（*Rysskii Arkhiv, Velikaya Otechestvennaya T.16 (5—1): Stavka VGK Dokumenty i Materialy*），莫斯科：特拉出版社，1996 年。

《俄罗斯档案，伟大卫国战争，第 20 册（9）：1941—1945 年间的游击队行动》（*Rysskii Arkhiv, Velikaya Otechestvennaya T.20 (9): Partizanskoe Dvizhenie c gody Otechestvennoy Voiny 1941‐1945 gg.*），莫斯科：特拉出版社，1996 年。

《伟大卫国战争军事历史资料集，第 7 册》（*Sbornik Voenno-Istoricheskikh Materialov Velikoy Otechestvennoy Voiny, Vypusk 7*），莫斯科：军事出版社，1952 年。

《伟大卫国战争军事历史资料集，第 43 册》（*Sbornik Voevych Dokumentov Velikoy Otechestvennoy Voiny, Vypusk 43*），莫斯科：军事出版社，1960 年。

《被掩盖的战争真相：1941 年解密文件》（*Skrytaja pravda Voiny: 1941 god, Hezv-estnye Dokumenty*），莫斯科：俄罗斯书籍出版社，1992 年。

《关于使用战争经验的苏联文件，第一卷》（*Soviet Documents on the Use of War Experience Volume 1*），伦敦：弗兰克·卡森出版社，1991 年。

《关于使用战争经验的苏联文件，第二卷》（*Soviet Documents on the Use of War Experience Volume 2*），伦敦：弗兰克·卡森出版社，1991 年。

A. 热列别洛夫（编），《N. I. 比留科夫，坦克——前进！苏联将军笔记》（*N. I. Biryukov, Tanki-Fronty! Zapiski Sovetskogo generala*），斯摩棱斯克：卢斯奇出版社，2005 年。

德国文献档案集

汉堡社会学研究所，《德国国防军在 1941—1944 年间灭绝战中的战争罪行》（*Verbrechen der Wehrmacht. Dimensionen des Vernichtungskrieges 1941—1944*），汉堡：汉堡出版社，2002 年。

克劳斯‐于尔根·蒂斯，《中央集团军群在东线战争：陆军总参谋部作战处的大幅态势地图集》（*Der Ostfeldzug, Heeresgruppe Mitte-Ein Lageatlas der Operationsabteilung* des Generalstab des Heeres），比斯恩多夫：书籍出版社，2001 年。

参考书籍

盖博哈德·安德斯，维尔纳·赫尔德，《第 51 "莫德尔斯" 战斗机联队》（*Jagdgeschwader 51 M·ders*），斯图加特：摩托书籍出版社，1993 年。

K. 阿尔曼，《随着橡叶和剑》（*Mit Eichenlaub und Schwertern*），拉施塔特：曼弗雷德·帕夫拉克出版社，1986 年。

K. 阿尔曼，《坦克，前进！》（*Panzer Vor*），拉施塔特：埃里希·帕贝尔出版社，1966 年。

伦纳特·安德森，《苏联航空器和飞机 1917—1941》（*Soviet Aircraft and Aviation 1917–1941*），伦敦：普特南航空出版社，1994 年。

G. V. 安德烈耶夫斯基，《斯大林时代的莫斯科日常生活》（*Povcednevnaya Zhizn Moskvy v Stalinskuyo Epokhu 1930–1940 gody*），莫斯科：青年近卫军出版社，2003 年。

V. A. 安菲洛夫，《粉碎希特勒 1941 年莫斯科攻势》（*Krushenie Pokhoda Gitlera na Moskvu 1941*），莫斯科：科学出版社，1989 年。

N. A. 安季片科，《在主攻方向上》（*In der Hauptrichtung*），柏林：德意志民主共和国军事出版社，1982 年。

理查德·阿姆斯特朗，《苏联红军坦克指挥员：装甲近卫军》（*Red Army Tank Commanders, the Armored Guards*），宾夕法尼亚州阿特格伦：希弗出版社，1994 年。

A. 巴巴贾尼扬，《主攻部队》（*Hauptstosskraft*），柏林：德意志民主共和国军事出版社，1985 年。

乌尔夫·巴克，《欧洲空战 1939—1941，第 2 轰炸机联队在波兰、法国、英国、巴尔干、俄国上空的行动》（*Der Luftkrieg in Europa 1939‑1941. Die Einsätze des Kampfgeschwaders 2 gegen Polen, Frankreich, England, auf dem Balkan und in Russland*），奥古斯堡：贝希特尔穆兹出版社，1997 年。

米哈伊尔·巴里亚津斯基，《T–34 在战斗》（*T–34 v Boyu*），莫斯科：亚乌扎－艾克斯摩出版社，2008 年。

科瑞里·班内特，《希特勒的将军》（*Hitlers generaler*），斯德哥尔摩：棱镜出版社，2004 年。

克里斯·贝拉米，《绝对战争：第二次世界大战中的苏联》（*Absolute War, Soviet Russia in the Second World War*），伦敦：潘出版社，2007 年。

克里斯·贝拉米，《红色战神：苏联炮兵和火箭部队》（*Red God of War, Soviet Artillery and Rocket Forces*），伦敦：巴希里出版社，1986 年。

P. A. 别洛夫，《我们身后就是莫斯科》（*Za nami Moscow*），莫斯科：军事出版社，1963 年。

尼古拉斯·冯·比洛，《希特勒的副官 1937—1945》（*Als Hitlers Adjutant 1937—*

45），美因茨：哈斯和科尔出版社，1980 年。

《莫斯科会战》（*Bitva za Moskvu*），莫斯科：莫斯科工人出版社，1966 年。

费多尔·冯·博克，《战争日记 1939—1945 年》（*The War Diary 1939—1945*），宾夕法尼亚州阿特格伦：希弗出版社，1994 年。

I. V. 博尔金，《人生的一页》（*Stranitsy Zhizni*），莫斯科：军事出版社，1961 年。

霍斯特·博格，荣根·福斯特尔，约阿希姆·霍夫曼，恩斯特·克林克，鲁尔夫-迪特尔·穆勒，盖尔德·乌尔贝萨尔，《德意志帝国和第二次世界大战，第四卷》（*Das Deutsche Reich und der Zweite Weltkrieg, vol 4*），斯图加特：德意志出版社，1983 年。

德莫特·布拉德利，《装甲兵上将沃特尔·温克》（*Walther Wenck, General der Panzertruppe*），奥斯纳布吕克：书籍出版社，1985 年。

罗德里克·布雷斯韦特，《莫斯科 1941：战火中的城市和人民》（*Moscow 1941—A city and its people at War*），伦敦：轮廓出版社，2007 年。

埃里希·邦克，《我们的宿命是东方 1939—1944》（*Der Osten blieb unser Schicksal 1939—1944*），维策：1991 年自费出版。

亚利克斯·布赫纳，《德军步兵手册 1939—1945》（*Das Handbuch der Deutschen Infanterie 1939—1945*），弗雷德贝格 / 赫斯：波德聪—帕拉斯出版社，1989 年。

沃尔特·夏尔-德-博利厄，《埃里希·霍普纳将军》（*General Erich Hoepner*），内卡尔格明德：库尔特·福温克尔出版社，1969 年。

彼得·张伯伦，希拉里·道尔，托马斯·L. 延茨，《二战德国坦克百科全书》（*Encyclopedia of German Tanks of World War Two*），伦敦：武器和装甲出版社，1978 年。

阿尔捷姆·德拉布金，奥列格·舍列梅特，《战斗中的 T-34》，（*T-34 in Action*），巴恩斯利：笔与剑出版社，2006 年。

D. A. 德拉贡斯基，《坦克里的岁月》（*Gody v brone*），莫斯科：军事出版社，1973 年。

叶夫·根尼德里格，《红军机械化作战部队》（*Mekhanizirovannye Korpusa RKKA v Boyu*），莫斯科：转变出版社，2005 年。

迪特里希·埃肖尔蒂茨，《1939—1945 年德国战时经济史，第二卷 1941—1943》（*Geschichte der Deutschen Kriegswirschaft 1939—1945, Band II 1941—1943*），柏林：学术出版社，1985 年。

约阿希姆·埃姆德（编），《火箭炮——二战中火箭炮部队的发展和作战》（*Die Nebelwerfer—Entwicklung und Einsatz der Werfertruppe im Zweiten Weltkrieg*），弗雷德贝格 / 赫斯：波德聪—帕拉斯出版社，1979 年。

约翰·埃里克森，《通往斯大林格勒之路》（*The Road to Stalingrad*），伦敦：韦登菲尔德出版社，1993 年。

A. G. 费多罗夫，《莫斯科战役中的航空兵》（*Aviatsiya v bitve pod Moskvoi*），莫斯科：科学出版社，1975 年。

G. 罗兰德·弗尔斯特（编），《巴巴罗萨行动：1933—1941 年秋的德苏关系历史轨迹》（*Unternehmen Barbarossa, zum historischen Ort der deutschsowjetischen Beziehungen von 1933 bis Herbst 1941*），慕尼黑：R. 奥尔登堡出版社，1993 年。

安德斯·弗兰克森，尼科拉斯·泽特林，《对决库尔斯克》（*Slaget om Kursk*），斯德哥尔摩：诺斯德茨出版社，2002 年。

G. 法斯卡，《随着双剑钻石》（*Mit Schwertern und Brillanten*），慕尼黑：大学出版社，2002 年。

卡尔－海因茨·弗里泽尔，《闪电战传说》（*Blitzkrieg-Legende*），慕尼黑：奥尔登堡出版社，1996 年。

M. M. 加利耶夫，V. F. 西蒙诺夫，《1941—1945 年的胜利将帅》（*Pobediteli 1941—1945*），莫斯科：考试出版社，2005 年。

马丁·加瑞斯，《法兰克尼亚—苏台德德意志第 98 步兵师的战斗和命运》（*Kampf und Ende der Fränkisch-Sudetendeutschen 98.Infanterie-Division*），艾格斯海姆：多费勒当代历史出版社。

《第 258 步兵师师史，第 2 卷》（*Geschichte der 258. Infanterie-Division, II. Teil*），内卡尔格明德：库尔特·福温克尔出版社，1978 年。

A. P. 盖特曼，《冲向柏林的坦克》（*Tanki idut na Berlini*），莫斯科：科学出版社，1973 年。

卡尔－弗雷德里克·戈伊斯特，根纳季·彼得罗夫，《红星第 4 卷：租借法案飞机在俄国》（*Red Stars Volume 4: Lend-lease aircraft in Russia*），坦佩雷·阿帕里出版社，2002 年。

赫尔曼·盖耶，《第 9 军在 1941 年东线战役中》（*Das IX. Armeekorps im Ostfeldzug 1941*），内卡尔格明德：库尔特·福温克尔出版社，1969 年。

戴维·M. 格兰茨，《苏联空降兵史》（*A History of Soviet Airborne Forces*），伦敦：弗兰克·卡森出版社，1991 年。

戴维·M. 格兰茨，《泥足巨人：战争前夕的苏联红军》（*Stumbling Colossus, the Red Army on the Eve of World War*），劳伦斯：堪萨斯大学出版社，1998 年。

戴维·M. 格兰茨，乔纳森·M. 豪斯，《巨人的碰撞：红军是如何阻止希特勒的》（*When Titans Clashed*），劳伦斯：堪萨斯大学出版社，1995 年。

曼弗雷德·格里赫尔，《容克斯 Ju87 "斯图卡"》（*Junkers Ju 87 Stuka*），什鲁斯伯里：空中生活出版社，2001 年。

奥拉夫·格洛赫尔，《1910—1980 年空战史》（*Geschichte des Luftkriegs 1910 bis 1980*），柏林：德意志民主共和国军事出版社，1982 年。

霍斯特·格罗斯曼，《莱茵—威斯特法伦第 6 步兵师战史 1939—1945》（*Die Geschichte der rheinisch-westfälischen 6.Infanterie-Division 1939—1945*），艾格斯海姆：多费勒当代历史出版社。

海茵茨·古德里安，《一名军人的回忆》（*Erinnerungen eines Soldaten*），斯图加特：摩托书籍出版社，1998 年。

海茵茨·古德里安，《装甲先锋》（*Panzer leader*），伦敦：费秋拉出版社，1982 年。

瓦尔特·戈尔利茨（编），《凯特尔元帅：战犯还是军官？》（*Generalfeldmarschall Keitel Verbrecher oder Offizjer?*），哥廷根：蒙斯特施密特出版社，1961 年。

海因里奇·哈佩，《莫斯科终点站 1941—1942》（*Endstation Moskau 1941—1942*），斯图加特：摩托书籍出版社，1993 年。

弗里茨·哈恩，《德国陆军的武器和秘密武器 1933—1945，第 1、2 卷》（*Waffen und Geheimwaffen des deutschen Heeres 1933—45, Band 1‑2*），科布尼茨：本纳德和格拉费出版社，1998 年。

弗兰茨·哈尔德，《战时日记》第 3 卷（*Kriegstagebuch, vol III*），斯图加特：科尔哈默尔出版社，1964 年。

维尔纳·豪普特，《中央集团军群的战役 1941—1944》（*Die Schlachten der Heeersgruppe Mitte 1941—1944*），弗雷德贝格：波德聪—帕拉斯出版社，1983 年。

维尔纳·豪普特，《1941，向莫斯科突击》（*Sturm auf Moskau 1941*），弗雷德贝格：波德聪—帕拉斯出版社，1990 年。

G. 霍尔，《德国元帅及海军元帅 1933—1945》（*Die deutschen Generalfeld-marschälle und Grossadmirale 1933—1945*），VPM 帕贝尔·莫维格联合出版社。

鲁夫·海茵茨，《雄狮师：第 31 步兵师—第 31 掷弹兵师—第 31 国民掷弹兵师》（*Lowendivision, 31. Infanterie-und Grenadier-Division, 31. Volks-Grenadier-Division*），米尔布施：鲁夫海茵茨图书，1997 年。

伊恩·霍格，《二战中的德军炮兵》（*German Artillery of World War Two*），伦敦：书籍俱乐部出版社，1975 年。

赫尔曼·霍特，《装甲战役：第 3 装甲集群及 1941 年夏季的德军指挥思想》（*Panzer-Operationen. Die Panzergruppe 3 under der operative Gedanke der deuschen Führung Sommer 1941*），海德堡：沙姆霍斯特书友会，1956 年。

约翰内斯·胡特尔，《一名德军将军在东线：戈特哈德·海因里奇 1941—1942 年书信、日记集》（*Ein deutscher General an der Ostfront. Die Briefe und Tagebücher des Gotthard Heinrici 1941/42*），埃兰福特：艾兰·萨顿出版社，2001 年。

阿列克谢·V. 伊萨耶夫，《1941 年的大包围圈》（*Kotly 41-go*），莫斯科：艾克斯摩出版社，2005 年。

路易斯·约德尔，《结局之外：阿尔弗雷德·约德尔大将的人生之路》（*Jenseits des Endes, Der Weg des Generaloberst AlfredJodl*），慕尼黑—维也纳：朗根穆勒出版社，1974 年。

R. 卡特内格尔，《受困于俄国冬季》（*Gefangenen im russischen winter*），罗斯海

姆：罗斯海姆出版社，2007 年。

M. E. 卡图科夫，《主要突击的矛头》（*Na Ostrie Glavnogo Udara*），莫斯科：军事出版社，1976 年。

阿尔伯特·凯塞林，《凯塞林元帅回忆录》（*The memoirs of Field-Marshal Kesselr-ing*），伦敦：格林希尔出版社，1988 年。

M. I. 哈米托夫，《莫斯科战役》（*Bitva pod Moskvoi*），莫斯科：军事出版社，1989 年。

古里多·柯诺普，《希特勒的战士》（*Hitlers krigare*），伦特：历史出版社，2001 年。

古里多·柯诺普，《希特勒的军队 —— 德国国防军 1935—1945》（*Hitlers krigsmakt—Die Wehrmacht 1935—1945*），斯德哥尔摩：费歇尔出版公司，2009 年。

马克西姆·科洛米耶茨，《莫斯科战役：1941 年 9 月 30 日—12 月 5 日》（*Bitva Za Moskvu, 30 sentjabrja—5 dekabrja 1941*），莫斯科：KM 战略出版社，2002 年。

马克西姆·科洛米耶茨，《KV 坦克史，第二卷 1941—1944》（*Istoriya Tanka KV*），莫斯科：KM 战略出版社，2002 年。

马克西姆·科洛米耶茨，I. 莫斯昌斯基，《租借法案坦克 1941—1945》（*Tanki Lend-Liza 1941—1945*），莫斯科：EKS 出版公司，2000 年。

S. I. 康德拉切夫，《战争的惩罚》（*Strafien des Krieges*），柏林：德意志民主共和国军事出版社，1981 年。

M. N. 科热夫尼科夫，《伟大卫国战争期间的苏联空军司令部及参谋部 1941—1945》（*The Command and Staff of the Soviet Army Air Force in the Great Patriotic War 1941—1945*），莫斯科：1977 年（在华盛顿特区翻译为英文）。

G. F. 克里沃舍夫（编），《揭秘：苏联武装力量在战争、作战行动和军事冲突中的损失》（*Grif sekretnosti Snyat*），莫斯科：军事出版社，1993 年。

N. I. 克留洛夫，N. I. 阿列克谢耶夫，I. G. 德拉甘，《向着胜利：第 5 集团军的作战历程》（*Navstrechu Pobede. Voevoi Put 5-y Armii*），莫斯科：科学出版社，1970 年。

威利·库比克，《一名装甲步兵的回忆 1941—1945》（*Erinnerung eines Panzerschüt-zen 1941—1945*），乌兹堡：弗莱克西希出版社，2004 年。

弗兰茨·库洛夫斯基，戈特弗雷德·托尔瑙，《突击炮兵：一个兵种的传奇历史》（*Sturmartillerie, Die dramatische Geschichte einer Waffengattung 1939—1945*），斯图加特：摩托书籍出版社，1978 年。

巴里·里奇，《德国对俄战略 1939—1941》（*German Strategy against Russia 1939—1941*），伦敦：牛津大学出版社，1973 年。

D. D. 列柳申科，《莫斯科—斯大林格勒—柏林—布拉格》（*Moscow—Stalingrad—Berlin—Praga*），莫斯科：科学出版社，1987 年。

列夫·卢普霍夫斯基，《维亚济马大灾难 1941》（*Vyazemskaja Katastrofa 41-go goda*），莫斯科：艾克斯摩出版社，2007 年。

O. A. 罗斯克，《苏联坦克部队在卫国战争中的建设与作战编成》（*Stroitelstvo i boevoe prichenenie Sovetskikh tankovykh voisk v gody Velikoy Otechestvennoy Voiny*），莫斯科：军事出版社，1979 年。

贝尔纳德·冯·罗斯伯格，《在国防军统帅部》（*Im Wehrmachführungsstab*），汉堡：H.H. 诺尔克出版社，1950 年。

克劳斯－米夏埃尔·马兰曼（编），《德国东部 1939—1945》（*Deutscher Osten 1939—1945*），达姆斯塔德：科学书籍出版公司，2003 年。

杰弗里·梅加吉，《巴巴罗萨 1941，希特勒的歼灭战》（*Barbarossa 1941, Hitler's war of annihilation*），斯特劳德：坦帕斯出版社，2008 年。

汉斯·梅耶－温克勒尔，《一名总参军官的回忆 1939—1942》（*Aufzeichnungen eines Generalstabsoffiziers 1939—1942*），弗莱堡：隆巴赫出版公司，1982 年。

弗雷德里希·W. 冯. 梅伦廷，《二战德军将领》（*German Generals of World War II*），诺曼：俄克拉荷马大学出版社，1977 年。

格奥尔格·迈尔（编），《威廉·利特·冯·勒布元帅：二战期间日记及态势分析》（*Generalfeldmarschall Wilhelm Ritter von Leeb, Tagebuchaufzeichnungen und Lagebeurteilungen aus zwei Weltkriegen*），斯图加特：德意志出版社，1976 年。

威廉·迈尔－德特林，《第 137 步兵师在东线中部》（*Die 137.Infanterie-Division im Mittelabschnitt der Ostfront*），艾格斯海姆：多费勒当代历史出版社。

西蒙·蒙蒂菲奥里，《斯大林——红色沙皇的宫廷》（*Stalin—The Court of the Red Tsar*），伦敦：韦登菲尔德和尼克尔森出版社，2003 年。

《战争中的莫斯科 1941—1945》（*Moskau im Krieg 1941—1945*），柏林：咖啡出版社，2002 年。

《莫斯科会战：编年史和事实》（*Moskovskaya bitva v khronike faktov i sobytii*），莫斯科：军事出版社，2004 年。

伊利亚·莫斯特扬斯基，《莫斯科战役中的坦克 T-34/76 和 T-34/57》（*Tanki T-34-76, T-34-57 v boyakh za Moskvu*），莫斯科：BTV 书籍出版社，2008 年。

R. 穆勒，G. 乌贝尔萨尔，《希特勒在东线的战事 1941—1945：一份研究报告》（*Hitler's Krieg im Osten 1941—45, Ein Forschungsbericht*），达姆斯塔德：科学书籍出版公司，2000 年。

威廉姆森·默里，《德国空军 1933—1945：失败的战略》（*The Luftwaffe 1933—45, Strategy for Defeat*），华盛顿 / 伦敦：巴希里出版社，1989 年。

安德鲁·纳古尔斯基，《最伟大的战斗》（*The Greatest Battle*），纽约：西蒙森和舒斯特出版公司，2008 年。

沃尔特·内林，《德国装甲兵史 1916—1945》（*Die Geschichte der deutschen Panzerwaffe 1916 bis 1945*），奥古斯堡：世界观出版社，1995 年。

汉斯·维尔纳·纽伦，《在德国方面》（*An deutscher Seite*），慕尼黑：大学出版社，1992 年。

约阿希姆·纽曼，《第 4 装甲师 1938—1943》（*Die 4. Panzer-Division 1938—1943*），波恩：1985 年，作者自行出版。

利奥·涅霍斯特尔，《二战德国编制丛书》第三卷第一册（*German World War II Organizational Series, vol 3/1*），汉诺威：1990 年，作者自行出版。

亚力克·诺夫，《苏联经济史》（*An Economic History of the USSR*），伦敦：企鹅出版社，1989 年。

理查德·奥弗里，《俄国的战争》（*Russia's War*），纽约：企鹅出版社，1998 年。

保罗·沃尔夫冈，《焦点：第 6 装甲师（第 1 轻装师）师史 1937—1945》（*Brennpunkte. Die Geschichte der 6.Panzerdivision (1.Leichte) 1937—1945*），奥斯纳布吕克：书籍出版社，1993 年。

保罗·沃尔夫冈，《第 18 装甲师师史 1940—1943（附第 18 炮兵师师史 1943—1944）》（*Geschichte der 18.Panzer-Division 1940—1943 [mit Geschichte der 18.Artillerie-Division 1943—1944]*），弗莱堡：1975 年，自费出版。

保罗·沃尔夫冈，《装甲兵将军沃尔特·K·内林》（*Panzer-General Walther K. Nehring*），斯图加特：摩托书籍出版社，1986 年。

约奈斯·皮耶卡尔叶维茨，《莫斯科会战》（*Die Schlacht um Moskau*），赫尔辛：曼弗雷德·帕夫拉克出版公司，1989 年。

凯西·波特，马克·琼斯，《二战中的莫斯科》（*Moscow in World War II*），伦敦：查特与温达斯出版公司，1987 年。

阿尔弗雷德·普利斯，《德国空军手册 1939—1945》（*Luftwaffe Handbook 1939—1945*），伦敦：伊恩·艾伦出版社，1986 年。

罗杰·R. 里斯，《斯大林的非志愿兵》（*Stalin's Reluctant Soldiers*），劳伦斯：堪萨斯大学出版社，1996 年。

汉斯·海茵茨·雷费尔特，《同陆军精锐部队大德意志师一起在俄国的莽原上》（*Mit dem Eliteverband des Heeres "Grofideutschland" tief in den Weiten Russlands*），乌兹堡：弗莱克西希出版社，2004 年。

克劳斯·莱因哈特，《莫斯科城下的转折》（*Die Wende vor Moskau*），斯图加特：德意志出版公司，1972 年。

阿道夫·莱尼克，《第 5 猎兵师》（*Die 5.Jdger-Division*），艾格斯海姆：多费勒当代历史出版社。

洛塔尔·伦杜利克，《帝国倾覆时的战士》（*Soldat in stürzenden Reichen*），慕尼黑：丹恩出版社，1965 年。

恩斯特－马丁·莱茵，《莱茵—威斯特法伦第 18 步兵团 / 掷弹兵团 1921—1945》（*Das*

Rheinisch–Westfälische Infanterie-/Grenadier-Regiment 18 1921—1945 ），贝尔吉施－格拉德巴赫：艾根出版社，1993 年。

K. K. 罗科索夫斯基，《军人的天职》（ Soldatskii Dolg ），莫斯科：军事出版社，1988 年。

帕维尔 . A. 罗特米斯特罗夫，《钢铁近卫军》（ Stalnaya Gvardiya ），莫斯科：军事出版社，1984 年。

阿列克谢 · 萨福诺夫，弗拉迪米尔 · 库尔诺索夫，《图拉之战》（ Srazhenie za Tulu ），莫斯科：BTV 出版社，2008 年。

A. M. 萨姆索诺夫，《莫斯科 1941：从失败的悲剧到最终胜利》（ Moscow, 1941 god: ot tragedii porazhenii k Velikoy pobede ），莫斯科：莫斯科工人出版社，1991 年。

L. M. 桑达洛夫，《在莫斯科方向上》（ Na Moskovskom Napravlenii ），莫斯科：科学出版社，1970 年。

汉斯 · 肖夫勒，《他们是这样战斗和死去的——第 35 装甲团之书》（ So lebten und starben sie, Das Buch von Panzer—Regiment 35 ），班贝格：第 35 装甲团老兵会。

阿尔伯特 · 西顿，《莫斯科会战 1941—1942》（ The Battle for Moscow 1941—1942 ），伦敦：鲁伯特 · 哈特—戴维斯出版社，1971 年。

费迪南德 · 冯 · 森格尔－埃特林，《第 24 装甲师（原第 1 骑兵师），1939—1945 年》（ Die 24. Panzer-Division vormals 1. Kavallerie-Division 1939—1945 ），内卡尔格明德：库尔特 · 福温克尔出版社，1962 年。

B. M. 沙波什尼科夫，《莫斯科战役：西方面军在莫斯科方向的行动 1941 年 11 月 16 日—1942 年 1 月 31 日》（ Bitva za Moskvu, Moskvovskaya operatsiya zapadnogo fronta, 16noyabrya 1941 g. — 31 Yanvarya 1942 g ），莫斯科：转变出版社，2006 年。

查尔斯 · C. 夏普，《二战苏军作战序列，第一册：致命的开局》（ Soviet Order of Battle World War II, Volume I "The Deadly Beginning" ），西切斯特：乔治 · F · 纳夫青格出版社，1995 年。

查尔斯 · C. 夏普，《二战苏军作战序列，第四册：红色近卫军》（ Soviet Order of Battle World War II, Volume IV "Red Guards" ），西切斯特：乔治 · F · 纳夫青格出版社，1995 年。

查尔斯 · C. 夏普，《二战苏军作战序列，第五册：红色马刀》（ Soviet Order of Battle World War II, Volume V "Red Sabers" ），西切斯特：乔治 · F · 纳夫青格出版社，1995 年。

查尔斯 · C. 夏普，《二战苏军作战序列，第六册：红色雷鸣》（ Soviet Order of Battle World War II, Volume VI "Red Thunder" ），西切斯特：乔治 · F · 纳夫青格出版社，1995 年。

查尔斯 · C. 夏普，《二战苏军作战序列，第七册：红色死神》（ Soviet Order of Battle World War II, Volume VII "RedDeath" ），西切斯特：乔治 · F · 纳夫青格出版社，1995 年。

查尔斯 · C. 夏普，《二战苏军作战序列，第八册：红色军团》（ Soviet Order of Battle

World War II, Volume VIII "Red Legions"），西切斯特：乔治·F·纳夫青格出版社，1996 年。

查尔斯·C. 夏普，《二战苏军作战序列，第九册：红潮》（*Soviet Order of Battle World War II, Volume IX "Red Tide"*），西切斯特：乔治·F·纳夫青格出版社，1996 年。

哈罗德·舒克曼（编），《斯大林的将军们》（*Stalin's generals*），伦敦：韦登菲尔德和尼克尔森出版社，2003 年。

S. M. 什捷缅科，《战争年代的总参谋部》（*Generalnyi Shtab vgody Voiny*），莫斯科：军事出版社，1968 年。

马可·斯梅德伯格，尼克拉斯·泽特林，《二战爆发前夕》（*Andra Världskrigets utbrott*），斯德哥尔摩：诺斯德茨出版社，2007 年。

卡尔·海因里奇·施佩科尔，《埃哈德·劳斯大将：东线作战的一名指挥官》（*Generaloberst Erhard Raus, ein Truppenführer im Ostfeldzug*），奥斯纳布吕克：书籍出版社，1988 年。

汉斯·亨利·斯塔普菲尔，《拉格战斗机在战斗中》（*LaGG Fighters in action*），卡罗尔城：中队 / 信号出版社，1996 年。

罗尔夫·施托弗斯，《第 1 装甲师 1935—1945》（*1. Panzer-Division 1935—1945*），瑙海姆：波德聪出版社，1961 年。

罗尔夫·施托弗斯，《德国大编制装甲和摩托化部队，1935—1945 年》（*Die Gepanzerten und Motorisierten Deutschen Grossverbände 1935—1945*），弗里德贝格：波德聪—帕拉斯出版社，1986 年。

弗朗茨·约瑟夫·施特劳斯《来自维也纳的第 2 装甲师师史》[*Geschichte der 2.(Wiener) Panzer-Division*]，艾格斯海姆：多费勒当代历史出版社。

亚当·托茨，《毁灭的边缘》（*The Wages of Destruction*），伦敦：企鹅出版社，2007 年。

休·R. 特雷弗 - 罗珀（编），《希特勒的战争指令 1939—1945》（*Hitler's War Directives 1939—1945*），伦敦：潘出版社，1983 年。

阿尔弗雷德·特尼，《莫斯科城下的灾难：冯·博克的 1941—1942 年战役》（*Disaster at Moscow: von Bock Campaigns 1941—1942*），阿尔伯克基：新墨西哥大学出版社，1970 年。

G. 于贝舍尔（编），《希特勒的军事精英，第一卷》（*Hitlers militärische Elite, Band 1*），达姆斯塔德：优等生出版社，1998 年。

G. 于贝舍尔（编），《希特勒的军事精英，第二卷：从战争开始到世界大战结束》（*Hitlers militärische Elite, Band 2 Vom Kriegsbeginn bis zum Weltkriegsende*），达姆斯塔德优等生出版社，1998 年。

A. M. 华西列夫斯基，《毕生的事业》（*Delo Vsei Zhizni*），莫斯科：政治书籍出版社，1976 年。

《伟大卫国战争 1941—1945 年，第一册：严酷的考验》（*Velikaya Otechestvennaya*

Voina 1941—1945, Kniga 1 Surovye Ispytaniya），莫斯科：科学出版社，1998 年。

卡尔·瓦格纳，《莫斯科 1941——向俄国首都的攻势》（*Moskau 1941—Der Angriff auf die russische Hauptstadt*），瑙海姆：波德聪出版社，1965 年。

埃尔温·瓦格纳，《度日如年：从西墙到莫斯科 1939—1949》（*Tage wie Jahre. Vom Westwall bis Moskau 1939—1949*），慕尼黑：大学出版社，2002 年。

沃尔特·瓦尔利蒙特，《国防军最高统帅部内幕 1939—1945》（*Im Hauptquartier der Wehrmacht 1939—1945*），美茵河畔法兰克福：安泰纳穆出版社，1964 年。

奥托·维丁格，《"帝国"师师史第三卷 1941—1943》（*Division Das Reich. Band III 1941—1943*），奥斯纳布吕克：穆宁出版社，1987 年。

克劳斯·沃克，《在责任和良知之间：鲁道夫·施密特大将 1886—1957》（*Zwischen Pflicht und Gewissen, Generaloberst Rudolf Schmidt 1886—1957*），柏林—波茨坦，2002 年。

托尼·伍德，比尔·哥斯顿，《希特勒的空军》（*Bill, Hitler's Luftwaffe*），休闲书籍出版社，1984 年。

A. I. 叶廖缅科，《战争开始的时候》（*V Nachale Voiny*），莫斯科，科学出版社，1964 年。

斯蒂芬·扎洛加，格兰德森·詹姆斯，《二战中的苏联坦克和其他战斗车辆》（*Soviet Tanks and Combat Vehicles of World War Two*），伦敦：武器和装甲出版社，1984 年。

S. 扎洛加，J. 金内尔，A. 阿克森诺夫，A. 科什恰夫特斯耶夫，《斯大林的重型坦克 1941—1945：KV 和 IS 重型坦克》（*Stalin's Heavy Tanks 1941—1945, The KV and IS Heavy Tanks*），香港：协和出版社，1997 年。

S. 扎洛加，L. S. 内斯，《苏联红军手册 1939—1945》（*Red Army Handbook 1939—1945*），斯特劳德：萨顿出版公司，2003 年。

尼科拉斯·泽特林，《1939—1941 年间的闪电战》（*Blixtkrig 1939—1941*），斯德哥尔摩：棱镜出版社，2008 年。

尼科拉斯·泽特林，《希特勒对决斯大林》（*Hitler mot Stalin*），斯德哥尔摩：棱镜出版社，2009 年。

尼科拉斯·泽特林，安德斯·弗兰克森，《库尔斯克 1943——统计分析》（*Kursk 1943—A Statistical Analysis*），伦敦：弗兰克·卡森，2000 年。

A. J. 祖克，《莫斯科战役：被遗忘的一页》（*Neizvestnye stranitsy Bitvy za Moskvu*），莫斯科：AST 出版社，2008 年。

G. K. 朱可夫，《回忆与思考》全三卷（*Vospominanija i Razmysjlenija, Volume I—III*），莫斯科：进步出版社，1986 年。

厄尔·F. 齐姆克，麦格纳．E. 鲍尔，《从莫斯科到斯大林格勒》（*Moscow to Stalingrad*），纽约：军事传统出版社，1988 年。

期刊论文

《文件与资料：数字中的莫斯科会战》（Dokumenty i Materialy, "Moskovskaya bitva v tsifrakh"），《军事历史杂志》（*Voenno-Istoricheskii Zhurnal*）1967 年第 3 期，第 69—79 页。

O. E. 阿谢乌洛夫，《莫斯科防御战役中的苏军炮兵》（"Sovetskaya artilleriya v Moskovskoy Oboronitelnoy Operatsii 1941 goda"），《军事历史杂志》2006 年第 9 期，第 18—22 页。

艾德温·巴肯，《苏联二战中的军事损失》（"Soviet Military Losses in World War II"），《斯拉夫军事研究》（*The Journal of Soviet/Slavic Military Studies*）1993 年 12 月第 4 期，总第 6 卷，第 613—633 页。

V. 巴格洛夫，《1941 年夏秋季战役中的海军陆战队和海军步兵》（"Morskaya nekhota i morskie strekovye soedineniya v letne-osenney kampanii 1941 goda"）《军事历史杂志》1973 年第 7 期，第 97—101 页。

V. 布博尔，《伟大卫国战争中反坦克炮兵的发展》（"Razvitie protivotankovoy artillerii v gody Velikoy Otechestvennoy Voiny"），《军事历史杂志》1973 年第 6 期，第 79—84 页。

N. E. 叶利谢耶娃，《战争前夜苏联工农红军的发展计划》["Plans for the Development of the Workers' and Peasants' Red Army (RKKA) on the Eve of War"]，《斯拉夫军事研究》，1995 年 6 月第 2 期，总第 8 卷，第 176—203 页。

安德斯·弗兰克森，《1941 年夏》（"Summer 1941"），《斯拉夫军事研究》，2000 年 9 月第 3 期，总第 13 卷，第 131—144 页。

O. 法斯特耶夫，《伟大卫国战争期间国土防空军的一些战果》（"Nekotorye itogi boevogo primeneniya Voisk PVO strany v gody Velikoy Otechestvennoy Voiny"）《军事历史杂志》1981 年第 4 期，第 46—47 页。

戴维·格兰茨，《苏联在战争与和平期间的动员研究 1924—1942》（"Soviet Mobilization in Peace and War 1924—1942: A Survey"），《斯拉夫军事研究》，1992 年 9 月第 3 期，总第 5 卷，第 323—362 页。

詹姆斯·M. 高夫，《1941—1945 年苏军结构的变迁：过程与影响》（"Evolving Soviet Force Structure, 1941—1945: Process and Impact"），《斯拉夫军事研究》，1992 年 9 月第 3 期，总第 5 卷，第 363—404 页。

V. 古鲁博维奇，《战略预备队的组建》（"Sozdanie strategicheskikh rezervov"），《军事历史杂志》1977 年第 4 期，第 12—19 页。

V. 古尔金，《火箭炮兵部队在战争初期的组建与发展》（"Stanovlenie i razvitie reaktivnoy artillerii v pervom periode Voiny"），《军事历史杂志》1976 年第 12 期，第 24—34 页。

V. 古尔金，《苏联红军的战略行动和方面军级行动》（"Strategicheskie i frontovye operatsii Krasnoi Armii"），《军事历史杂志》1998 年第 2 期，第 12—26 页。

V. 古尔金，《苏联武装力量在 1941—1945 年间的人员伤亡》（"Lyudskie poteri Sovetskikh Vooruzhennykh Sil v 1941—1945 gg"），《军事历史杂志》1999 年第 2 期，第 2—13 页。

克里斯蒂安·哈特曼，《大规模死亡还是大规模处决？巴巴罗萨行动期间的苏联战俘》（"Massensterben oder Massenvernichtung? Sowjetische Kriegsgefangene im Unternehmen Barbarossa"），《现代史季刊》2001 年总第 49 卷，第 97—158 页。

S. 伊萨耶夫，《远东部队对击败法西斯入侵者的作用》（"Vklad voisk dalnego vostoka v razgrom nemetsko-fashistskikh zachatchikov"），军事历史杂志 1979 年第 8 期，第 73—77 页。

N. 卡拉图斯基，《莫斯科会战》（"Moskovskaya Bitva"），《军事历史杂志》1981 年第 4 期，第 19—28 页。

N. 卡尔波夫，O. 法斯特耶夫，《国土防空军的高射炮装备和战斗机装备的改进》（"Sovershenstvovanie vooruzheniya istrebitelnoy aviatsii i zenitoy artillerii voisk PVO strany"），《军事历史杂志》1977 年第 7 期，第 92—100 页。

G. 科洛西罗夫，《伟大卫国战争期间苏联炮兵的作用》（"Voopyzhenie Sovetskoi artillerii v gody Velikoy Otechestvennoy Voiny"），《军事历史杂志》1971 年第 7 期，第 81—87 页。

A. 库尔杜诺夫，《伟大卫国战争初期防空作战组织的经验教训》（"Organizatsiya i vedenie protivovozdushnoy oborony po opytu nachalnogo perioda Velikoy Otechestvennoy Voiny"），《军事历史杂志》1984 年第 4 期，第 12—19 页。

G. F. 克里沃舍夫，《在莫斯科接近地》（"Na podmoskovnykh rubezhach"），《军事历史杂志》2006 年第 12 期，第 3—7 页。

B. 涅佐洛夫，《最后的前线》（"Poslednii rubezh"），《军事历史杂志》1991 年第 1 期，第 3—9 页。

B. 涅佐洛夫，《莫斯科接近地在燃烧》（"Pylayustchee podmoskove"），《军事历史杂志》1991 年第 11 期，第 18—25 页。

B. 涅佐洛夫，《莫斯科会战在第二次世界大战中的意义》（"O znachenii bitvy pod Moskvoi v khode Vtoroy Mirovoy Voiny"），《军事历史杂志》2007 年第 2 期，第 20—23 页。

I. 普罗肖科夫，V. 提索诺夫，《伟大卫国战争中的火箭炮兵》（"Die Raketenartillerie im Großen Vaterländischen Kriege"），《军事科学期刊》1968 年第 9 卷，第 519—535 页。

B. 苏洛米克，《25 名海军步兵》（"Dvadtsat pjat morskich strelkovych"），《军事历史杂志》1970 年第 7 期，第 96—99 页。

J. 斯米尔诺夫，V. 乌斯佳科夫，《莫斯科内卫部队在莫斯科保卫战中》（"Moskovskie

Chekisti v oborone stolitsi 1941—1942 gg"），《军事历史杂志》1991 年第 1 期，第 10—13 页。

鲍里斯·索科洛夫，《租借法案在苏联军事中的角色 1941—1945》（"The Role of Lend-Lease in Soviet Military Efforts, 1941—1945"），《斯拉夫军事研究》，1994 年 9 月第 3 期，总第 7 卷，第 567—586 页。

N. 斯维特利申，《1941 年夏秋战役中国土防空军的作战》（"Primenenie Voisk protivovozdushnoy oborony v letne-osenney kampanii 1941 goda"），《军事历史杂志》1968 年第 3 期，第 26—39 页。

A. 齐金，《远程航空兵在 1941 年夏秋战役中的运用》["Taktika dalney bombard-irovichnoy aviatsii v letne-osenney kampanii (1941 god)"]，《军事历史杂志》1971 年第 12 期，第 64—69 页。

卡尔·范·戴克，《铁木辛哥改革：1940 年 3 月—7 月》（"The Timoshenko Reforms: March—July 1940"），《斯拉夫军事研究》1996 年 3 月第 1 期，总第 9 卷，第 69—96 页。

M. A. 维利诺夫，《莫斯科会战中西方面军的后方地段》（"Tyl Zapadnogo Fronta v bitve pod Moskvoi"），《军事历史杂志》2007 年第 4 期，第 18—21 页。

C. V. 雅辛，《莫斯科会战中的军事通讯》（"Organy voennych soobshchenii v bitve nod Moskvoi"），《军事历史杂志》2008 年第 12 期，第 40—42 页。

J. 尤马舍耶娃，《方面军指挥员》（"Komandovali frontami"），《军事历史杂志》1993 年第 5 期，第 21—26 页。

尼科拉斯·泽特林，《东线战场的损失率》（"Loss Rates on the Eastern Front"），《斯拉夫军事研究》1996 年 12 月第 4 期，总第 9 卷，第 895—906 页。

尼科拉斯·泽特林，安德斯·弗兰克森，《对二战东线诸战役的分析》（"Analyzing World War II East Front Battles"），《斯拉夫军事研究》1998 年 3 月第 1 期，总第 11 卷，第 176—203 页。